心理学基礎実習マニュアル

宮谷真人・坂田省吾 代表編集

林 光緒・坂田桐子・入戸野宏・森田愛子 編集

北大路書房

はしがき

心理学を学びたいと思って大学に入学した学生は，そのしょっぱなで大いにとまどうことになる。心理学のカリキュラムでは，早い段階で“心理学基礎実習”あるいは“基礎実験演習”というような名のついた授業が開設されていることが多い。シラバスには，たとえば“心理学の基本的研究法の1つである実験的方法の基本的考え方や手続きを体験的に学習することを目的とする”などとあるのだが，そもそも学生にとっては，何のために心理学で実験を行うのかが理解できず，体験的学習が研究法の理解へとなかなかつながらない。一方，研究法に関する講義を受けて，さまざまな用語を覚えても，卒業論文などのために実験や調査を実際に行おうとすると，持っているはずの知識を実践的に用いることができない。心理学のおもしろさは，“こころ”に関する多くの未解決の問題，あるいは新たにどんどん生まれてくる問題にみずから取り組み，それに答えを出していく過程にある。ところが，問題解決の方法，すなわち研究法を理解し身につけることはなかなか難しく，心理学研究の醍醐味を感じることができるようになるまでに，教員も学生もたいそう苦労しているようである。

1993（平成5）年に北大路書房から出版された『心理学のための実験マニュアル――入門から基礎・発展へ』は，実習・演習と講義の両方で使うことのできるテキストを提供することで，それらの授業に関わる教員や学生の手助けとなることを企図していた。本書は，その“マニュアル”の，いわば後継本である。旧版が出版されてから15年が経過し，その間に，“心理学基礎実習”をとりまく状況は大きく変わった。たとえば，日本心理学会の学会誌である“心理学研究”の執筆要項が変更され，句点の使い方や引用文献の書式が旧版の内容と異なるものになった。また，実験の対象を“被験者”とよんでいたものが，実験に参加する人の人間性や主体性を尊重するために“実験参加者”という表現を用いるようになった。実験装置としてパソコンを利用することがあたりまえになり，心理学実験専用のソフトウェアが普及しつつあるなど，実験環境，実習環境にも大きな変化があった。インターネット上の情報へのアクセスが容易かつ高速になり，文献の検索も，パソコンを使って短時間で大量に行えるようになった。

そこで，状況の変化に対応し，現代的な要請に応えるために，“心理学実験マニュアル”の新版として企画したのが本書である。本書は，まず，旧版の特長を活かし，安易なハウツー物とせず，実験法を中心とする研究法の理論的な背景にもふれるものであることを目指した。そのため，“第１部　入門”と“第２部　実習”の構成とし，研究法の論理に関する知識の獲得（第１部）と体験的学習（第２部）が必要に応じて行えるようにした。第２に，実習の内容について見直した。多くの大学の“心理学基礎実習”では，実験法のみでなく，心理社会調査法や心理検査法にもかなりウェートが置かれている。そのような授業の実態に対応するために，第１部，第２部ともに心理社会調査法と心理検査法に関する記述を増やした。第３に，全体のスリム化を図った。そのために，実験法実習について旧版の内容を見直し，現在の“心理学基礎実習”で実施するのにふさわしい新しいテーマを採用すると同時に，旧版で採用していたものをやむを得ず削除するなど，実験題目の入れ替えを行なった。第４に，心理学の研究を実施する際に利用可能なソフトウェアやデータベースなどの最近の動向について，“研究法ミニ知識”として，参考情報を提供できるようにした。さらに，レポートを作成する学生の参考となるように，本書における句読点の使い方，文献の引用の仕方などについて，可能な限り“心理学研究”の執筆・投稿の手びきに従った。ぜひとも手もとにおいて，心理学研究法に関する実習・演習と講義の両方で活用していただきたい。

これらのねらいがどの程度達成されたかについては，読者の声を待ちたいと思う。いくらかでも実現できたとしたら，本書の執筆を快くお引き受けいただいた執筆者やきめ細かい編集をしていただいた編集委員，そして何よりも，本書のねらいを理解し，心理学研究法の習得に真剣に取り組んでくださった教員と学生の皆さんのおかげである。一方，意図が十分に伝わらない部分があるとしたら，せっかくの原稿を手にしながら，それを活かすことのできなかった代表編集者の力不足が原因である。改善すべき点については，今後も可能な範囲で修正を加えていきたい。そのためにも，実際に本書をご活用いただく読者から忌憚のない意見をいただければ幸いである。

本書は，後継本と位置づけたこともあって，旧版マニュアルの構成や内容を踏襲した部分が多い。旧版作成時は，現在と違い，実験実習のためのテキストがそれほど多くは出版されていなかった。そのような状況での“マニュアル”作りには，かなりの工夫が必要であったと思われる。本書では，その成果を存分に利用させていただいた。旧版の作成に携わった編著者の先生方には，特にお礼を申し上げたい。なお，旧版の特長の１つに実験題目の豊富さがあり，その魅力は現在でもまったく薄れていない。本書でカバーできなかった内容については，旧版をご参照願いたい。

最後に，旧版に引き続いて本書の出版を引き受けていただいた北大路書房の方々，とりわけ編集者からの面倒な要請にもかかわらず本書を短期間で完成させてくださった編集部の奥野浩之氏に，厚く感謝申し上げる。

平成 21 年３月

代表編集者　宮谷真人・坂田省吾

第1部 入門

もくじ

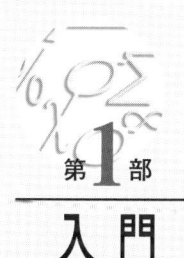

第2部

実習

第1部

入門

第1章　心理学実験の基礎

1964年3月にニューヨークで起こったキティー・ジェノヴィーズ事件は，当時のアメリカ社会に大きな衝撃をもたらした。午前3時頃，仕事帰りのキティーは，アパートに帰り着く寸前に暴漢に襲われた。ナイフで刺された彼女の悲鳴を聞いて，38名ものアパートの住人が部屋の電気をつけ，窓から顔を出した。それに気づいた暴漢はいったん逃げたが，誰も彼女を助けようとせず，警察に通報もしなかった。結局彼女は，戻ってきた暴漢に何度もナイフで刺され，殺されてしまった。

この事件は，心理学にも大きな影響を及ぼした。Latané & Darley（1970　竹村・杉崎訳 1997）には，これらの事件をきっかけに彼らが行った一連の援助行動研究が紹介されている。そこには，実験的方法に限らず心理学の研究が，その発端からどのように展開していくかが鮮やかに描かれている。本章ではまず，彼らの記述を参考にしながら心理学における実験的方法の特徴や研究の進め方について紹介し，その後実験を計画し，実施するために必要な基礎知識について概説する。

1　実験的研究法の特徴

キティーの危機に際して，38名もの住人が気づいていたにもかかわらず，なぜ彼らは傍観していただけで，助けようとしなかったのか。Latané & Darleyは，この問いに対し，“援助行動が起こるかどうかを決める要因は何か”について実証的に検討することで答えようとした。つまり，援助行動を生じさせる原因，援助行動を妨げる原因を探ろうとしたのである。

(1) 問題解決の方法としての科学

“なぜ38名の住民は，キティーを助けなかったのか”という問いに対して，さまざまな答えが可能であろう。実際，当時の新聞には，社会学者や精神分析医などによるさまざまな論説が載ったという。新しい知識を獲得したり，問題解決の方法を提案するには，“何らかの権威に依存する”“直観や個人的経験に基づく”などの方法があるが，現在多くの人が有効であると認めているのが，“科学”である。科学の最も重要な特徴は，知識や提案が正しいかどうかの根拠を，客観的な事実と推論の妥当性に求めることである。客観性（objectivity）とは，同じ対象を同じ条件で観察すれば，複数の観察者により，同じ観察結果が繰り返し得られることである。また，科学における推論としては，帰納（induction）と演繹（deduction）があげられる。これらについては後述する。科学的方法の特徴については多くの文献（なかでも，中谷（1958）はコンパクトな好著である）で紹介されているので，その長所や短所も含めて詳しくはそれらで勉強してほしい。

Latané & Darley は，まず，日常的な援助行動に関わる要因を特定しようと試みた。たとえば，要請の種類や方法，要請者の数や性，要請が行われる場所や状況，被要請者の性などである。援助行動は，これらさまざまな側面によって構成されている。そして，性であれば，対象によって女性か男性かを区別できる。このように，研究や観察の対象をいくつかの側面に分解したときの一側面で，対象によって，あるいは時間経過や観察条件によって異なる値をとるものを変数（variable）とよぶ。実験的研究の出発点は，研究テーマに関連する変数を同定することである。

(2) 変数とその種類

心理学で扱われる変数には，反応時間や騒音の大きさ，特定の対象に関する好ましさの程度などのように，対象間の違いが量的に表現される量的変数（quantitative variable）と，性や感覚モダリティ，ラットが迷路で左右どちらの通路を選ぶかなどのように，質的な違いとして記述される質的変数（qualitative variable）がある。また，変数の値が連続体上の任意の点に位置づけられる連続変数（continuous variable）と，非連続的なカテゴリーのいずれかに割り当てられる離散変数（discrete variable）という区別もできる。変数の種類により，測定の手続きや，測定の結果に適用できる統計的な手法が制限される。

心理学においては，これらの区別が必ずしも明確でない場合も多い。たとえば，知覚される色は質的・離散的な変数であると考えられるが，物理的には光の波長の量的・連続的な変化として表現できる。また，性格を外向的か内向的かというように質的・離散的にとらえることもできるし，外向性－内向性という1つの軸上の値として，量的・連続的に扱うこともできる。どちらを選択するかは，研究の目的などに応じて研究者が決定することになる。

(3) 研究の3つのタイプ

変数についてどのように記述するかによって，3つの研究タイプが区別できる。

i) 記述的研究（descriptive research）

研究対象とする変数について，特定の値をもつ対象の分布（いつ，どこに）や頻度を記述することを目的とする研究である。最初の援助行動研究に参加したコロンビア大学の学生の観察によれば，92名の被要請者のうち85%が，“失礼ですが，時間を教えていただけますか”という要請に応じたという。幼稚園児が，どのような遊びをどれくらいの頻度で行うかを観察する（第2部のI“実験法 10 幼児の行動観察”を参照）のも，このタイプのアプローチである。

ii) 相関的研究（correlational research）

2つ以上の変数間の相関関係の記述を目指す研究である。心理学のほとんどの研究において，複数の変数間の関連性が扱われている。Latané & Darley は，さまざまな要請に応じる人の割合と，要請者の性や人数，状況的な要因（被要請者が歩いていたかどうか，要請が行われたのは屋内か屋外か，など）との関連性について検討を続けた。本書の第2部のI“実験法 19 覚醒水準と脳波”では，覚醒水準（安静時－覚醒時）と脳波の様相との関係を検討することになる。

iii) 実験的研究（experimental research）

Latané & Darley の目的は，結果としての援助行動の原因となる変数を特定することであった。科学の目的として，記述（現象の正確な記述），説明（なぜその現象が存在するかについての知識の獲得），予測（ある現象が生じる前に，それを予期すること），統制（ある現象を引き起こすように，その先行条件を操作すること）があげられる。予測や統制を実現するためにはもちろんのこと，説明が正しいかどうかを確かめるためにも，事象間の因果関係を把握することが必要である。

変数間の単なる関連性についてではなく，その因果関係についての記述を目指すアプローチを，実験的研究あるいは因果的研究（causal research）とよぶ。変数Xが変数Yの原因であることを証明するには，(a) XとYが共変（相関）すること，(b) XがYに先行すること（時間的順序），(c) X以外にYをもたらす変数が存在しないこと，を示す必要がある（Zechmeister & Johnson, 1992 宮元・道田・谷口・菊池訳 1996）。では，具体的にはどのような手順を踏めば，変数間の因果関係を示すことができるだろうか。

(4) 因果関係を推測する方法

単純な例で考えてみよう。Aさんが，イヌとキジとサルを連れて散歩している人と出会ったとたん逃げ出したとする。この行動の原因として何が考えられるだろうか。これだけでは，情報が少なすぎて根拠のある推論はできない。A さんは，イヌとネコとサルを連れた別の人に出会ってもやはり逃げ出した。さらに，イヌとキジとウサギを見て逃げ出す A さんを見たとしたらどうだろう。おそらく,A さんが逃げ出した（結果）のは，イヌが恐い（原因）からだという“仮説（hypothesis）”が頭に浮かんだのではないだろうか。これは，“ある現象 Y が生じるすべての状況に存在する変数 X を探す”（一致法）という作業を行ったことになる。

しかし，同じ結果をもたらす状況の共通点を探すだけでは，その推論が正しいかどうかを判断することはできない。上の例だと，確かにイヌは共通点の 1 つであるが，他にも A さんが逃げ出した原因があるかもしれない。たとえば，A さんは単に動物が嫌いなのかもしれない。そこで，“ある現象 Y が生じる状況と，生じない状況の違いを探す”（差異法）必要がある。Y が生じる状況には存在し，Y が生じない状況には存在しないものの中に原因があるはずだという考え方である。A さんが，イヌを見かけたら逃げ出したのに，ネコを見ても平気だとすると，“イヌが恐い”ことが原因だと考えるのは妥当であるように思われる。ただし，ほとんどの場合，2 つの状況の違いは無数にある（たとえば，イヌとネコの大きさの違いとか，それを連れていた人，A さんがそのとき持っていた荷物など）ので，違いを指摘するだけでは，原因を正しく推論することはできない。

そこで，一致法と差異法を組み合わせて用いることになる。(a) イヌがいるときには，必ず A さんは逃げ出し，(b) イヌがいるかいないかだけが異なる別の状況では A さんに行動の変化が生じないとき，A さんの行動の原因がはっきりと推測できるのである。ところが，日常場面においては，いくら待っても (a) や (b) のように都合のよい観察状況には出合わない。そこで，適切な観察条件を整えるために，状況を“統制（control）”する必要が生じる。

ここで，心理学における実験的研究法の特徴を，次のようにまとめておこう。まず，2 つの変数の因果関係に関する仮説を立てる。このとき，原因と考えられる変数のことを独立変数（independent variable）とよび，結果と考えられる変数のことを従属変数（dependent variable）とよぶ。また，独立変数以外に従属変数に影響をもたらすと考えられる変数のことを剰余変数（extraneous variable）とよぶ。実験的方法とは，剰余変数の影響を考慮しなくてもよいように観察条件を設定したうえで，独立変数の変化が従属変数に及ぼす影響を調べる研究法である。なお，統制という用語は，広義にはこのような状況の設定全般をさし，狭義には剰余変数が従属変数の変化に影響しないように工夫する手続きを意味する。

2 実験的研究の進め方

実験的研究に限らず，多くの研究は，図1-1に示すようなプロセスで進められる。

(1) 研究のアイデア

Latané & Darleyの援助行動研究では，現実世界における経験や観察が研究のテーマを決めた。その他に，店の売り上げを増やすには商品棚のレイアウトをどうすればよいかとか，特定の状況に置かれた目撃者の証言にどの程度の信憑性があるかといった実際的な問題も，研究の動機づけとなるだろう。卒業論文や修士論文に取り組む学生にとっては，現在すでに行われている研究や理論の正しさを確かめたり，結果の不一致の原因を考えたりすることが，研究のアイデアの源泉となることも多いだろう。

(2) 具体的な研究目的

大まかな研究テーマを実際に研究可能な目的に具体化するためには，まずどのような変数に注目するのかを決定しなければならない。この段階で大きな情報源となるのは，そのテーマに関して従来行われてきた先行研究である。過去の研究では，どのよ

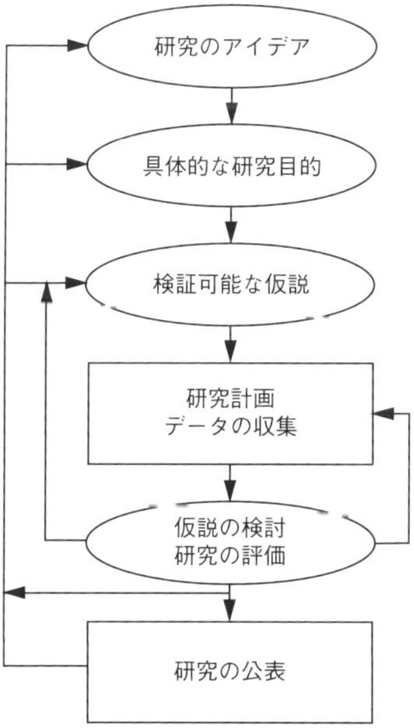

図1-1 研究のプロセス

うな変数がどのように扱われているのか，そして今までに何がどこまでわかっているのか。このような情報を，さまざまな文献や学会等の研究発表などで収集することになる。学生であれば，教員や関連するテーマに取り組む先輩からも有益な情報が得られるかもしれない。また，情報検索にあたっては，コンピュータを利用した情報検索が威力を発揮する。具体的な利用の方法については，第2部のⅣ“研究法ミニ知識2 文献の探し方”を参照してほしい。

注目する変数と同時に，上述した研究のタイプのどれを選択するかも検討する必要がある。その研究テーマについて，まだ十分な知見が蓄積されておらず，変数間の関連性について明らかでない場合には，短時間で大量のデータを収集することができる記述的研究や相関的研究（両者をあわせて，広義の記述的研究と表現する場合もある）が適切であろう。ある程度研究が進んで，因果関係に関する仮説や理論（theory）が提案されている場合には，その仮説や理論が正しいかどうかを実験的研究で確かめる必要がある。さらに，実験的研究において既に因果関係が示されているのなら，その関係が統制された人工的状況以外でも観察できるかどうかを確かめるために再度記述的研究を実施することにより，研究対象とする現象について，より確かな理解を得られることもあるだろう。

ところで，本章“1 実験的研究法の特徴”で科学的方法の特徴としてあげた“帰納”と“演繹”について，簡単に説明しておこう。Aさんの（逃げ出し）行動について，いくつかの状況における観察から，“イヌが恐いことが原因ではないか”という仮説を立てた。このように，個々の具体的事実から一般的な命題ないし法則を導き出すことを帰納とよぶ。ここでいう仮説とは，帰納的推論で導かれた，ある範囲の現象を統一的に説明するための仮定である。仮説や理論という用語はさまざまな意味で用いられるが，仮説が，観察によってその正誤が確認できる，具体的で比較的範囲の限定されたものであるのに対し，理論は，より抽象的で，扱う現象の範囲が広く，またある程度その正しさが認められたものであると理解すればよい。

帰納的推論は，実はその妥当性について評価することができない。Bさんは，(a) 23歳で，(b) 毎日バランスの良い栄養分のある食事を摂っており，(c) 1日1時間の運動を行い，(d) 太りすぎでも痩せすぎでもない理想的な体重で，(e) 酒もタバコもやらない，とくれば，Bさんは健康であると結論するのはきわめて自然であろう。しかし，Bさんは実在した人物なのだが，若くして病気で亡くなったという（Zechmeister & Johnson, 1992 宮元他訳 1997）。

帰納的に導かれた結論や理論の正しさは，演繹的推論によって評価されなければならない。演繹とは，帰納とは逆に，一般的な命題や法則から，まだ観察されていない具体的な事象を予測することである。“健康”という言葉の定義にもよるだろうが，“Bさんが健康である”という命題が正しければ，“Bさんは同年代の平均年齢以上に生きるはずである”という予測（演繹的に導かれた仮説）ができるであろう。そして仮説を観察によって確かめることによって，もとの理論の正誤について判断し，必要であればその観察結果を材料として，理論に修正が加えられる（仮説演繹法）。

これから行おうとする研究が，この事実と理論，あるいは帰納と演繹のサイクルのどの段階にあるのかを意識することが，研究目的の具体化にあたり参考になる場合もあるだろう。

Latané & Darley の研究に戻ろう。彼らは，援助行動を規定する要因について研究しようと決めた後，援助行動に関わる変数は何かを徹底的に検討した。そして，日常的状況での援助行動の観察を繰り返し，さらに日常ではまれにしか遭遇しないであろう緊急事態において，人間の認知過程，行動過程に影響すると思われる要因について検討した結果，傍観者の存在そのものが援助行動の生起を妨害することを指摘した。“38名もいたのに”ではなく，“38名もいたから”助けなかったのである。そして，この傍観者効果が生じる理由の1つとして，“責任の拡散”という概念を提案した。すなわち，援助が必要な事態に複数の人間が存在すると認知されると，援助に対する責任，援助しないことに対する非難が拡散し，1人でいるときよりも援助行動が抑制される。

(3) 検証可能な仮説

研究の目的を，“責任の拡散が援助行動に及ぼす影響を調べること”と決めても，ただちに研究を始めることはできない。この研究で実際に何を具体的に操作し，測定するのかについて，さらに検討しなければならない。心理学の研究で扱う概念は，パーソナリティ，知能，フラストレーションなどのように，個人の特性や行動の違いを説明するために導入された構成概念であることが多い。これらの構成概念は，物理的現象として実在するわけではないので，直接操作したり測定したりすることはできない。“責任の拡散”も同様であり，責任の拡散の影響を調べるためには，その程度を変化させると思われる具体的な手続きを考案しなければならない。また，援助行動といってもさまざまであり，実験においては，客観的に観察でき，しかも研究者が想定する“援助行動”をよく反映すると思われる行動を選択する必要がある。

Latané & Darley の“模擬発作実験”では，実験参加者は個室に入り，他の参加者とマイクとヘッドフォンを通して，あるテーマについて討論するように要請された。討論が始まってしばらくすると，討論の相手が突然発作を起こす様子がヘッドフォンから聞こえてきた。この実験では教示により，参加者は，討論に参加している学生が，自分と病人も含めて2名，3名，あるいは6名いると思わされていた。また，発作の様子が聞こえてから，参加者が状況を実験者に知らせるために個室を出るまでの時間が測定された。模擬発作実験における独立変数は，討論に参加している（と参加者が思っている）人数であり，従属変数は発作開始からの時間経過にともなう報告者の累積比率である。したがって，この実験で検証可能な仮説（これを，研究仮説とよぶ）とは，“討論への参加者の人数が増加すると，発作開始時点からの報告者の累積比率は低下する”である。

このように，実験で取り扱う変数とは，さまざまな理論における抽象的な概念を，現実世界で観察できる具体的な手続きに置き換えたものである。研究目的の具体化の過程と同様，どのような置き換えが可能でありかつ適切かについては，先行研究の手続きが参考になることが多い。また，先行研究における置き換えの適切さを検討すること自体が研究の目的となることも多い。実際に研究を実施する際には，その研究で許される時間や費用はどのくらいか，どのような研究対象がどの程度確保できるか，などの実際的問題も考慮しなければならない。もちろん，倫理的側面に関する十分な配慮も必要である（第２部のⅣ“研究法ミニ知識 1研究の倫理”）。これらの実際的問題，倫理的問題については，本節“(2) 具体的な研究目的”で述べた変数の選択や研究タイプの選択においても配慮する必要がある。

以下では，よい実験を計画，実施するために必要な基礎知識について説明する。図1-1に示すプロセスのうち，研究計画とデータの収集以降については，それぞれ関連する節の中で取り上げる。また，研究の公表の目的や意義については，第３章を参照してほしい。

3 心理学における測定

心理学の研究では，目に見えない心の働きが興味の対象となることが多い。科学的であるためには，複数の観察者により繰り返し観察できること（客観性）を保証しなければならないので，目に見えない心の働きを観察可能にする工夫が必要となる。心理学の歴史は，その工夫の歴史であるともいえる。

(1) 測定と尺度

測定（measurement）とは，特定の操作や規則を使用して対象に対して数詞を割り当てることである（Stevens, 1951)。測定で用いられる規則としての数学的構造のことを，尺度（scale）という。簡単にいえば，測定に用いる“ものさし”に当たる。第2章で測定するミュラー・リェル錯視の錯視量は，1 mm 刻みのものさしを使って測定できる。しかし心理学では，錯視量のような量的変数だけではなく，性のような質的変数も数多く扱う。これらの変数にも値を当てはめることができるように，適切なものさし（尺度）を準備する必要がある。

Stevens（1951）によれば，尺度には4つの種類がある。測定結果が同じ数字で表現されていたとしても，用いた尺度が異なれば，その数字の意味は異なる。また，それに適用できる統計的手法も異なる。

i）名義尺度（nominal scale）

測定値が，対象の同一性のみを表現する尺度である。性や，病気の診断名は，名義尺度による測定の例である。男性に1，女性に2という数字を当てはめることもできるが，その数字は単に区別するためのラベルであり，順序や大きさを示すものではない。名義尺度で測定されたデータに対しては，最頻値や連関係数など，度数に基づく統計的処理を行うことができる。

ii）順序尺度（ordinal scale）

測定値が，対象の同一性に加えて順序を表現する尺度である。序数尺度ともいう。対象を好きな順番に並べ替えたり，成績を優，良，可と評価するのは，順序尺度による測定である。順序尺度で測定されたデータに対しては，中央値，四分偏差など，順序に基づく統計処理を行うことはできるが，“1位＋2位”“優－可”といった足し算や引き算には意味がない。

iii）間隔尺度（interval scale）

測定値の差が，対象の量的違いをそのまま反映する尺度である。距離尺度ともいう。Y-G性格検査やMMPIなどの質問紙法によるパーソナリティ検査で得られる得点は，間隔尺度による測定であると考えてよい。間隔尺度で測定されたデータには，足し算や引き算の操作を加えることが可能であり，算術平均や標準偏差を計算することができる。間隔尺度であれば，心理統計法のテキストで紹介されているほとんどの手法を適用することができる。ただし，心理検査や評定法による測定結果であれば，何でも間隔尺度として扱えるわけではない。そのためには，尺度構成や標準化などさまざまな工夫が必要である（第4章，第5章を参照）。“1：とても嫌い，2：少し嫌い，3：どちらでもない，4：少し好き，5：とても好き”のように数字をふって得られた回答であっても，順序尺度と考えたほうが適切な場合もあることに留意してほしい。

iv）比率尺度（ratio scale）

間隔尺度の性質に加えて，意味のある0点が存在する尺度である。比率尺度で測定されたデータであれば，すべての数学的操作，統計的手法が適用可能である。心理学においては，長さ，大きさ，時間などの物理的性質で表現されるもの以外には，比率尺度は考えにくい。学力検査でたとえ0点を取ったとしても，それは学力がまったくないことを意味しないのである。

研究対象を測定するための既存の“ものさし”がない場合には，新たに作らなければならない。そのための方法が尺度構成法である。尺度構成法の種類や理論については田中（1977）に詳しい。また，心理学のさまざまな領域における測定については，浅井（1994）が参考になるだろう。

(2) 測定と誤差

Latané & Darley の模擬発作実験では，参加者が他人の発作に気づいてから部屋を出るまでの経過時間が記録されたが，同じ参加者が同じ状況に置かれたとしても，測定結果は一致しない。ちょっとぼんやりして発作に気づくのが遅れるかもしれない。実験前に嫌なことがあってイライラしていたために，人を助けようという気持ちが薄らいでいるかもしれない。また，記録する側でも，参加者が部屋を出たと判断するタイミングは試行ごとにずれるだろうし，そう判断してからストップウォッチを押すまでの時間も一定ではないだろう。このように，測定値には，必ずばらつきがある。ばらつきの原因が誤差である。これを，“測定値＝真の値＋誤差”と表現しておこう。測定には，誤差がつきものである。

誤差には，特定の観察条件に付随して測定値を一定の方向に歪める恒常誤差（constant error）と，測定のたびにランダムに生じ，平均が0で一定の散らばりをもつ偶然誤差（random error，確率誤差ともいう）がある。模擬発作実験では，発作の様子はテープで聞かせたのだが，もしも特定の条件で再生する音量が小さければ，発作に気づく時間を一貫して遅らせてしまう。実験を複数の実験者が担当しており，その中の1人が非常にぶっきらぼうだったとすると，その人が担当した参加者は実験者に事態を告げに行くのを躊躇してしまうかもしれない。このような恒常誤差は，音量や態度を一定にするなどの工夫で取り除くことができるが，ストップウォッチを押すタイミングについては，いくら注意をしても，早すぎたり遅すぎたりするずれを消すことはできない。

よい測定とは，誤差の原因を特定し，取り除くことによって，測定値をできるだけ真の値に近づけることである。誤差の少ないよい測定であるかどうかを判断する基準として，信頼性（reliability）と妥当性（validity）がある。

信頼性とは，同一の対象に対する測定を，多数回独立に繰り返した場合の，測定値間の一貫性，あるいは安定の程度のことである。1度の測定では，真の値と誤差とを分離することができないので，測定を繰り返して2つの測定値間の相関係数を求め，それから信頼性を推定することになる（信頼性の推定方法については，第4章，第5章を参照）。感情状態の自己評定や，行動測度，生理的測度などの安定性について検討した Epstein（1979）によれば，2つの測定値のそれぞれが多数回の，あるいは長期間の測定値の平均であるほど測定の信頼性は高くなる（図1-2)。心理学の実験で，同じ条件で同一参加者に対する測定を何度か繰り返し，その平均値や中央値をもってその参加者の値とするのは，少しでも測定の信頼性を高め，現象の再現性を高めるとい

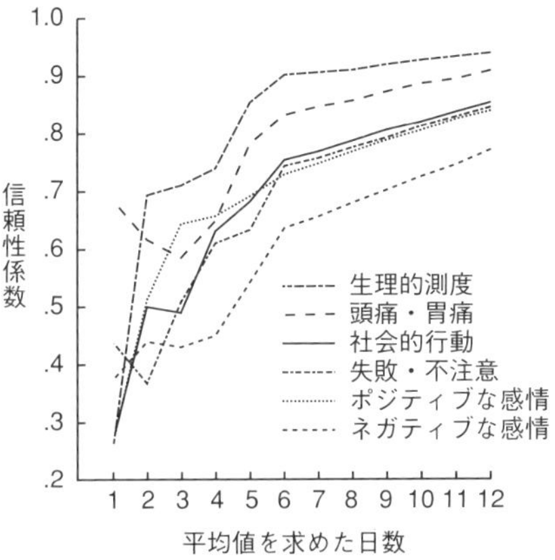

図 1-2　さまざまな測度の信頼性係数の推定値。平均値を求めるための測定の繰り返し回数が多いほど，信頼性係数は高くなる（Epstein, 1979, p. 1117 を改変）

う意味がある。なお，信頼性には，心理検査などを用いた心理測定における信頼性と，行動観察における信頼性という，関連してはいるが異なる概念がある。

測定の妥当性とは，研究者が測定したい対象を的確に測定できている程度のことである。妥当性については，第 4 章，第 5 章の説明を参照してほしい。

4 独立変数

独立変数とは，因果関係の原因であると想定され，実験において意図的に操作（operation, manipulation）あるいは選定（seleciton）される変数である。よい実験を行うために独立変数が満たさなければならない条件について考えてみよう。

(1) 独立変数の必要条件

独立変数も“変数”であるから，最低 2 つの水準（独立変数に特定の値を割り当てた観察条件）を設定する必要がある。その方法としては，(a) 特定の処置の有無を操作する（例：鏡映描写の訓練を行う－行わない），(b) 変数の量的側面を操作する（例：刺激の回転角度を 60° おきに変化させる），(c) 変数の質的側面を変化させる（例：刺激を両眼で観察する－単眼で観察する）方法がある。また，独立変数を制御する方法としては，(a) 刺激，課題，環境などの操作（例：対提示する単語の意味的関連性の操作，自由再生課題における遅延時間の有無，同一課題に取り組む他者の有無），(b) 教示による操作（例：参加者が取り組む予定の課題の説明による不安の程度の操作），

(c) 個人差に基づく操作（例：対人不安の高低，男性－女性）という方法がある。

(2) 構成概念妥当性と操作的定義

独立変数が，理論における構成概念を具体化したものである場合には，その操作が構成概念に適切な変化をもたらすものでなければならない。すなわち構成概念妥当性（construct validity）がなくてはならない。Latané & Darley は，責任の分散という概念を，討論に参加した（と参加者が考えた）人数で操作した。それでは，“フラストレーションが攻撃行動に及ぼす影響”に関する実験を行う場合はどうだろうか。どのような独立変数が考えられるか，いくつかあげてみてほしい。

また，観察の客観性を保証するためには，独立変数について明確な操作的定義（operational definition）が行われなければならない。操作的定義とは，概念の意味を具体的な操作や手続きによって定義することである。第2部のⅠ“実験法 17 不安とストレス”実習では，対人不安の高い人と低い人で，特定の課題を行うときの心理的反応や生理的反応の比較を行うが，対人不安をどのように測定し，その結果をどう処理して2つの水準を設けたのかを具体的に記述していなければ，複数の実験で同じ観察条件を設定できず，結果の再現性を確認することができない。

(3) 操作の範囲，間隔，水準数

従属変数の変化の様相を正確にとらえるためには，独立変数を操作する範囲や間隔，水準数を適切に設定する必要がある。Yerkes & Dodson（1908）は，ネズミを被験体とした実験の結果から，動機づけの強さとパフォーマンスとの間には，ある水準までは動機づけが強いほどパフォーマンスはよくなるが，その最適水準を超えると逆に低下していくという逆U字型の関係があることを見いだした（図1-3）。これをヤーキーズ＝ドッドソンの法則という。ここで，この法則が正しいかどうかを確かめる実験を行ったとする。ある研究者は，AとBの2点で観察した。その結果は，“動機づけが強いほど成績は良い”となった。別の研究者は，BとCの2点で観察した。その結果は“動機づけが強いほど成績は悪い”と，まったく逆になる。さらに別の研究者はAとCの2点で観察し，“動機づけは成績に影響しない”と結論した。このように，独立変数の水準をどの範囲で設定するかによって，得られる結論がばらばらになる可能性がある。また，A付近とB付近では，独立変数の水準の間隔が同じでも，従属変数の変化の大きさは異なる。したがって，従属変数の変化をとらえるのに，最も適した間隔を考慮して，水準を設定する必要がある。

さらに，独立変数と従属変数が線型的な関係にないときには，独立変数の水準は3以上なければならない。2水準の実験では，どうやっても図1-3のような逆U字型の関係をとらえることはできない。最低でもA, B, Cの3点を測定して初めて，正しい

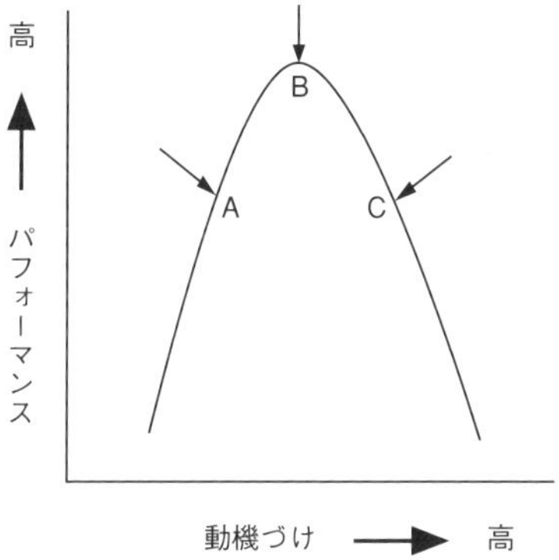

図 1-3　ヤーキーズ＝ドッドソンの法則

関係を把握することができるのである。

5 従属変数

従属変数とは，因果関係の結果であると想定される変数であり，実験者が独立変数の操作の影響を測定する変数である。中島（1992）は，心理学実験でよく用いられる従属変数として，(a) 反応頻度，正答数，誤答率などの計数測度，(b) 刺激閾，弁別閾，主観的等価点などの精神物理学的測度，(c) 感覚の大きさなどに関するマグニチュード推定量，(d) 反応強度，(e) 反応時間，(f) 眼球運動，心拍数，事象関連電位などの生理学的指標，(g) 刺激の再生物・再生図・再生文，をあげている。

(1) よい従属変数であるための必要条件

独立変数と同じように，従属変数が理論における構成概念を具体化したものである場合には，(a) 構成概念妥当性があり（構成概念の変化を適切に反映する），(b) 明確な操作的定義が行われている必要がある。また，(c) 信頼性も必要である。図 1-2 から，測定を繰り返すほど信頼性が増加することと同時に，自己評定，行動測度，生理的測度の順に信頼性が大きいことがわかる。これがすべての実験に当てはまるわけではないが，測度の性質によって信頼性が異なることは知っておくほうがよいだろう。さらに，従属変数は，測定対象の変化を敏感に反映できるように (d) 感受性 (sensitivity) の高いものでなければならない。山本（2000）によると，19 世紀に行われた研究では，睡眠の深さを，鉄板をたたいて起こすのに要した音の強さによって測定したという。当時は脳波が発見される以前であり，限られた知識や技術を駆使して研究に取り組む姿勢には頭が下がる。しかし，脳波や筋電図を組み合わせて記録する睡眠ポリグラム

表1-1 弁別反応課題における反応時間と誤答率（仮想データ）

	ケース（1）		ケース（2）	
	課題A	課題B	課題A	課題B
反応時間（ms）	400	700	400	700
誤答率（%）	10	30	30	10

が利用できる現在と比べて，睡眠に関する理解の程度に雲泥の差があるのは当然である。

(2) 従属変数の数

複数の従属変数を同時に測定することにより，有益な情報が得られることが多い。同じ構成概念を反映すると考えられる複数の従属変数（たとえば，不安を反映する行動と，評定尺度上の反応）が同じ変化を示せば，その構成概念に関する推論は，より確かなものになるだろう。また，事象関連電位を従属変数とする研究では，行動測度も同時に測定し，独立変数の操作が行動測度に及ぼす効果が従来の研究と同じであることを確認することが多い。それによって，異なる実験間の知見を総合的に検討することが可能になる。

表1-1は，弁別反応課題における反応の速さと正確さに関する仮想データを示す。(1)でも（2）でも，課題Aと課題Bの反応時間を比べると，課題Bのほうが長くなっている。一方誤答率をみると，(1)では課題Aより課題Bで大きくなっているのに対し，(2)では逆に課題Aのほうが大きい。(1）の場合，課題Bが課題Aより難しく，それにともなって反応に要する時間が長くなり，誤りも多くなったと判断できる。ところが(2）の場合には，反応の速さと正確さのトレード・オフ（speed-accuracy trade-off）が生じており，反応時間や誤答率は，課題の難易度ではなく，課題Aの参加者は速さを優先，課題Bの参加者は正確さを優先させたという，反応方略の違いを反映していると考えられる。このような場合，反応時間だけを単独で記録したのでは，(1) なのか (2) なのかを決定できない。このように，複数の従属変数を組み合わせて測定して初めて，それぞれの変化が反映するものが明確になることもある。

6 剰余変数

実験的研究においては，独立変数と従属変数の因果関係についてできるだけ明確な結論を得るために，さまざまな工夫が必要である。A社とB社のコーラのどちらがおいしいかを調べるために，何名かに飲み比べてもらった。その際，A社のコーラはよく冷やしておき，B社のコーラは生ぬるいままだったとすると，比較の結果が，コーラの味の違いと温度の違いのどちらを反映しているのかは判断できない。従属変数の変化をもたらす独立変数以外の変数を剰余変数という。また，独立変数の操作にともなって剰余変数も変化し，両者の効果を分離できないことを交絡（confounding）という。そこで，剰余変数のことを，交絡変数とよぶこともある。さらに，二次的変数，調整変数，第三変数，干渉変数などの用語も用いられる。

(1) さまざまな剰余変数

Campbell & Stanley (1966) は，多くの心理学研究で考慮すべき剰余変数をあげている。生和・堀（1993）も参考にして，以下にそのリストを示す。

i）外的変化（history）

実験期間やその直前に起きた独立変数とは無関係の出来事（外的変化）が，従属変数に影響する。

ii）内的変化（maturation）

成熟や疲労，飽きなど，時間経過にともなう参加者の生物学的および心理学的変化のことである。

iii）テスト効果（testing）

測定を受けるという体験によって，実験手続きへの慣れなどの変化が参加者に生じ，2度目以降の測定に影響を及ぼすことがある。

iv）道具の変化（instrumentation）

計測機器が不安定なために生じる測定誤差や，練習，慣れなどによる観察者の判断基準の変化など，従属変数を測定する道具に起因する測定値の変動である。

v）統計的回帰（statistical regression）

1回目の測定で極端な値を示した参加者は，2回目にはより平均的な値を示す確率が高いことである。事前テストによって参加者を高得点群，低得点群に分ける場合などでは，特に注意が必要である。

vi）参加者の選定（selection）

参加者の選定基準が，実験条件によって異なることである。参加者を募集し，早くに応募してきた学生を実験群，実験群の測定終了後に応募してきた学生を統制群，などとすると，参加者の動機づけの強さが群間で異なってしまうかもしれない。

vii）データの欠落（mortality）

参加者の脱落によって，実験当初に設定した条件間の参加者の等質性が失われることである。

その他にも，従属変数の値はさまざまな理由で変動する。Cristensen（1991）は，3

つの影響源をあげている。

viii）実験者効果（experimenter effect）

心理学の実験では，実験者も参加者も人間であることによって生じる特有の効果が観察できる。実験者の性や年齢といった生物社会学的特性や，パーソナリティのような心理学的特性，さらには実験者と参加者の性や年齢などの組み合わせが結果に影響することがわかっている。また，実験結果や参加者の行動に関する実験者の非意図的な期待の影響（たとえばピグマリオン効果）も存在する。

ix）参加者効果（participant effect）

参加者は，自分が“観察されている”ことを意識している。実験者の期待に応えたいと考え，よいパフォーマンスを示したいという動機をもち，何か新しい試みの対象として自分が選ばれたことでやる気や誇りを感じるかもしれない。実験状況（教示，刺激，部屋の様子など）やその他の情報（実験に関する噂など）が参加者の行動を規定し，実験者が期待する方向へ誘導することがある。Orne（1972）は，これを実験事態がもつ要求特性（demand characteristics）とよんだ。また，実験操作自体ではなく，注目し観察されているという意識が参加者の行動に影響することは，それを報告した研究が行われた工場の名にちなんで，ホーソン効果（Hawthorne effect）とよばれている。

x）系列効果（sequence effect）

同じ参加者が複数の実験条件で繰り返し測定を受ける場合に，実験条件の実施順序によって結果が影響されたり（順序効果），ある条件での課題遂行が，それに先行する別の条件での経験に影響されたり（キャリー・オーバー効果）する。多重処理の影響（multiple-treatment interference）とか，履歴効果（career effect）と表現されることもある。

(2) 剰余変数の統制

剰余変数を統制する方法としては，(a) 剰余変数を除去する，(b) 剰余変数の値を一定に保つ，(c) 剰余変数の影響を相殺する，ことが考えられる（第2章“5 剰余変数の統制”を参照）。ここでは，(c) の具体的な技法として，恒常化（constancy）とカウンターバランス（counterbalancing）について簡単に紹介する。

i）恒常化

剰余変数の影響を，すべての実験条件で等しくしようとする方法である。たとえば，特定の参加者がどの実験条件に割り当てられるかが等確率に決められるような手続きを，無作為化（randomization）とよぶ。しかし，無作為化の手続きを経ても，各実験条件の参加者の特性が等質になるわけではなく，特に各群の参加者数が少ない場合は，偶然による偏りが生じやすい。そこで，従属変数に影響を及ぼす変数（参加者特性としての教育歴，刺激特性としての単語出現頻度など）がわかっている場合，あらかじめそれらが類似した参加者や刺激をグループにまとめ，そのグループ内のメンバーがどの実験条件に割り当てられるかについて無作為化するという手順がとられる場合がある。これを，マッチング（matching）とよぶ。

心理学実験においては，正確な測定が困難（興味や能力など），実験中の変化を統制できない（動機づけ，疲労など）などの理由で，恒常化することが不可能な剰余変数は多い。また，実験者が気づかない剰余変数が存在する可能性は常にある。したがって，剰余変数の影響を実験条件間で完全に等質化することは不可能である。恒常化の手続きを経てもなお残る剰余変数の影響については，後述する統計の力を借りて評価し，従属変数の変動に占める独立変数の操作の効果の割合について推定することになる。

ii）カウンターバランス

測定の繰り返しによって生じる系列効果を相殺するための工夫である。同じ参加者が，3つの実験条件（A, B, C）で繰り返し測定を受けたとする。1条件目，2条件目，3条件目と進むにつれて，実験環境や実験手続きへの慣れの程度，同じ課題を繰り返すことによる練習効果や疲労，飽きなどの影響で，その参加者のパフォーマンスは変化するであろう。したがって，常にA→B→Cの順序で実験を行うと，その条件間の結果の違いには，独立変数本来の効果と同時に，これらの剰余変数の影響も含まれることになる。ここで，参加者ごとに実施順序を変えて，A→B→C，B→C→A，C→A→Bの順序で3名からデータを得れば，3つの条件とも1回目，2回目，3回目でそれぞれ1回ずつ測定されることになるので，このような順序効果は相殺されると考えられる。

しかし，これだけではまだ十分とはいえない。実験の目的が課題遂行に及ぼす金銭的報酬の効果を調べることであり，A, B, Cの3条件の報酬額が100円，500円，1 000円であったとする。この場合，500円条件を100円条件の後に行うか，1 000円条件の後に行うかで，500円という報酬のもつ意味は異なるであろう。このようなキャリー・

表1-2　3条件（A，B，C）のカウンターバランス

参加者	実施順序		
	1	2	3
1	A	B	C
2	B	C	A
3	C	A	B
4	C	B	A
5	A	C	B
6	B	A	C

オーバー効果の存在が予想される実験では，各条件が何回目に実施されるかを一定にするだけでは不十分で（“A→B→C，B→C→A，C→A→B”の組み合わせだとB条件がA条件の後に行われるのが2回であるのに対しB条件がA条件に先行するのは1回である），すべての条件が他の各条件に同じ回数だけ先行し，同じ回数だけ後続するような統制が必要である。表1-2に，3条件のカウンターバランスの例を示す。4条件以上についてカウンターバランスを行う方法については，Cristensen（1991）を参照してほしい。

なお，カウンターバランスとは，本来系列効果を相殺する手続きであるが，“刺激と反応手の左右の組み合わせは，参加者間でカウンターバランスをとる”のように系列的ではない効果の相殺についてもこの用語が用いられることがある。

20世紀の初頭，ベルリンでハンスという名の馬が評判になっていた。ハンスは，飼い主であるvon Ostenの辛抱強い“教育”により，計算などの知的な作業ができるようになったというのである。実際，質問者がカードに書いた問題を見て，足し算や引き算等の計算を行い，答えの数だけひづめで地面を叩くなどの方法で，正しく答えることができた。しかし，もちろんハンスには計算能力などなく，質問者が意識せずに示す行動（たとえば正答に相当する回数地面を叩いたときに，表情が微妙に変化したり，姿勢がわずかに変わったり）を手がかりにして反応していたらしい。ほとんどの人が，ハンスの計算能力を信じざるを得なかった状況で，ハンスの秘密に気づいたのは心理学者のPfungst, O.であった。ハンスは，“実験者効果”の例としてよく引用されるが，同時に，従属変数に重大な影響を及ぼす剰余変数の存在に実験者が気づかない危険性と，実験者が注目する変数だけでなく，実験を構成する状況全般に十分な注意を払う必要性を示すエピソードでもある。

7 実験計画の種類

実験における剰余変数の影響を効果的に統制し，因果関係に関する妥当な推論が行えるようにするための工夫に，実験計画法（method of experimental design）がある。実験計画法は，測定値の変動をもたらす原因を特定するための合理的なデータ収集方法を計画する実験配置法と，収集されたデータの分析法である変量分析法からなる。データの収集方法と分析法は密接に関係しており，間違った計画で集められたデータにいくら高度な分析法を適用しても，意味のある結論は得られない。ここでは，実験配置に関する基本的な考え方を紹介する。

実験計画の基本は，合理的な比較条件を設定することである。それを飲むと直前に記憶したことを忘れなくなるという，画期的な薬が発明されたとする。それを確かめるために，ある晩心理学者20名の名前を覚え，薬を飲んで眠った。翌朝起きてみると，昨晩覚えた20名のうち，15名を思い出すことができた。さて，この薬には効果があるだろうか。

このままでは何とも答えられない。その理由は，比較の対象がないからである。薬を飲んだから15名も思い出せたのか，薬を飲まなくてもそれくらいはできるのか。それを調べるためには，20名の心理学者を覚えた後に薬を飲んだときと，薬を飲まないときで，何人思い出せるかを比較する必要がある。

(1) 参加者間（群間）計画と参加者内計画（反復測定計画）

同じ実験参加者が，2つ以上の実験条件に参加しない実験計画のことを参加者間計画（between-participants design）あるいは群間計画（between-groups design）とよび，その場合の独立変数を参加者間変数（between-participants variable）という。薬あり群10名と，薬なし群10名とで，記憶薬の効果を比較する場合である。実験的な操作を加えるグループ（薬あり群）を実験群（experimental group），比較のためのグループを統制群（control group，対照群ともいう）とよぶ。それに対して，1つの独立変数の全水準で同じ参加者に対して測定を繰り返す計画を，参加者内計画（within-participants design）あるいは反復測定計画（repeated measures design）とよぶ。その場合の独立変数は，参加者内変数（within-participants variable）である。この実験計画では，同じ参加者10名が，薬を飲んだ夜と飲まない夜の2回の測定を受けることなる。反復測定計画では，参加者に起因する測定値の変動が小さいので，独立変数の効果を検出しやすい。一方，順序効果やキャリー・オーバー効果が生じるので，それらを十分に取り除くことができない場合には，参加者間計画を選択するほうがよい。

(2) 要因計画

心理学では，独立変数を1つだけ扱う実験は，それほど多くない。なぜなら，人間の行動は，数多くの変数によって同時に影響を受けており，またそれらの変数どうしが相互に影響を与え合っているからである。図1-4を見てほしい。Godden & Baddeley (1975) は，単語リストの再生成績が，学習時の環境文脈と再生時の環境文脈の両方に依存することを報告した。図1-4から，陸上で再生する場合には，水中で学習したときよりも陸上で学習したときの成績がよく，水中で再生する場合には，水中で学習したときのほうが陸上で学習したときよりも成績がよかった。このように，ある独立変数（学習条件）の効果が他の独立変数（再生条件）の水準によって異なることを交互作用（interaction）とよぶ。交互作用は，心理学において頻繁に観察され，研究の対象とされてきた。適性＝処遇交互作用（教育方法の効果の現われ方が，学習者の特性によって異なること）は，その代表的な例である。

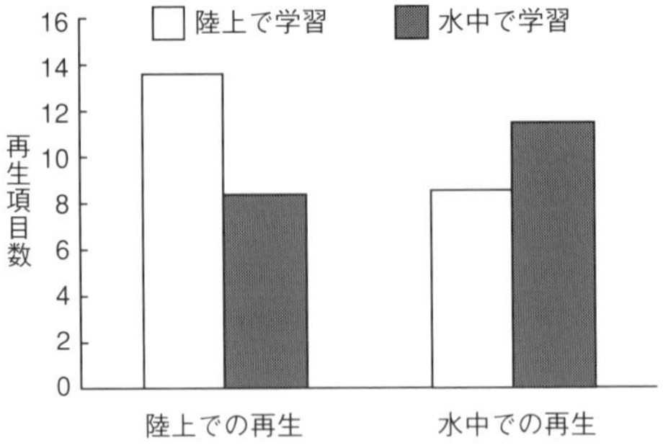

図 1-4 学習時と再生時の環境が単語リストの再生成績に及ぼす影響
(Godden & Baddeley, 1975 から作成)

交互作用を検討するためには，2つ以上の独立変数を組み合わせて操作しなければならない。このような実験計画を要因計画（factorial design）とよび，同時に扱う変数の数によって2要因計画，3要因計画などと表現する。ここでいう要因（因子ともいう）とは，独立変数と同じ意味である。参加者間変数のみを組み合わせた要因計画を完全無作為化要因計画（completely randomized factorial design），参加者内変数のみを組み合わせた要因計画を乱塊要因計画（randomized block factorial design），参加者間変数と参加者内変数を組み合わせた計画を分割法要因計画（split-plot factorial design）とよぶこともある。

要因計画は，交互作用を検討できるだけでなく，剰余変数を独立変数として実験に組み入れることによって，その影響を評価できるなどの利点もある。しかし，あまりに多くの要因を組み合わせると，必要な参加者数や1人が参加する条件件数が多くなる，交互作用の解釈が困難になりやすいといった欠点もある。せいぜい3要因程度に抑えておくのが賢明である。

(3) 準実験

心理学の研究では，必要であることがわかっていても，参加者に関する無作為化や剰余変数の統制が行えない場合も多い。そのような状況でも，たとえばプリテストを導入してあらかじめ実験群と統制群の違いを把握したり，統制群を設定することができないために実験群に何度も測定を繰り返して比較のための条件を設定するなど，独立変数と従属変数の関係についてできるだけ明確な結論を導くためのさまざまな工夫が行われている。このように，十分な統制が行われていない実験を準実験（quasi experiment）とよんで，真の実験（true experiment）と区別する。

準実験として，非等価統制群計画，時系列計画，回帰非連続計画などいくつかの種類が提案されている。準実験については，原岡（1990）や高野・岡（2004）を参照してほしい。

（4）1 事例実験計画

現在の多くの心理学実験では，推測統計（inferential statistics）の論理に基づいて，1 条件に多数の参加者を割り当て，そこから得られた統計量から独立変数の効果について確率的に論じることが多い。ところが，実験的処置の影響を 1 人ないし少数の参加者で検討しなければならない場合もある。このような目的で立案される研究計画を，1 事例実験計画（single case experimental design）とよぶ。心理学の歴史において，Fechner, G. T. の精神物理学や，Ebbinghaus, H. の記憶研究など，少数の参加者の観察に基づいて偉大な成果が得られた例は少なくない。現在でも行動療法の効果測定などの目的で，A-B-A 計画，A-B-A-B 計画，基準移動型実験計画，交替操作型実験計画などに基づく多くの実験が行われており，剰余変数の統制法や，得られたデータの処理方法などについての実践的，理論的提案もある。1 事例実験計画については，Barlow & Hersen（1984 高木・佐久間監訳 1993）や岩本・川俣（1990）に詳しい解説がある。

8 結果の処理と推測統計

図 1-1 の“仮説の検討”の段階では，得られた結果に基づいて仮説が正しいかどうかを検討することになる。ところが，“討論への参加者の人数が増加すると，発作開始時点からの報告者の累積比率は低下する”という仮説は，“三角形の内角の和は 180°である”のように，論理的に反論の余地なく証明されるような性質のものではない。“発作中に報告した参加者の割合は，討論者が 2 名，3 名，6 名の条件で，それぞれ 85%，62%，31%であった”という結果が得られたとしても，これで仮説が支持されたとはいえない。まず，この実験に参加したのは，50 名ほどの大学生であった。別の大学生に対して同じ実験を繰り返したときに，同じ結果が得られる保証はない。

心理学の研究では，仮説の正しさを証明するのに，推測統計における仮説検定の考え方を利用することが多い。推測統計とは，実際に測定したデータは，その背後にある母集団（population）から抽出されたサンプル（標本，sample）の特性を表わすものであると考え，その値（標本統計量）に基づいて母集団の性質（母数，パラメータ）について推測することを目的とする統計手法である（それに対し，データの効率的な記述を目指す統計を，記述統計（descriptive statistics）とよぶ）。統計的仮説検定（statistical hypothesis testing, 仮説検定あるいは単に検定ともいう）の考え方については，佐藤（1968）が非常にわかりやすく解説してくれている。ごく簡単に紹介すると，以下のようになる。

表 1-3 統計的仮説検定における判断の誤り

検定の結果	事実	
	帰無仮説が正しい	対立仮説が正しい
帰無仮説を採択	(a) 正しい判断	(b) 第 2 種の誤り
対立仮説を採択	(c) 第 1 種の誤り	(d) 正しい判断

A さんに念力があるかないかを確かめてみたい。A さんに，たとえばコイン投げで表が出るように念じてもらえば，その結果から A さんの念力の有無について判断できるはずである。コインを 1 回投げてもらったら表が出た。これで A さんに念力があると結論できるだろうか。もちろんできない。なぜなら，念力などというものを考えなくても，十分期待できる結果だからである。そこで，もう 1 回投げてもらったところ，また表が出た。まだまだだめである。コインを 2 回投げて 2 回続けて表が出る確率は，25%もあるからである。ところが，A さんが 20 回コインを投げて，そのうち 16 回表を出したとしたらどうだろうか。表が出る確率と裏が出る確率が等しく 50%だとすると，20 回投げて 16 回以上表が出る確率は，1%以下である。これは偶然起こった出来事ではなく，念力を認めるかどうかはさておき，コインに何か細工があるのではないかなどと考えるようになるのが自然であろう。

仮説検定の考え方も同様で，研究仮説が正しいかどうか判断するのに，次のような手順を踏む。まず (a) 念力はない（報告者の割合に討論参加人数による違いはない）ととりあえず考える。これを，帰無仮説（null hypothesis）とか検定仮説とよぶ。これに対し，帰無仮説を棄却した場合に採択し，研究仮説を反映する仮説を対立仮説（alternative hypothesis）とよぶ。次に，(b) 帰無仮説が正しいと仮定した場合に，手にしたデータ（20 回投げて 16 回表が出た，報告者の割合は 85%, 62%, 31%であった）が得られる確率を計算する。そして，(c) その確率が非常に小さければ（心理学の場合，5%を目安にすることが多い），帰無仮説を棄却して対立仮説を採択し，もともと検討したかった研究仮説（念力がある，討論参加者の人数が増加すると報告者の割合が低下する）が正しかったと判断する。ここでよく覚えておいてほしいのは，仮説検定による判断には誤りがつきものだということである。確率は小さくても，実際には帰無仮説が正しいのに対立仮説を採択してしまう誤り（第 1 種の誤り type I error という，表 1-3 (c)）がある。そして，対立仮説が正しいのに帰無仮説を採択してしまう誤り（第 2 種の誤り type II error，表 1-3 (b)）もある。

統計的仮説検定には t 検定，分散分析，χ^2 検定などさまざまな手法があるが，帰無仮説の性質や確率の計算方法が異なるだけで，基本的な論理はすべて同じである。具体的な検定の手続きについては，心理統計法のテキスト（たとえば，森・吉田，1990）

で調べてみてほしい。

9 実験的研究の評価

統計的な分析が終わると，図 1-1 の“仮説の検討，研究の評価”の段階に進む。研究仮説が支持されなかった場合から考えよう。この結果から，仮説を導いた理論は誤りであった，とすぐに結論を下すことはできない。研究計画やデータの収集方法が仮説を検討するのに適切であったか，表 1-3（b）の誤りをおかしていないか（説明は省くが，第２種の誤りの確率まで考慮して考察を進めている論文は非常に少ない），そもそも具体的な研究目的から検証可能な仮説を導く過程で，論理的な誤りはなかったか，など検討すべきことは多い。

仮説が支持された場合にも，その背後にある理論が正しいと安易に結論することはできない。第１に，仮説検定による判断は間違うことがある。得られた結果が表 1-3 の（c）なのか（d）なのかを，１つの実験結果から判断することはできない。統計的に妥当な判断を下すためには，メタ分析（森・吉田，1990）の手法を用いて，複数の実験結果を総合的に検討しなければならない。

第２に，研究目的に照らして，仮説の設定が適切であったかどうかを確かめなければならない。特に，独立変数や従属変数の構成概念妥当性が問題となる実験では，同じ構成概念を反映する別の変数を用いた検討が必要になる。Latané & Darley も，前述の模擬発作実験の後，“責任の拡散”を同席者が知人か否かで操作する実験を行い，結果の再現性を確認している。

第３に，仮説と一致する現象が観察されても，必ずしもそれを導いた理論が正しいとはいえない。“A（前件）ならば B（後件）である”という前提と，“B である”という前提から，“A である”という結論を導く推論を後件の肯定とよぶ。“カラスならば色が黒く”，“私のペットは色が黒い”からといって，“私のペットはカラスである”とは限らないから，この推論は必ずしも正しい結論を導くとはいえない。仮説演繹法の考え方は，“理論 A が正しければ仮説 B が支持される”はずであるから，“仮説 B が支持される”ことによって“理論 A が正しい”ことを示そうとする。これはまさに後件の肯定の論理である。理論 A の正しさを示すためには，理論 A 以外には仮説 B を導くことができないという論拠が，別に必要になるのである。

心理学実験の基礎知識の最後として，よい実験かどうかを判断するための３つの観点を紹介しておこう。

(1) 内的妥当性

前述したように，実験とは，変数間の因果関係を調べるために，剰余変数を統制したうえで，独立変数（原因）の操作による従属変数（結果）の変化を観察する研究方法である。したがって，実験的研究の価値は，独立変数と従属変数の因果関係についてどのくらい妥当な結論を導けるかによって決まる。剰余変数がよく統制され，従属変数の変化を明確に独立変数の操作に帰属できる程度のことを，研究の内的妥当性（internal validity）という。内的妥当性に影響するさまざまな要因については，先の“6 剰余変数”で述べた。

(2) 結果の信頼性

測定における信頼性と同様，研究結果に関してもそれが繰り返し観察可能かどうかという点を評価する必要がある。最近ではほとんど見ないが，20年くらい前の心理学概論の教科書には，欲求が知覚に及ぼす影響の例として，Bruner & Goodman（1947）の研究が紹介されていた。経済的に貧しい家庭の子どもは，裕福な家庭の子どもに比べて，貨幣の大きさをより大きく見積もる傾向があるというのである。ところが，Conrad & Maul（1981）によれば，再現を試みた12の独立した実験において，同じ結果を示したものはなかった。その中にはBruner & Goodman自身による検討も含まれていたという。1つの実験で非常に興味深い結果が得られたとしても，それが繰り返し確認されなければ確実な知識とはいえないことの好例であろう。

研究結果の信頼性を評価するには，追試が必要である。追試には，直接的追試と系統的追試の2種類がある。直接的追試とは，もとの実験をそのまま反復して，同じ実験結果が得られるかどうかを確認するために行う。系統的追試は，もとの実験のある側面を変化させて行う。新しいテーマに取り組む場合には，特に直接的追試を行うことがすすめられる（中島・佐藤，1993）。研究のオリジナリティが強調されるあまり，追試の重要性が過小評価されてはならない。

(3) 外的妥当性

外的妥当性（external validity）とは，実験の結果を異なる参加者や状況に適用できる程度のことである。Cristensen（1991）は，外的妥当性を脅かす要因として，母集団妥当性（population validity）の欠如，生態学的妥当性（ecological validity）の欠如，時間妥当性（temporal validity）の欠如の3つをあげている。母集団妥当性とは，結果をより広範な母集団に一般化できる程度，生態学的妥当性とは，異なる場面や環境条件に一般化できる程度，時間妥当性とは時間を超えて一般化できる程度のことである。実験的研究に対する批判として，さまざまな剰余変数を統制しなければならないので，状況がどうしても不自然となり，そこで観察された結果は日常的な場面では当てはまらない，すなわち生態学的妥当性がないという主張がしばしば行われる。

このような批判に関連して，原岡（1990）は，実験的現実性（experimental realism）

と実際的現実性（mundane realism）という概念を紹介している。実験的現実性とは，実験参加者が実験事態を真剣に受けとめる程度，実験事態が参加者の行動に対してもつ影響力の強さのことである。一方，実際的現実性とは，実験室で生起している事象が“現実世界”の事象と類似していることである。両者の違いを説明するために，原岡（1990）は，実際的現実性は低いが実験的現実性は高い研究として，Asch, S. E. の集団圧力実験と，Milgram, S. の服従実験をあげている。線分の長さに関する簡単な自分の判断が他者と異なることなどめったにないし，学習実験を手伝うために，学習者の間違いに応じて電気ショックのスイッチを押さなければならないような状況には，現実世界ではまず出合わない。その意味で，これらの実験の実際的現実性は低い。しかし，Asch の実験の参加者たちは，他者の答えに驚き，自分の判断の正しさに不安を覚えて，どのように答えるかについて真剣に悩んだ。Milgram の実験でも，参加者は，電気ショックに苦しむ学習者と，さらに試行を続けるよう要請する研究者の板挟みとなって大変な葛藤を体験したという。どちらも，参加者にとって実験的現実性は十分に高い研究であったといえる。

もちろん2つの現実性がどちらも高い実験が行えればよいのだろうが，どちらかを犠牲にしなければならない場合，実験的研究に必要なのは，実験的現実性である。実験場面を見かけ上日常的状況と類似させることに力を注ぐあまり，内的妥当性を高めるために必要な統制の手続きを犠牲にしてはならない。実験的研究で最も大切な妥当性は，内的妥当性である（岡，2004）。生態学的妥当性についていえば，内的妥当性の高い実験で得られた因果関係が適用できる範囲を広げるというよりも，その適用範囲を明確にすることが大切である。Latané & Darley は，作業中の部屋の中に漏れてきた煙に対して何らかの行動を示す人の割合は，一緒に作業する人数が多いほど減少することを示した。しかし，このような効果は，暗い映画館で突然煙が充満してきたような状況ではおそらく期待できない。だからといって，人間の援助行動研究における彼らの実験の貢献や価値が減じることはないのである。

10 実験実習の実施にあたって

以上，実験的研究を実施する際に必要な基礎知識について述べてきた。“心理学基礎実習”などの授業で実験を行う場合には，本章あるいは本書の内容と一致しないことも多い。たとえば，実習では，実験のテーマや手続きはあらかじめ決められていることが多いので，先の“2 実験的研究の進め方”で述べたように先行研究を調べることは少ないだろう。また，受講生どうしで，実験者と参加者の役割を交代して行う場合が多いので，第2部のⅣ“研究法ミニ知識 1 研究の倫理”で紹介するインフォームド・コンセントを得ることもないだろうし，そもそも“参加は任意である”とも考えにくい。

しかし，ぜひとも，次のことを意識して授業に参加してほしい。まず，実習で体験する実験の背景を理解するよう努力してほしい。本書でも個々のテーマの背景について簡単な紹介はしているし，実習を担当する教員等からの説明もあるだろう。しかし，それでは足りない。授業のときに初めて，しかも受け身で説明を聞くのと，あらかじめ自分で概論書や心理学事典で関連する事項について調べたうえで授業に臨むのとでは，実習内容に関する興味や理解の程度がまったく異なる。そのような事前の準備があれば，実習の内容だけでなく各実習で紹介する引用文献や参考文献についてもよく理解でき，レポートにおける目的や考察の記述も充実したものとなるだろう。

次に，しっかりと役割演技をしてほしい。実験者としての主な役割は，適切な観察条件を整え，参加者に必要な教示を行い，参加者の行動を正確に記録することである。特に，もう実験の内容は知っているのだからといいかげんな教示をしたり，ばかばかしいと思って省略したりしてはいけない。実際の研究では，何も知らない参加者が相手である。何も知らない相手に実験の手続きを説明して理解してもらったり，教示によって適切に独立変数を操作することは，かなり難しいことである。卒業研究などを行うときにあわてないように，しっかりと練習を積んでほしい。

一方，参加者の役割は，実験者の教示をしっかりと理解し，それを忠実に実行することである。“9 実験的研究の評価”で述べたが，実験的研究が成功するかどうかは，参加者が刺激や状況に対してどれくらい本気で反応してくれるかに依存する（実験的現実性）。実習ではあっても真剣に取り組んでほしい。そしてもしも真剣に反応しにくいとすれば，その理由は何であるかを考えてほしい。実験者の教示や態度は適切であったか，実験室の環境に問題はないかなど，実験的現実性を脅かす原因について考察することは，自分が実験を行う立場になったとき，間違いなく役にたつ。

最後に，Barber（1976 古崎監訳 1980）による，実験者が陥りやすい落とし穴をあげておく。それは，(a) 実験者の個人的属性効果，(b) 実験者の手続き遵守不履行効果，(c) 実験者の記録ミス効果，(d) 実験者のデータ操作効果，(e) 実験者の無意図的期待効果，の5つである。実習中に，これらに該当するような事例がなかったかどうか，実験者が原因で実験の内的妥当性を減じるようなことがなかったかどうか，しっかりとチェックしてほしい。

実験実習は退屈で，レポートを書くのは苦しいだけ，と思うかもしれない。しかし，どうせ苦しむなら積極的に取り組んで，卒業論文や修士論文のための研究でりっぱな実験が行えるように，心理学実験の基礎知識やセンスをしっかりと身につけてほしい。

引用文献

浅井邦二（編著）(1994). こころの測定法――心理学における測定の方法と課題―― 実務教育出版
Barber, T. X. (1976). *Pitfalls in human research: Ten pivotal points*. New York: Pergamon Press.
（バーバー, T. X. 古崎 敬（監訳）(1980). 人間科学の方法――研究・実験における 10 のピットフォール―― サイエンス社）
Barlow, D. H., & Hersen, M. (1984). *Single case exprimental designs: Strategies for studying behavior change*. 2nd ed. New York: Pergamon Books.
（バーロー, D. H.・ハーセン, M. 高木俊一郎・佐久間 徹（監訳）(1993). 一事例の実験デザイン――ケーススタディの基本と応用―― 二瓶社）
Bruner, J. S., & Goodman, C. C. (1947). Value and need as organizing factors in perception. *Journal of Abnormal and Social Psychology*, **42**, 33-44.
Campbell, D. T., & Stanley, J. C. (1966). *Experimental and quasi-experimental designs for research*. Chicago: Rand McNally.
Conrad, E., & Maul, T. (1981). *Introduction to experimental psychology*. New York: John Wiley & Sons.
Cristensen, L. B. (1991). *Experimental methodology*. 5th ed. Boston: Allyn and Bacon.
Epstein, S. (1979). The stability of behavior: I. On predicting most of the people much of the time. *Journal of Personality and Social Psychology*, **37**, 1097-1126.
Godden, D. R., & Baddeley, A. D. (1975). Context-dependent memory in two natural environments: On land and underwater. *British Journal of Psychology*, **66**, 325-334.
原岡一馬 (1990). 心理学研究の方法と問題 ナカニシヤ出版
岩本隆茂・川俣甲子夫 (1990). シングル・ケース研究法――新しい実験計画法とその応用―― 勁草書房
Latané, B., & Darley, J. M.(1970). *The unresponsive bystander: Why doesn't he help?* New York: Dutton Signet.
（ラタネ, B.・ダーリー, J. M. 竹村研一・杉崎和子（訳）(1997).［新装版］冷淡な傍観者――思いやりの社会心理学―― ブレーン出版）
森 敏昭・吉田寿夫 (1990). 心理学のためのデータ解析テクニカルブック 北大路書房
中島義明 (1992). 実験心理学の基礎 誠信書房
中島義明・佐藤浩一 (1993). 心理学実験法 大山 正・中島義明（編）実験心理学への招待――実験によりこころを科学する―― サイエンス社 pp. 1-29.
中谷宇吉郎 (1958). 科学の方法 岩波書店
岡 隆 (2004). 独立変数の操作 高野陽太郎・岡 隆（編）心理学研究法――心を見つめる科学のまなざし 有斐閣 pp. 42-67.
Orne, M. T. (1962). On the social psychology of the psychological experiment: With particular reference to demand characteristics and their implications. *American Psychologist*, **17**, 776-783.
佐藤 信 (1968). 推計学のすすめ 講談社
生和秀敏・堀 忠雄 (1993). 第4章 実験を行なうにあたっての留意点 利島 保・生和秀敏（編著）心理学のための実験マニュアル――入門から基礎・発展へ―― 北大路書房 pp. 72-78.
Stevens, S. S. (1951). Mathematics, measurement, and psychophysics. In S. S. Stevens (Ed.), *Handbook of experimental psychology*. New York: John Wiley. pp. 1-49.
高野陽太郎・岡 隆（編）(2004). 心理学研究法――心を見つめる科学のまなざし―― 有斐閣
田中良久 (1977). 心理学的測定法 第2版 東京大学出版会
山本健一 (2000). 意識と脳――心の電源としての意識―― サイエンス社
Yerkes, R. M., & Dodson, J. D. (1908). The relation of strength of stimulus to rapidity of habit-formation. *Journal of Comparative and Neurological Psychology*, **18**, 459-482.
Zechmeister, E. B., & Johnson, J. E. (1992). *Critical thinking: A functional approach*. Pacific Grove, CA: Brooks/Cole Pub.
（ゼックミスタ, E. B.・ジョンソン, J. E. 宮元博章・道田泰司・谷口高士・菊池 聡（訳）(1996). クリティカルシンキング 入門篇 (1997). 実践篇 北大路書房）

第２章　実験入門
──ミュラー・リエル錯視──

第１章では，心理学実験についての基礎知識を紹介した。第２章では，具体的な研究対象にその知識を適用する。本章で取り上げる研究対象はミュラー・リエル錯視（Müller-Lyer illusion）である。錯視（optical illusion, visual illusion）は日常生活の中でも体験することの多い現象であり，また，ミュラー・リエル錯視は最も有名な幾何学的錯視の１つである。

1　幾何学的錯視について

錯視とは視覚における錯覚であり，対象の大きさや形などの関係が客観的関係とくい違って見える現象をいう。錯視は対象を注意深く観察しても明確に現われるものであり，知覚の誤りではない。また，分量は小さいものの日常場面でも同様の歪みが生じることが多い（今井，1984)。錯視においては，その歪みが特に顕著に現われているため，錯視の研究は知覚全般を支配する一般原理を探る有効な手段と考えられている（今井, 1981)。

錯視の種類は多種多様であり，幾何学的錯視（geometrical optical illusion)，多義図形，逆理図形（矛盾図形)，運動の錯覚などがある（今井，1984)。そのなかで，本章では幾何学的錯視を取り上げる。幾何学的錯視とは,平面図形の幾何学的関係（大きさ,長さ，方向，角度，曲率，形など）が，対象の客観的関係とは異なって知覚される現象である（田中，1994)。幾何学的錯視の例として図 2-1 のようなものがある。

なかでも，最も有名な錯視の１つがミュラー・リエル錯視である（今井，1981)。ミュラー・リエル錯視では，図 2-2 のように，斜線の間にはさまれた線分（以下，主線とよぶ）の長さは客観的には同じであるが，外向きの斜線にはさまれた場合（外向

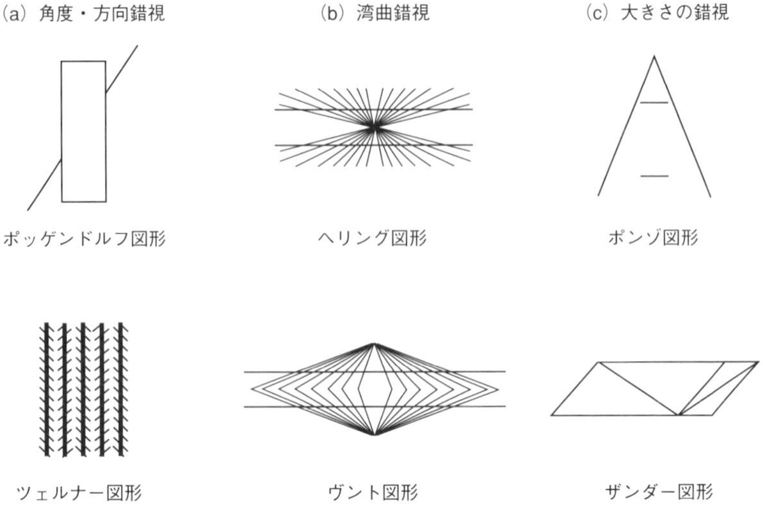

図2-1　いろいろな幾何学的錯視

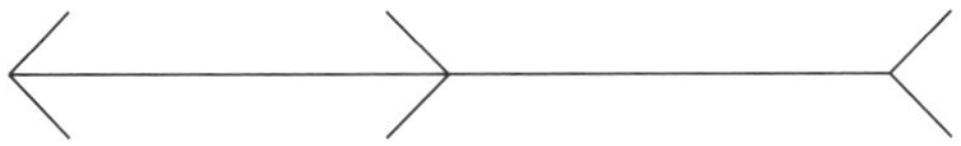

図2-2　ミュラー・リェル錯視

図形）のほうが，内向きの斜線にはさまれた場合（内向図形）よりも長く知覚される。今井（1981）によれば，1889年にMüller-Lyer, F. C.が考案して以降，ミュラー・リェル錯視図形は，錯視が際立って大きい（極大錯視量20–30%）ためもあり，錯視理論検証のための実験図形として多く用いられてきた。

本章では，心理学基礎実習などで実験を行うことを考慮して，操作が容易な刺激条件である斜線の長さと角度がミュラー・リェル錯視の錯視量に及ぼす影響を調べるための実験を計画する。

2 独立変数について考える――要因計画の考え方――

第1章の“ 2 実験的研究の進め方”で述べたように，研究を進めるにあたっては，その研究対象に関して過去にどのような研究が行われてきたのかを調べる必要がある。ミュラー・リェル錯視の錯視量に斜線の長さと角度が及ぼす影響については，今までにどのようなことがわかっているのだろうか。今井（1969, 1984）と島田（1952）を参考にまとめると，以下のようになる。

まず斜線の長さの影響については，一般に，斜線が長くなるとともに錯視量は山型状に変化するという結果が得られている（たとえばHeymans, 1896; Lewis, 1909）。ただし最大錯視量を示す条件（以下，極大点とよぶ）は，測定条件によって多少異なる。Nakagawa（1958）では斜線の長さが主線の1/3のときが極大点であったが，速水・宮（1937）では，内向図形の場合は斜線の長さが頂点間距離（彼らは主線が描かれていない図形を用いたため，頂点間距離が主線にあたる）が1/3のとき，外向図形の場合は1/2のときが極大点であった。

次に斜線の角度については，角度が大きくなるほど錯視量は減少するという研究（Heymans, 1896; Lewis, 1909）と，ある角度条件で錯視量が最大になり，角度がそれより大きくても小さくても錯視量は減少するという研究がある。後者の場合，極大点は研究によって異なっており，Brentano（1892）では30°，Nakagawa（1958）では40°，Auerbach（1894）では45°である。

また，斜線の長さと角度はそれぞれ単独に錯視量に影響するのではなく，相互に作用しあう。Benussi（1906）や城戸（1927）によれば，左右の斜線の上端間および下端間の距離が一定であれば，斜線の長さや角度にかかわらず錯視量がほとんど変化しない。Lewis（1909）によれば，斜線の角度が小さいほど，最大錯視量を示す斜線の長さが短くなる（図2-3参照）。

これらの研究結果から，以下の2点をふまえて実験を行う必要があることがわかる。第1に，斜線の長さや角度の影響を調べる場合，その刺激条件の設定によって結果が異なる可能性がある。たとえば斜線の長さに関して，極大点よりも短い範囲に条件を

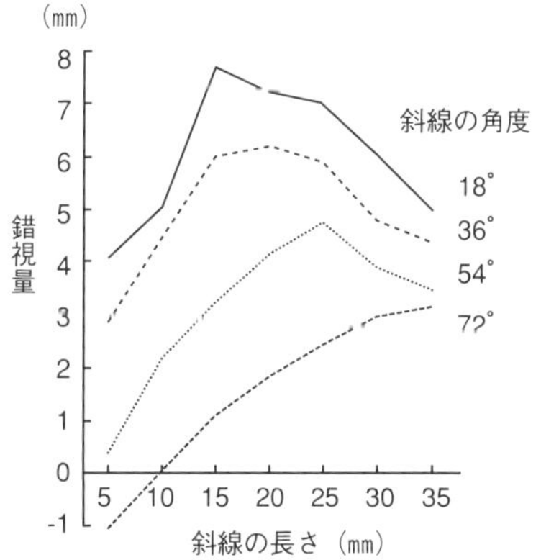

図2-3　ミュラー・リェル錯視（外向図形）において，斜線の長さが錯視量に及ぼす影響（Lewis, 1909から作成）

設定すると（たとえば図2-3より，斜線の角度54°で斜線の長さ25 mm未満に設定した場合），“斜線が長いほど錯視量は増大する”という結果が得られると予想される。逆に極大点よりも長い範囲に条件を設定すると，“斜線が長いほど錯視量は減少する”という結果が得られると予想される。さらに極大点をはさむ2条件を設定した場合，“斜線の長さは錯視量に影響しない”という結果が得られる可能性さえある。したがって，従来の研究で得られたような山型状の曲線を得るためには，適切な範囲を適切な間隔で，しかも最低3条件以上で測定を行わなければならない。本章で行う実験に限らず，独立変数の具体的条件の設定範囲や設定間隔，水準数の決定などは，実験を計画するうえで重要である（第1章“4 独立変数”も参照）。

第2に，斜線の長さと角度が相互に作用して錯視量に影響を及ぼすことから，2つの独立変数の効果を別々に調べたのでは，一方の変数の条件設定しだいで他方の変数の効果の現われ方が異なる可能性がある。たとえば図2-3より，斜線を15 mmから30 mmに変化させて錯視量を比較すると，角度が18°の場合，錯視量は15 mm条件 > 30 mm条件となるが，角度が72°の場合，15 mm条件 < 30 mm条件となり，効果の方向が逆転することがわかる。そこで，2つ以上の変数を同時に変化させて変数間の交互作用を検討できるように考慮した実験計画の必要性が生じる。実験計画の種類については，第1章“7 実験計画の種類”に説明がある。

本実験では，斜線の長さと角度を独立変数とし，各参加者がすべての刺激条件での測定に参加する2要因反復測定計画を採用する。なお，外向図形と内向図形という斜線の向きを1つの要因として扱い，3要因反復測定計画とすることもできる。しかしここでは説明を簡略にし，理解を容易にするため，外向図形と内向図形については別々に扱い，それぞれで斜線の長さと角度の効果を調べる。

3 従属変数について考える――精神物理学的測定法――

独立変数が決まったので，次に従属変数である錯視量の測定方法について考えてみよう。心理学で研究する対象のほとんどは眼に見えないもの，刺激と反応との関係あるいは反応と反応との関係から便宜的に想定された構成概念にすぎない，という意味で実体がない。したがって，それを測定するためには，長さや重さなどといった物理量を測定する場合とは異なる工夫が必要になる。このように，直接観察することのできない心理学的構成概念，たとえば感覚の大きさ・性格・能力・態度などを測定するための方法を総称して心理学的測定法（psychometrics）とよぶ。

(1) 心理学的測定法の種類

心理学的測定法にはいくつかの分類法があるが，ここでは田中（1977）や吉岡（1980）

に従って，尺度構成法と定数測定法に大別する。測定（measurement）とは，一定の規則に従って事象に数詞を当てはめること（Stevens, 1951）であるが，そこで用いられる規則あるいは数学的構造を尺度（scale）という。したがって尺度構成（scaling）とは，心理学的構成概念を測定するための“ものさし”となる規則を作る作業である。尺度構成の具体的な手続きは，第2部のII“調査法”で学習できる。

一方，定数測定とは，尺度構成法によって作成された“ものさし”を事象に当てて，適切な数詞を割り当てる作業である。吉岡（1980）は定数測定法として，精神物理学的測定法（psychophysical method，心理物理学的測定法とよばれることもある），標準化されたテスト，標準化された評定尺度の3つをあげている。性格，知能，態度，思考などの測定に用いられるのがテストや評定尺度であるのに対し，本章で扱う錯視量のような感覚，知覚にかかわる現象の測定に用いられるのが，精神物理学的測定法である。

(2) 精神物理学的測定法

精神物理学的測定法とは，Fechner, G. T. が精神物理学（psychophysics）で用いた測定の方法が独自に発展したものである（大山，1981）。発展にともない，定義も変化してきた。古典的で比較的狭義な定義として高木（1951）の“知覚や感覚のように，刺激と対応して比較的一定の方向に漸次的に変化する性質をもった過程を，物理的刺激と関係させて数量的に研究する実験法の一群”という定義がある。一方，精神物理学を“刺激と反応の間の数量的関係を研究する科学”と広義にとらえることもできる（Guilford, 1954 秋重監訳 1959）。さらに田中（1977）は，“精神物理学的モデルに従って構成された心理学的測定法”と定義している。いずれにせよ精神物理学的測定法とは，絶対閾（absolute threshold, 刺激閾 stimulus threshold ともいう），弁別閾（difference threshold, difference limen），主観的等価点（point of subjective equality: PSE）などを測定するために工夫された諸方法をさす。

精神物理学的測定法の特徴の1つは，感覚の大きさに関する直接的判断を参加者に求めるのではなく，刺激が“見える”か“見えない”か，どちらの線分が“長い”か“短い”か“同じ”か，といった2または3種類のカテゴリー判断を求める点である。そして，刺激値の変化による各反応の出現率の変化や，反応が変わる（たとえば，“見えない”から“見える”に変わる）ときの刺激の値に基づいて，上述したようなさまざまな定数を測定する。精神物理学的測定法は，基本的には調整法（method of adjustment），極限法（method of limits, または極小変化法 method of minimal changes），および恒常法（constant method, または恒常刺激法 method of constant stimuli）の3つに分類される。田中（1977）に基づいてそれぞれの方法の特徴をまとめると，表2-1のようになる。

本章では，主観的等価点を求める方法として理解しやすく実施も容易な調整法を用

表 2-1　代表的な精神物理学的測定法とその特徴

	調整法 method of adjustment	極限法 method of limits	恒常法 constant method
方法の特徴	①刺激を（主として参加者が）一方向に変化させる。参加者の指示によって，実験者が調整する場合もある。 ②刺激の変化のさせ方として，通常，上昇系列と下降系列が適当な順序で用いられる。 ③参加者は，反応の転換点を報告する。	①刺激を，実験者が一方的に段階的に変化させる。 ②刺激の変化のさせ方として，上昇系列と下降系列の両方が用いられる。 ③参加者は，個々の刺激に対して所定の反応を行う。	①通常 4–7 段階の等間隔の刺激を，ランダムな順序で 20–100 回提示する。 ②参加者は，個々の刺激に対して所定の反応を行う。 ③結果として得られる反応分布から，求める定数を推定するために，いくつかの理論とそれに基づく方法がある。
測定される値	本質的には PSE の測定法であるが，刺激閾，弁別閾などの測定にも用いられる。	PSE，刺激閾，弁別閾などの定数測定の他に，尺度構成法にも用いられる。	刺激閾，弁別閾，PSE など，適用範囲が広い。
長所	①自然な方法であり，実験者や参加者にとって理解しやすい。 ②実施が容易で，短時間に比較的多くのデータを得ることができる。 ③ PSE 測定法として，原理的問題が少ない。	①手続きが簡単で実施も容易であり，適用範囲も広い。 ②調整法に比べ，測定手続きの透明性および再現可能性の点で優れている。	①反応の任意抽出という点では，最も優れている。 ②結果の処理法が理論的に洗練されており，適用範囲も広い。
短所	①参加者が慎重な場合，所定の反応転換点を容易に決定できないことがある。 ②測定操作が参加者に任されており，操作の反復性，透明性が不十分である。 ③参加者が意図的に測定値を左右することが容易にできる。 ④刺激の連続的変化が不可能または非常に困難な場合には，適用できない。	①測定値に含まれる誤差などに関する仮定にやや無理な点があり，それによって決められる系列の打ち切り方や測定値の決め方に問題がある。 ②測定手続きによって，系列誤差，時間誤差，空間誤差などの恒常誤差が混入する可能性が大きい。	①多大な時間と労力を必要とする。 ②変化しやすい不安定な事象の測定には不向きである。

いる。極限法については，第2部のI“実験法 1 大きさの恒常性”と“実験法 2 皮膚感覚・2点閾”という2つの実習で扱う。恒常法は，反応の任意抽出という点，結果の処理法に関する理論的背景が明確であるという点で，優れた方法である。その反面，実施に長時間を要し，授業等での実習では行いにくいため，本書では扱わない。

さらに第2部のI“実験法 4 顔の再認”では，伝統的な精神物理学的測定法とは異なる点はあるものの，広義の精神物理学的測定法に含まれる方法として，信号検出理論を取り上げている。

4 測定の信頼性と妥当性

第1章でも述べたように，測定には誤差がつきものである。仮に同じ対象を同じ方法で測定したとしても，同じ測定値が得られるとは限らない。よい測定であるためには，誤差の原因を特定し，それを除去した結果，得られた値が現象をより忠実に反映していなくてはならない。よい測定であるかどうかを判断するための2つの基準が信頼性（reliability）と妥当性（validity）である。

信頼性とは，同一の対象に対して多数回独立に測定を繰り返したときの測定値間の一貫性の程度を表わす。つまり，測定値がどの程度安定しているかということである。また，測定値の分散の中に占める真値の分散の割合を信頼性係数とよぶ（塗師，1981）。本章の実験でも，同じ条件で同一参加者に対する測定を何度も繰り返し，その平均値をその参加者の値とするが，それは少しでも測定の信頼性を高め，現象の再現性を高めるという意味をもっている。

妥当性とは，測定しようとしているものを測定し得ている程度を表わす。ミュラー・リェル錯視の錯視量のように，実験者が測定したいものと測定値とが比較的直接的な関係をもつ場合は，妥当性の問題に特に神経質になる必要はない。しかし多くの心理学的測定では，研究者は抽象的な構成概念を測定しようとしており（たとえば反応時間の長さや誤答数から“学習”の程度を推測したり，ある心理検査の結果に基づいて被検査者の“性格”に言及したりする），構成概念と測定値とは間接的な関係しかもたない。このような場合，研究者が測定したいものを，測定値が的確に反映しているほど，その測定は妥当であるといえる。なお，信頼性や妥当性を調べる手順については，第4章の“4 質問紙の作成”および第5章の“5 心理検査をめぐる問題”を参照してほしい。また，信頼性や妥当性およびその推定方法については，池田（1973）に詳しい。

測定の信頼性と妥当性の関係を図2-4に示す。A，B，Cの3人の弓道（またはアーチェリー）の選手が，的をめがけて8回ずつ弓を引いたと考えてほしい。的である同心円の中心が真の測定対象，×印が測定結果を表わす。Aはまだ初心者で矢がどこに

図 2-4 信頼性と妥当性の関係（Conrad & Maul, 1981, p.67 を改変）

飛ぶかわからないため，結果に一貫性はない。まぐれで的の中心に当たることはあっても，A のような測定法では正確な測定が行われるとは考えにくい。B の矢は常にほぼ同じ場所に当たり，一貫性はある。しかし，的の中心からはずれており，何らかの原因で歪みが生じている状態である。このように常に的はずれな測定法も，正確な測定とはいえない。C の矢は，一貫してほぼ的の中心に当たっており，最もよい測定を表わしている。

このように，信頼性は妥当性の必要条件であるが十分条件ではない。信頼性が高くても妥当性が高いとは限らない（図 2-4 の B のように)。一方，妥当性が高ければ信頼性も高いはずである。

5 剰余変数の統制

ここまで，独立変数，従属変数および測定法について考えてきた。測定した従属変数の変化が独立変数の操作によって生じたものであると推論するためには，独立変数以外に従属変数に影響すると考えられる変数，すなわち剰余変数が十分に統制されていなければならない。第 1 章で述べたように，剰余変数を統制する方法は，(1)除去する，(2) 値を一定に保つ，(3) 影響を相殺する，に大別できる。本章で扱う，調整法による錯視量の測定場面を想定しながら，3 つの統制方法について述べる。

(1) 剰余変数を除去する

光や音といった変数は，除去することが比較的容易である。視覚実験を暗室で行ったり，聴覚実験を防音室で行ったりすることで除去することができる。錯視実験においても，周囲の雑音のように，参加者の判断を妨害する可能性のある変数は，なるべく除去するのが望ましい。

また，環境の設定以外にも，参加者の行動に対する実験者の期待や予想が参加者の反応に影響することがある。この剰余変数を除去するために，仮説を知らない実験者が実験を実施するなどの工夫が必要な場合もある。

(2) 剰余変数の値を一定に保つ

統制すべき剰余変数のうち，除去できる変数はごくわずかである。そこで次に考えられる統制法は，実験を通じてその変数の値を一定に保つ方法である。たとえば，周囲の雑音や実験装置から出る音を除去できない場合，それらの影響を取り除くために，背景音として一定強度のホワイトノイズをわざと提示するといった方法である。

本章の実験で変化させるのは斜線の長さと角度のみであって，斜線や主線の太さや，図形を描く用紙の大きさなどは全刺激図で一定にしなければならない。観察距離，比較刺激を変化させる速さ，参加者に対する教示なども，一定に保つことのできる変数はすべて，全参加者の全刺激条件を通じて一定にする。

(3) 剰余変数の影響を相殺する

参加者の性格や知能などの特性，また実験時の感情状態などは，除去することも一定に保つこともできない。また，条件の実施順序の影響などについても同様である。このような場合には，各実験条件の測定結果を全体としてみたときに，問題とする剰余変数の値が等しくなるような統制法を用いる。

i) 無作為化（randomization）

たとえば参加者を実験群と統制群の2群に分ける場合，ある参加者をどちらの群に割り当てるかがまったく同じ確率で決められるような手続きが，無作為化である。参加者をランダムに配分することによって，参加者に関連する変数について2群は等しいと仮定する。

ii) マッチング（matching）

無作為化の手続きによって2群が等しくなるのはむしろまれである。男女10名ずつ20名の参加者を無作為化の手続きで2群に分けたとき，各群に男女がちょうど10名ずつ割り当てられるとは限らない。そこで，グループ間の等質性を確保するために，あらかじめ結果に影響すると考えられる特性についてよく似た値をもつ2名をペアにし，その後その2名のどちらがどの群に配分されるかをランダムに決定する方法をとることがある。これをマッチングとよび，特に少人数のグループ間の比較を行う場合に有効である。

iii) カウンターバランス（counterbalancing, 相殺法）

順序効果やキャリー・オーバー効果などの系列効果を相殺する方法がカウンターバランスである。たとえば調整法で測定する際の恒常誤差の1つに，上昇・下降系列の系列誤差がある。この誤差の影響をなくすためには，同じ刺激図について上昇系列での測定と下降系列での測定の回数を同じにしなければならない。しかも単に回数を同じにするだけではなく，その順序効果まで考慮する必要がある。本章の実験では，順序効果を相殺するため，上昇系列と下降系列を，上昇→下降→下降→上昇→下降→上昇→上昇→下降の順序で実施する。

実験を実施する前に，剰余変数として一般的に考慮しなければならない諸要因については，第1章“**6** 剰余変数”を参考にして，十分に検討してほしい。

6 実験の実施（方法）

ここまで，ミュラー・リエル錯視について実験的方法で研究を行う場合に考慮しなければならない点について述べてきた。これらの点をふまえて実験の実施方法を説明する。

i）実験計画

独立変数（要因）として，斜線の長さ（15 mm, 30 mm, 45 mm）と斜線の角度（15°，30°，60°）の2つを取り上げる。2つとも参加者内変数とする。それぞれの要因の水準数が3, 3であるため，このような実験計画を3 × 3の反復測定計画（あるいは乱塊要因計画）と表現することもある。

ii）刺激

水平線分（主線）の両端に斜線のついたものを標準刺激，水平線分のみのものを比較刺激とする。この2つを横に並べて提示する（図2-5）。標準刺激の主線の長さは100 mm，比較刺激の線分の長さは200 mmとする。比較刺激を描いた厚紙を，標準刺激を描いた厚紙に出し入れできるように刺激図を作成する。比較刺激の裏には，提示されている線分の長さが読み取れるよう，目盛りを入れる。なお，コンピュータを用いて実験を行う場合には，標準刺激と比較刺激を上下に並べて画面に提示してもよい。

標準刺激として，実験計画に基づき9種類ずつの外向図形と内向図形，計18種類の刺激を準備する。実習時間が短い場合，外向図形と内向図形のどちらか一方のみを使用してもよい。

（比較図形の裏の目盛り）

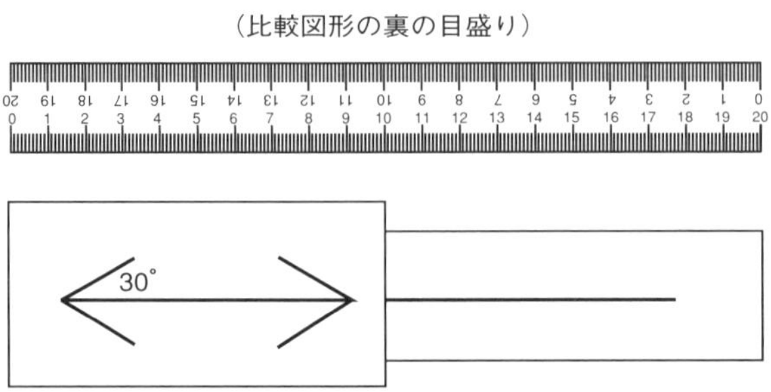

図2-5 実験で用いる刺激図の例（標準刺激が，斜線の長さ30 mm，角度30°の内向図形の場合）

iii）手続き

実験者調整法で行う（コンピュータを用いる場合には参加者調整法で行うこともできる）。

(1) 18 種類の刺激の実験順序を決める。参加者ごとにランダムになるようにする。

(2) 実験者と参加者は，観察距離が約 1 m となるように対座する。刺激面が前額平行になるように刺激図を提示し，主線が斜めに傾かないように注意する。

(3) 参加者に，標準刺激と比較刺激が同じ長さに見えたときに，実験者に合図するよう教示する。また，刺激図の特定の場所でなく，図形全体を見て判断すること，あまり考え込まないで判断することも教示する。

(4) 1 つの刺激図につき，計 8 回の測定を行う（図 2-6 参照）。そのうち，比較刺激が標準刺激の主線に比べて明らかに短いところから出発し，しだいに長くしていく上昇系列を 4 回行う。逆に比較刺激が明らかに長いところから出発し，しだいに短くしていく下降系列も 4 回行う。上昇・下降の各系列においても，比較刺激の出発点は試行ごとに変える。

(5) 8 回の測定のうち，参加者から見て標準刺激を右に提示する測定と，左に提示する測定を交互に行う。

(6) 比較刺激を変化させる速さは，実験を通じてなるべく一定にする。また，そろそろ参加者が反応するのではないかという実験者の期待によって，比較刺激の変化速度が変わらないよう，実験者は刺激図の裏の目盛りを見ないようにする。

(7) 実験者は，参加者が合図したらただちに比較刺激を動かすのをやめ，そのときの比較刺激の長さを記録用紙に記入する。

(8) (4) から (7) の手続きを，18 種類の刺激図について繰り返す。

7 結果の整理と考察の観点

実験が終了したら，実験に関する記憶や印象が明確なうちに結果を整理する。ここでは 9 名の参加者のデータをとったものとして，結果の整理の方法を説明する。

(1) 各参加者のデータの整理

(1) PSE（標準刺激の長さと等しいと判断されたときの比較刺激の長さ）の平均値と標準偏差（standard deviation: *SD*）を刺激図別に求める。データの散らばり方を表わす *SD* には注意が払われにくいが，*SD* によって，“参加者が実験中，一貫した状態や態度で判断していたか”“測定方法は適切であったか”“実験者が気づかない要因が混入していないか”などに関する情報が得られる場合がある。

本実験では，特に *SD* に関して刺激図間に大きな差はないか，全体的に *SD* が大

＞外向図形＜

系列	標準刺激位置	錯視図								
		斜線の長さ								
		15 mm			30 mm			45 mm		
		斜線の角度								
		15°	30°	60°	15°	30°	60°	15°	30°	60°
		刺激の提示順序								
		( )	( )	( )	( )	( )	( )	( )	( )	( )
上昇	右									
下降	左									
下降	右									
上昇	左									
下降	右									
上昇	左									
上昇	右									
下降	左									
平均										
SD										
錯視量										

＜内向図形＞

系列	標準刺激位置	錯視図								
		斜線の長さ								
		15 mm			30 mm			45 mm		
		斜線の角度								
		15°	30°	60°	15°	30°	60°	15°	30°	60°
		刺激の提示順序								
		( )	( )	( )	( )	( )	( )	( )	( )	( )
上昇	右									
下降	左									
下降	右									
上昇	左									
下降	右									
上昇	左									
上昇	右									
下降	左									
平均										
SD										
錯視量										

図 2-6　ミュラー・リェル錯視実験で用いる記録用紙

きすぎたり小さすぎたりする参加者はいないか，をチェックする。なお，平均値（$\overline{x}$）と*SD*の計算式は，次のようになる。

$$\overline{x} = \frac{\Sigma x}{n} \qquad SD = \sqrt{\frac{\Sigma (x - \overline{x})^2}{n}} = \sqrt{\frac{\Sigma x^2}{n} - \left(\frac{\Sigma x}{n}\right)^2}$$

x：各データの値，$\overline{x}$：平均値，n：データ数，Σ：総和を表わす

(2) 刺激条件ごとに,錯視量を求める。錯視量は,PSEから標準刺激の主線の長さ（100 mm）を引いた値とする。

(3) 上昇系列，下降系列ごとに錯視量を求める。

(4) 標準刺激の提示位置（左右）ごとに錯視量を求める。

表2-2に,各参加者の刺激図ごとの錯視量,および9名の参加者の平均値と*SD*を示す。なお表2-2のデータは心理学専攻の大学2年生を対象に実施した実習の参加者36名からランダムに選んだ9名の測定結果である。また，表2-3に，刺激の提示条件，すなわち上昇系列と下降系列，標準刺激の位置ごとに求めた錯視量を示す。表2-3の数値は，9種類の外向図形について平均した値である。これらの結果に基づき，結果の整理において大切な要素であるグラフの作成と簡単な統計的仮説検定を行う。

(2) グラフの作成

表2-2，表2-3の平均値から，斜線の長さや角度が錯視量に及ぼす効果について読み取ることはできる。しかし両者の交互作用などの細かい点の読み取りやすさなどを考えると，グラフ化したほうが直観的に理解しやすく，印象的に表現することができる。グラフ化する際には,以下のような点に注意する。第3章の“4 表と図”も参照のこと。

(1) グラフの種類を決定する。その際，データの性質や何を表現したいかによって，種類を選択する。

《線グラフ・棒グラフ》一般的に独立変数を横軸にとり，それに対応する従属変数の値を縦軸にとる。大まかにいって，独立変数が連続変数である場合には線グラフ，離散変数である場合には棒グラフを用いると考えておけばよい。

《散布図》2つの変数の相関関係を調べるために，測定対象をその値に基づいてプロットする場合などに用いる。

《円グラフ・帯グラフ・レーダーチャート》割合の比較や変化を表現するのに適している。

本実験の場合，独立変数である斜線の長さも角度も連続変数であるため，線グラフが適当である。

(2) 横軸･縦軸を決定する。独立変数を横軸に，従属変数を縦軸にするのが普通である。

表2-2 外向・内向図形別の錯視量（単位はmm）

(a) 外向図形

参加者	斜線の長さ	15 mm			30 mm			45 mm		
	角度	15°	30°	60°	15°	30°	60°	15°	30°	60°
1		5.3	6.2	3.4	14.4	11.4	5.9	13.7	9.4	3.5
2		12.4	11.7	5.0	15.8	12.3	6.1	14.6	9.6	5.0
3		11.9	9.4	6.4	15.7	11.0	8.1	14.1	11.4	9.4
4		14.0	10.8	8.0	23.5	20.5	11.3	18.7	15.5	11.2
5		14.7	11.8	9.8	21.1	14.7	7.5	18.3	18.8	18.1
6		5.2	8.0	3.0	12.5	4.2	9.0	14.1	12.3	10.1
7		16.7	15.6	7.3	18.9	19.7	9.8	18.5	16.0	10.8
8		18.5	16.0	11.5	22.0	17.8	11.8	24.5	19.3	9.3
9		14.9	13.6	7.8	22.4	15.5	13.7	14.4	19.7	9.4
平均		12.6	11.5	6.9	18.5	14.1	9.2	16.8	14.7	9.6
SD		4.4	3.1	2.6	3.8	4.8	2.5	3.4	3.9	3.9

(b) 内向図形

参加者	斜線の長さ	15 mm			30 mm			45 mm		
	角度	15°	30°	60°	15°	30°	60°	15°	30°	60°
1		-8.8	-7.7	-6.4	-9.6	-10.3	-9.8	-10.9	-9.8	-11.4
2		-6.9	-3.9	-4.3	-8.6	-7.4	-7.6	-8.9	-9.1	-9.4
3		-6.6	-4.8	-3.8	-8.8	-7.6	-7.3	-9.5	-9.2	-11.7
4		-3.9	-2.5	-3.4	-10.0	-5.4	-5.2	-11.7	-7.0	-6.1
5		-7.5	-8.1	-9.8	-12.4	-12.8	-7.7	-12.8	-11.5	-6.4
6		-5.2	-2.3	-0.2	-11.3	-11.5	-7.8	-9.0	-10.3	-10.1
7		-5.4	-7.2	-9.2	-11.0	-12.2	-10.2	-12.8	-10.2	-11.8
8		-2.7	-4.7	0.3	-7.7	-8.7	-6.5	-10.7	-8.2	-8.7
9		-2.3	-0.7	-0.9	-7.1	-5.9	-6.9	-7.7	-11.5	-8.7
平均		-5.5	-4.7	-4.2	-9.6	-9.1	-7.7	-10.4	-9.6	-9.4
SD		2.1	2.5	3.5	1.6	2.6	1.5	1.7	1.4	2.0

表2-3 刺激の提示条件による外向図形の錯視量の違い（単位はmm）

参加者	提示方法			
	上昇系列	下降系列	標準刺激を右側に提示	標準刺激を左側に提示
1	7.9	8.4	7.7	8.6
2	9.4	11.3	9.7	11.0
3	11.7	9.9	9.9	11.7
4	13.1	16.4	12.9	16.6
5	14.1	15.8	15.9	14.0
6	9.4	8.0	10.2	7.2
7	13.9	15.7	14.2	15.3
8	12.9	20.6	17.1	16.4
9	12.6	16.6	14.3	14.9
平均	11.7	13.6	12.4	12.9
SD	2.1	4.1	3.0	3.2

縦軸の目盛りは，グラフの変化がよくわかる範囲に設定する。そのため縦軸の途中を省略して条件間の差を強調することもある。縦軸が何を表わすかの説明と単位を軸の外側に書く。なお，“心理学研究”では，目盛りを軸の内側に描く。

横軸についても縦軸と同様であるが，本実験の場合，注意すべき点が2つある。第1点は，横軸の目盛りの間隔である。斜線の長さを横軸にする場合，3つの条件が15 mm，30 mm，45 mmと等間隔なので問題はないが，角度を横軸にする場合，30°条件と60°条件の間隔は15°条件と30°条件の間隔の2倍である。このような場合，横軸の目盛りも2倍の間隔をとるのが普通であるが，目的によっては対数目盛りのように特別な軸設定をする場合もあるため，グラフを描くときだけではなく，読むときにも注意が必要である。

第2点は，本実験のように独立変数が2つあり，両方を1つのグラフで表現しようとする場合，どちらの変数を横軸とするのか，である。原則的には主として調べたい変数を横軸にとるが，結果によって表示方法を選択したほうがよいこともある。たとえば図2-7と図2-8を見比べてみよう。外向図形については，斜線の長さを横軸にとった図2-8のほうがわかりやすい。しかし内向図形については，斜線の角度を横軸にとった図2-7のほうが見やすい。なお，グラフを2つに分けて表示してもよいが，その場合は交互作用がわかりにくくなることがある。

(3) 条件が明確に区別できるよう，異なる記号と線種（実線・点線・破線など）を組み合わせて線を描く。棒グラフや円グラフなどでは，塗りつぶしのパターンで区別する。学会発表等のプレゼンテーションでは色で区別するのもよいが，論文や報告書を書く際には，色による区別は行わない。

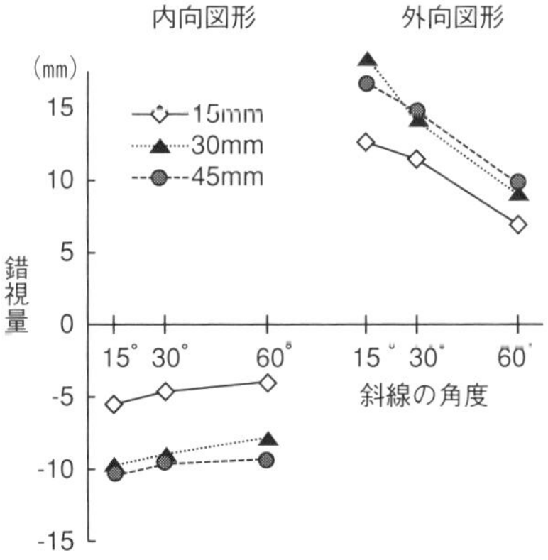

図2-7　ミュラー・リェル錯視の斜線の角度と長さが錯視量に及ぼす影響（角度の効果がわかりやすい表示のしかた）

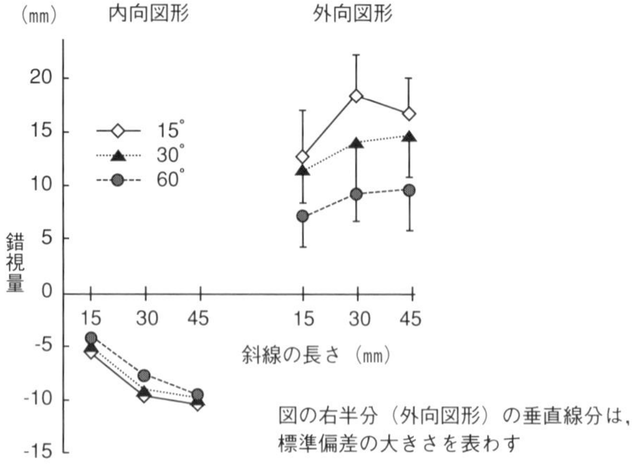

**図 2-8　ミュラー・リェル錯視の斜線の角度と長さが錯視量に及ぼす影響
(長さの効果がわかりやすい表示のしかた)**

代表値(平均値等)だけでなく，散らばりの程度もグラフに示したい場合には，代表値の上下または一方に，散布度に応じた長さの線分をつけて表現する(図 2-8 の右側を参照)。*SD* では数値が大きすぎるため，標準誤差を表示することも多い。

(4) 凡例(どの線がどの条件を表わすかの説明)を記入する。

(5) グラフの内容を適切かつ簡潔に表現する題をつける。グラフのみを見て，本文を読まなくても内容がわかるように作成する。そのために必要な説明はすべて図の中に入れる。必要であれば図の題が長くなってもかまわない。

(3) 統計的仮説検定

図 2-7，図 2-8 をみると，斜線の長さも角度も錯視量に何らかの影響を及ぼしているようにみえる。さらに図 2-8 の外向図形の結果をみると，角度条件によって斜線の効果の現われ方が異なっているようにみえる。これらの結果は，本実験の 9 名のデータで偶然に得られたものなのだろうか。それとも同一条件で実験を繰り返せば，安定して再現されるものだろうか。

また，表 2–3 の上昇系列と下降系列の錯視量を比べると，平均値では下降系列の錯視量が大きいが，参加者 3，6 では逆に上昇系列の錯視量が大きい。このような場合に，平均値の結果に基づいて“下降系列で錯視量が大きい”と結論づけてよいのであろうか。

このような疑問を解決する方法の 1 つが，統計的仮説検定である。仮説検定の基本的考え方は第 1 章で述べたが，ここでは，上昇系列と下降系列の錯視量の比較，斜線の長さと角度が外向図形の錯視量に及ぼす効果およびその交互作用にそれを適用する。

いずれの場合も，以下の手続きで検定を進める。

(1) 帰無仮説と対立仮説を立てる。

(2) 帰無仮説のもとで，本実験の結果が得られる確率（生起確率）を計算する。

(3) その確率が，あらかじめ定めた値（有意水準または危険率 , level of significance）よりも小さければ，帰無仮説を棄却する。

(4) 上昇系列と下降系列の錯視量の比較

2条件の平均値を比較するには，t 検定という方法を用いる。t 検定は，比較する2群が対応する場合と対応しない場合，また対応しない場合には2群の分散が等しいか異なるかによって方法が異なる。本実験の場合は，“対応がある2条件の平均値の差の検定”（森・吉田，1990, p. 65）を行う。

(1) 帰無仮説は，2条件の平均値が等しい（$\mu_1 = \mu_2$）または，2条件の差が0に等しい（$\mu_1 - \mu_2 = 0$）である。対立仮説には2通り考えられる。どちらか一方の平均値が他方よりも大きいと予測できる根拠があれば片側検定（one-tailed test）を行う。しかし本実験の場合，上昇系列と下降系列の錯視量のどちらが大きくなるかを明確に予測することはできない。尚早反応を生じさせる“期待誤差”と，系列内で同種の反応が長く続きすぎる“慣れの誤差”の両方向の系列誤差が生じ得るためである（田中，1977）。したがって両側検定（two-tailed test）を行うのが適当である。

(2) 生起確率の計算は，t 分布に基づく。t 値については，ここでは両条件の平均値（$\bar{x}_1, \bar{x}_2$），SD（s_1, s_2），ピアソンの積率相関係数（r），参加者数（n）から算出する。なお，$r = .807$ は計算ずみであるものとする。森・吉田の式 2-5-18（1990, p. 67）によると，下のようになる。

$$t = \frac{\bar{x}_1 - \bar{x}_2}{\sqrt{\dfrac{s_1^2 + s_2^2 - 2rs_1s_2}{n-1}}}$$

$$= \frac{13.6 - 11.7}{\sqrt{\dfrac{4.1^2 + 2.1^2 - 2 \times 0.807 \times 4.1 \times 2.1}{9-1}}} = 1.99$$

計算過程でのまるめの誤差により，Excel 等で素データから計算した場合の結果（$t = 2.05$）とは異なる。

(3) 有意性の判断のために，検定用にあらかじめ用意された統計表を用いることができる。t 検定の場合も，さまざまな自由度と有意水準に対応する臨界値（求めた t 値がそれより大きければ有意差ありと判断する基準値）の表が準備されている（たとえば，森・吉田，1990，p. 320）。この表をみると，自由度（degree of freedom: df）

が8で，有意水準を5%として両側検定を行った場合の臨界値は2.31である。先に計算したt値は臨界値よりも小さく，したがって帰無仮説は棄却できない。すなわち，表2-3のデータから，“上昇系列と下降系列では錯視量に差がある”という結論は，少なくとも統計的には導けない。

同じく表2-3に基づいて，標準刺激の提示位置によって錯視量に差があるかどうかを統計的に検定してみてほしい。$r = .816$である。結果だけを述べると，“標準刺激の提示位置によって錯視量に差があるとはいえない（$t(8) = 0.75, p > .05$）”。

(5) 外向図形の錯視量に及ぼす斜線の長さと角度の効果

3つ以上の平均値の比較や，2つ以上の要因によって生じる平均値の差を同時に比較するためには，分散分析（analysis of variance: ANOVA）を用いる。分散分析においても，基本的な考え方は共通であるものの，実験計画の種類によってF値の算出方法が異なる。本実験のように，2つの参加者内変数の主効果と交互作用を同時に検定しようとする場合，“2要因とも対応がある場合”（森・吉田，1990，p. 117）の計算法を用いる。

(1) ここでの帰無仮説は，(a) すべての$\alpha_i = 0$，(b) すべての$\beta_j = 0$，(c) すべての$\alpha\beta_{ij} = 0$の3つであり，対立仮説は (a) どれかの$\alpha_i \neq 0$，(b) どれかの$\beta_j \neq 0$，(c) どれかの$\alpha\beta_{ij} \neq 0$となる。

(2) 生起確率の計算は，F分布に基づく。F分布に基づく分散分析では，まず測定値全体の分散を，各要因の効果による分散と，誤差による分散に分離する。次に，要因効果による分散（具体的には偏差の平方和 sum of squares: SSを自由度で割った平均平方 mean square: MS）を分子に，誤差による分散（誤差項）を分母にとって，その比（F比）を求める。F比が1より大きいほど，いい換えれば誤差による分散に比べて要因効果による分散が大きいほど，帰無仮説のもとで期待される生起確率は小さくなる。本実験の斜線の長さの主効果，角度の主効果，交互作用を計算すると，F値はそれぞれ14.39，70.18，1.83となる。

(3) 分散分析でも，有意性を判断するための臨界値の表が準備されている。森・吉田（1990，pp. 300-319）の表でみると，斜線の長さおよび角度の主効果に関する臨界値（分子の自由度が2，分母の自由度が16）は有意水準を5%とすると3.63，1%の場合は6.23，交互作用に関する臨界値（自由度は4，32）はそれぞれ2.67，3.97である。上記 (2) の計算結果より，斜線の長さと角度の主効果がそれぞれ1%水準で有意であり，交互作用は5%水準では有意でない。

実際の仮説検定では，この後に多重比較を行い，どの条件間に差が認められたのかを明らかにしなければならない。ここではボンフェローニ法（Bonferroni method）による検定結果のみを示す。長さに関しては，15 mm条件の錯視量が他の2条件よりも小さく，30 mm 条件と 60 mm 条件の間には有意差がなかった。角度に関しては，角度が小さいほど錯視量は大きく，各角度条件間に有意差が認められた。

多要因の分散分析や多重比較における計算は煩雑である。基本的な原理や考え方を十分に理解したうえで，統計ソフトウェアを用いるとよい（統計ソフトウェアについては，第2部のⅣ“研究法ミニ知識 5 統計ソフトウェア”を参照）。

内向図形の錯視量に及ぼす斜線の長さと角度の効果については，各自で分析してみてほしい。多重比較の方法も，外向図形の場合と同じである。ここでは結果のみを示す。まず斜線の長さの主効果が有意であり（$F(2, 16) = 45.37$，$p < .01$），多重比較の結果，15 mm 条件の錯視量が他の2条件よりも小さく，30 mm 条件と 60 mm 条件の間には有意差がなかった。さらに角度の主効果が有意であり（$F(2, 16) = 5.46$, $p < .05$），多重比較の結果，15°条件の錯視量が 60°条件よりも有意に大きかった。2つの要因間の交互作用は認められなかった。

どのような検定方法を用いるのかは，実験の目的や調べようとする仮説によって異なる。また，それぞれの検定には，前提として満たされていなければならない条件もある。したがって結果の整理の際には，“そもそも推測統計による仮説検定が必要なのか”“検定法としてどの方法が適切か”“対立仮説から考えて，片側検定と両側検定のどちらが適切か”といったことを考慮しなければならない。

(6) 考察の観点

結果が整理できたら，その結果から何を知り得るかを考察する。そして，何らかの結論が得られたら実験のレポートを書く。レポートの書き方については第3章で説明するが，その前に以下のような点について，本実験で得られた結果を過去の研究と比べたり，文献を調べたりしておこう。

(1) 斜線の長さが錯視量に及ぼす効果。
(2) 斜線の角度が錯視量に及ぼす効果。
(3) 斜線の長さと角度の交互作用。
(4) 内向図形と外向図形の錯視量の絶対値の比較。
(5) 上昇系列と下降系列で，錯視量に違いはあるか，あるとしたらその理由は何か。
(6) 標準刺激の提示位置によって錯視量に違いはあるか。あるとしたらその理由は何か。
(7) 錯視量に影響する要因には，他にどのようなものがあるか。
(8) 本実験の手続きの中で，何か変更すべき点はないか，またその理由は何か。

8 ミュラー・リエル錯視のレポート作成における注意点

ここまで，ミュラー・リエル錯視を用いた実験の計画や実施方法，結果の整理につ

ミュラー・リェル錯視

実験 花子　入門大学

Müller-Lyer Illusion

Hanako　Jikken
Nyumon University

レポート提出日：20XX 年 X 月 X 日

図 2-9　レポートの表紙の例

導入は，何も知らない人が読み始めるのに，自然に入っていけるように書く。

関連する先行研究を簡潔にレヴューする。

最後に，本研究の目的をまとめて記述する。

問題

私たちが普段目にしている物体の大きさ・長さなどが，自分が思っている大きさ・長さなどと違っていることがある。例えば，“友達の身長を聞いてみたら思っていたよりも高かった”，“部屋の広さを測ってみたら思っていたよりも狭かった”などという経験は，これにあたる。このように，対象の形や大きさなどが客観的なものと異なって…（略）…

…（略）…錯視は日常生活のなかでも体験することの多い現象であり，また，ミュラー・リェル錯視は最も有名な幾何学的錯視の 1 つである。

…（略）…

まず斜線の長さの影響については，一般に，斜線が長くなるとともに錯視量は山型状に変化するという結果が得られている (Heymans, 1896)。…（略）…
斜線の角度の影響については，今井 (1969) によれば，Lewis (1909) の実験では錯視量が角度の増加とともに単調に減少した。…（略）…

…（略）…

さらに，Benussi（1906）は，左右の斜線の上端間および下端間の距離が一定であれば，斜線の長さや角度にかかわらず錯視量がほとんど変化しないという結果を示した。…（略）…

そこで本研究は，斜線の角度と長さがミュラー・リェル錯視の錯視量に及ぼす効果を調べることを目的とする。さらに外向・内向図形における効果の違いも検討する。…（略）…

図 2-10　レポートにおける“問題”の記述例

方法

実験参加者　大学生 9 名（男性 4 名，女性 5 名）が実験に参加した。平均年齢は 18.6 歳であった。視力は…（略）…
実験計画　…（略）…
刺激　…（略）…
手続き　…（略）…

…（略）…

結果

外向図形，内向図形別に，刺激条件ごとの参加者 9 名の PSE の平均値を算出した。さらに，その値から錯視量を求めた。錯視量とは…（略）…その結果を Figure 1 に示す。…（略）…
外向斜線において，斜線の角度が 60°の条件では，斜線の長さが 30 mm の時に極大値を示した。また，…（略）…
さらに，上昇試行・下降試行別に，錯視量の平均値を算出した。その結果を Table 1 に示す。
…（略）…

方法は原則的にすべて過去形で書く。

どのような方法を用いたかを正確かつ詳細に説明する。
レポートを読んだ人が，まったく同じ研究を再現できるように書く。ただし，マニュアルの丸写しはしない。

結果には，事実のみを記述する。原則的に過去形で書く。

図表を入れるときは，本文中にも必ず言及する。

図 2-11　レポートの“方法”と“結果”の例

考察

本研究の目的は，…（略）…であった。
まず，Figure 1 をみると，先行研究どおり，斜線の長さが 60°のとき，…（略）…。しかし，他の条件ではこのような山型のグラフにはなっておらず，…（略）…であった。先行研究と異なる結果が得られた原因としては，…（略）…が考えられる。
また，上昇試行と下降試行については，…（略）…のような違いが見られた。これは，…（略）…を反映しているものと思われる。
…（略）…
これらのことから，本研究では，…（略）…が明らかになった。

…（略）…

引用文献

…（略）…
Heymans, G. (1896). Quantitative Untersuchungen über das “opstische Paradoxon”. *Zeitschrift für Psychologie*, **9**, 221-255.
今井省吾 (1969). 幾何学的錯視　和田陽平・大山　正・今井省吾（編）感覚・知覚ハンドブック　誠信書房　pp. 537-552.
…（略）…

問題との整合性が重要。
仮説を立てていた場合，結果はそれを支持したのか？
うまくいかなかった場合はなぜうまくいかなかったと思われるか？

研究でわかったことと，そこから推測されることは，区別できるように書く。語尾に注意すること。

論文中に記載のあるもののみを，著者の姓のアルファベット順に並べる。

図 2-12　レポートの“考察”と“引用文献”の例

いて述べてきた。最後に，レポートを作成する際の注意点を述べる。“第3章　論文・レポートの書き方”と合わせて，参考にしてほしい。

なお，図2-9から図2-12はレポートの記述の一例であるが，もちろんこのままを写してはいけない。この記述例と注意点を参考にし，あくまでも自分の行った実験に合わせて記述してもらいたい。

引用文献

Auerbach, F. (1894). Erklärung der Brentanschen optischen Täuschung. *Zeitschrift für Psychologie,* **7**, 152-160.

Benussi, V. (1906). Experimentelles über Vorstellungsinadäquatheit. *Zeitschrift für Psychologie,* **42**, 22-55.

Brentano, F. (1892). Über ein opstisches Paradoxon. *Zeitschrift für Psychologie,* **3**, 349-358.

Conrad, E., & Maul, T. (1981). *Introduction to experimental psychology.* New York: John Wiley & Sons.

Guilford, J. P. (1954). *Psychometric methods.* New York: McGraw-Hill.
（ギルフォード, J. P. 秋重義治（監訳）(1959). 精神測定法　培風館）

速水　滉・宮　孝一 (1937). ミュラー・リェル図形に於ける形態把握　心理学研究，**12**, 525-552.

Heymans, G. (1896). Quantitative Untersuchungen über das “opstische Paradoxon”. *Zeitschrift für Psychologie,* **9**, 221-255.

池田　央 (1973). 心理学研究法 8 テストII　東京大学出版会

今井省吾 (1969). 幾何学的錯視　和田陽平・大山　正・今井省吾（編）感覚・知覚ハンドブック　誠信書房　pp. 537-552.

今井省吾 (1981). 錯覚　梅津八三・相良守次・宮城音彌・依田　新（編）新版心理学事典　平凡社　pp. 271-274.

今井省吾 (1984). 錯視図形――見え方の心理学――　サイエンス社

城戸幡太郎 (1927). 知覚に於ける形態の表象と関係の判断――ミュラー・ライエル氏図形についての実験――　心理学研究，**2**, 262-282.

Lewis, E. O. (1909). Confluxion and contrast effects in the Müller-Lyer illusion. *The British Journal of Psychology,* **3**, 21-41.

森　敏昭・吉田寿夫（編）(1990). 心理学のためのデータ解析テクニカルブック　北大路書房

Nakagawa, D. (1958). Müller-Lyer illusion and retinal induction. *Psychologia,* **1**, 167-174.

塗師　斌 (1981). 信頼性係数　梅津八三・相良守次・宮城音彌・依田　新（編）新版心理学事典　平凡社　pp. 433-435.

大山　正 (1981). 精神物理学的測定法　梅津八三・相良守次・宮城音彌・依田　新（編）新版心理学事典　平凡社　pp. 479-484.

島田一男 (1952). ミュラーリヤー錯視に関する文献の整理　心理学研究，**23**, 111-123.

Stevens, S. S. (1951). Mathematics, measurement, and psychophysics. In S. S. Stevens (Ed.), *Handbook of experimental psychology.* New York: John Wiley & Sons. pp. 1-49.

高木貞二 (1951). 精神物理学的測定法　高木貞二・城戸幡太郎（監）実験心理学提要第一巻　岩波書店　pp. 3-81.

田中平八 (1994). 幾何学的錯視と残効　大山　正・今井省吾・和気典二（編）新編感覚・知覚心理学ハンドブック　誠信書房　pp. 681-736.

田中良久 (1977). 心理学測定法 第2版　東京大学出版会

吉岡一郎（編）(1980). 心理学基礎実験手引　北大路書房

第３章　論文・レポートの書き方

1 書くことの意義

この章では，日本心理学会の“執筆・投稿の手びき 2005 年改訂版”（日本心理学会，2005，以下“手びき”と略す）とアメリカ心理学会の“論文作成マニュアル第 5 版”（American Psychological Association, 2001，以下“マニュアル”と略す）に基づいて，研究論文やレポートを書くときの基礎知識について述べる。

実験や調査をすれば研究が終わるわけではない。そこで発見したことやそれについての自分の考えを他者に伝えるという大事な作業が残っている。文章にして発表するのは，研究活動のおまけではなく，むしろ中心ともいえる。Sternberg（2003）は，心理学論文についてのよくある誤解を 8 つあげた。その概要を表 3-1 に示す。ここに書かれている内容は，心理学に限らず科学論文一般にも当てはまる。そのうちのいくつかはレポートを書くときにも参考になるだろう。

なぜ研究論文やレポートを書くのだろうか？ 自分が理解するだけでよければ，文章にしなくてもよい。わざわざ文章にするのは，自分のためではなく他者に読んでもらうためである。この前提に基づくと，研究論文やレポートを書くときの基本ルールは次の 3 つにまとめられる。

(1) 標準書式を守る

読者が必要な情報をすばやく読み取るためには，論文の構成や文献の引用方法などの形式が決まっていたほうがよい。このような標準書式はそれぞれの学問分野において整備され，冊子として出版されている。心理学においては，日本語では日本心理学会の手びき，英語ではアメリカ心理学会のマニュアルが基本となる。学会や出版社に

表 3-1 心理学論文についてのよくある 8 つの誤解 (Sternberg, 2003)

誤解 1：	**心理学論文を書くことは，科学的な仕事の中で，最も型にはまった創造的でない作業であり，時間はたくさんかかるが想像力はほとんどいらない。** 書くことによって，考えを形のあるまとまったものにでき，また何が欠けているのかを見つけることができる。
誤解 2：	**大切なのは何を言うかであって，どのように言うかではない。** 書き方が下手な論文は，内容を判断する以前に読んでもらえない。
誤解 3：	**長い論文はよい論文であり，たくさんの論文があるとなおよい。** 長いことそのものが悪いわけではないが，緊密な構成で簡潔に書かずに長々と書くのはよくない。また，関連した研究は 1 つの論文にまとめたほうがより効果的である。業績を増やすという目的でいくつもの論文に分けるのは，読者のためによくない。
誤解 4：	**心理学論文の主要な目的は，事実の提示である。新しく見つけた事実（実験報告）であっても周知の事実（文献総説）であってもそうである。** 論文の中では，その時点で得られるデータを自分がどのように評価しているかという立場・見解を明確にしなければならない。それに沿って論文に載せるべき情報の取捨選択も行う。“最終的な結論を引き出すのは早急すぎる”のは確かだが，後で考えが変わってもかまわないから，少なくとも一時的な結論を述べよ。
誤解 5：	**科学論文と広告・宣伝は，科学論文の目的が情報を知らせることであるのに対し，広告・宣伝の目的は説得することであるという点で異なっている。** よい科学論文には，情報を知らせることと説得することの両方が必要である。科学者の論文はいわば商品である。消費者（研究者）が，他者の商品（考え）ではなく，自分の商品（考え）を買うように努力しなければならない。しかし，あまりに自分の考えを強調しすぎると反感をかい，かえって受け入れてもらいにくくなる。押し売りではなく，やわらかく売ることが成功の秘訣である。
誤解 6：	**自分の理論が承認されるよい方法は，他者の理論を論破することだ。** 他者の理論をいたずらに論破しようとすると，不合理な感情的反発を受けることがよくある。特に，特定の研究者の理論を論破した論文を投稿すると，当の研究者が査読者になる可能性が高いので，リジェクトされやすい。他者の理論を批判するのをやめろというわけではないが，自分の意見は控えめにして，既存の理論にポジティブな貢献をしていることを強調するほうが，より効果的で賢いやり方である。
誤解 7：	**研究者の仮説を支持しなかった否定的な結果は，研究者の仮説を支持した肯定的な結果とすべての点において同等の価値がある。** 失敗した結果を報告しないのは，多くの場合，その結果をうまく説明できないからである。否定的な結果が意味をもつのは，(1) 先行研究の追試に 2 回以上失敗したとき，(2) 実験手続上の欠陥を改善したところ最初にあった有意差が消えたとき，のような場合に限られる。
誤解 8：	**心理学論文におけるアイデアの展開は，心理学者の頭の中で起こったアイデアの時間的な展開を反映している。** 実際に研究がどのように進展したのか（たとえば，予備実験の結果など）を論文に記載することは，(1) スペースを取りすぎる，(2) 本人以外の研究者の興味を引かない，(3) 研究の本来のテーマとは無関係である，などの理由で不要である。

よっては，これらの内容に若干の修正を加えて使っていることもある。

他者に読んでもらえる研究論文やレポートを書くためには，内容以前に，その分野で標準となる書式を身につける必要がある。また，標準書式を身につけることで，どの情報をどこにどのように書いたらよいかがわかるようになり，効率的に研究論文やレポートをまとめることができるようになる。日本心理学会の手びきは，日本心理学会のサイト（http://www.psych.or.jp）から無料でダウンロードできる。また，日本心理学会事務局に申し込んで冊子を購入することもできる。手もとにおいていつでも参照できるようにしたい。

(2) 正確に簡潔に書く

科学論文は順序よく論理的に構成する。用語は定義を明確にし，あいまいな表現は用いない。外国語の術語をそのまま本文中で使うことはできるだけ避け，略語の使用も最小限にとどめる。正確さを重視すると文章が冗長になりがちだが，必要な事柄のみを重複なく記述することによって簡潔な表現を心がけたい。日本語を書くときの句読点の打ち方や語順については本多（2004），英語を書くときの論理的な構成については杉原（1994）が参考になる。

心理学を含めて科学研究では再現性や客観性を重視する。研究論文やレポートを読んだ人がその実験や調査を追試できるように，研究の手続きは特に詳しく正確に述べるようにする。また，データを故意に捏造するのは論外だが，著者の不注意によって間違ったデータを報告してしまうことも，結果としては同じように有害である。誤字や脱字をなくすことも含めて，明瞭で正確な記述を心がけたい。さらに，間違いに気づいたときは，すみやかに訂正するようにしたい。

(3) 偏った表現を避ける

授業で提出するレポートを除けば，たいていの研究論文は不特定多数の人に読まれる。したがって，特定の立場や偏見に基づく表現によって読者を傷つけないような配慮が必要である。たとえば，女性同性愛者（lesbians）を対象とした研究において，その対照群を“健常女性（normal women）”とよぶのは不適切であり，“女性異性愛者（heterosexual women）”とよぶのがふさわしい。また，人にレッテルを貼るのはできるかぎり避ける。“統合失調症者（the schizophrenics）”のような人と症状を分離しない表現よりも，“統合失調症と診断された人々（people diagnosed with schizophrenia）”といった表現のほうが好まれる。

表現上の偏見をなくすためには，自分が所属する集団を論文で扱う集団と置き換えてみたり，論文で扱う集団に自分が所属していると想像してみたりするとよい。そのことで疎外感や不快感を覚えるようなら，表現を再考したい。また，該当する集団に所属する人にその表現を読んでもらい，率直な意見を求めることもできる。

2 標準的な構成

ここでは，実験や調査などの実証研究を報告するときの論文・レポートについて，標準的な構成を説明する。このタイプの論文・レポートは，図3-1に示すように大きく4つの部分（問題・方法・結果・考察）に分けられる。それぞれの部分に書く内容は異なるが，互いに緊密に対応しながら全体を構成している。執筆を始める前には，それぞれの部分に何を書くかを構想し，全体の枠組みを作る。この作業はとりわけ重要である。簡単なメモ書きでもよいので，4つの部分それぞれに書くべき内容をまとめておくとよい。全体の構想が決まれば，どの部分から書き始めてもよい。ふつうは，具体的な内容から抽象的な内容へと進んでいくほうが書きやすい。最も具体的な“方法”から始め，次に“結果”を書き，最後に“考察”と“問題”を交互に書いて仕上げるというのが1つの効率のよい手順である。

(1) 表題と著者名（title and author）

表題は論文・レポートの顔である。自分で決めるときは，研究の中心テーマを要約して簡潔で魅力的な表題になるように工夫する。研究で用いた独立変数や従属変数を表題中に明示すると抽象的にならない。副題は避けたほうがよいが，つけるときは，日本語では副題の前後を2倍ダッシュ（——）ではさみ，英語ではコロン（:）をつけて主題に続ける。表題の長さは，日本語では30字以内，英語では10–15語が目安である。表題に続けて，著者の名前と所属（学部・学科など），学生番号などを記載する。

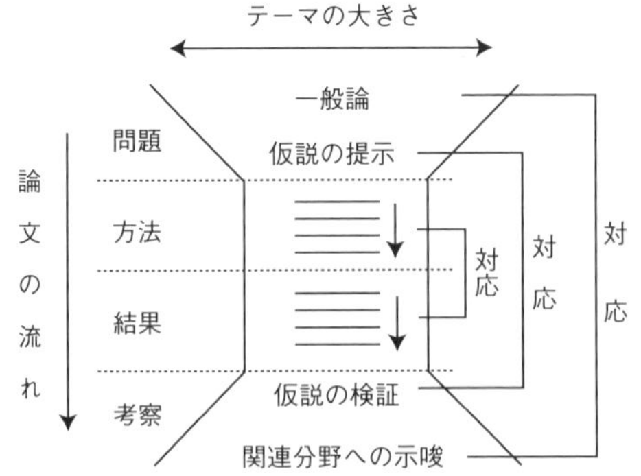

図3-1　実証研究についての論文・レポートにおける部分間の関係

(2) 問題（introduction，序論ともいう）

専門的な内容の研究論文・レポートであっても，導入部（問題または序論）は大きく一般的な視点から書くのが望ましい。冒頭に置くことが決まっているので，見出しはつけなくてよい。読者が共感できる一般的な話題（日常体験やよく知られた理論）から書き始め，実際に行った実験や調査の内容へと徐々に焦点を絞り込んでいくのがよく使われる手法である。先行研究に言及しながら研究背景について述べ，これまでに明らかになっていない部分や争点となっている問題を整理する。その後，それらの問題を解決するために本研究で選択したアプローチについて述べる。序論の最後には仮説を提示する。仮説では，操作する変数と予測される結果を根拠に基づいて論理的に述べる。このように，問題（序論）の役割は，報告しようとする具体的な研究内容に，読者の興味を引きつけながら導いていくことである。

(3) 方法（method）

方法では，研究対象や刺激材料，手続きについて書く。読者がその研究の結果の信頼性と妥当性を評価でき，必要であれば追試できるように詳しい情報を記載する。方法は，すでに行ったことの記述なので，過去形で書く。次に述べるいくつかの小見出しを立てることが多い。

i）実験参加者（participants）

以前は被験者（subjects）とよんでいたが，自分の意思に基づいて参加している場合には実験参加者とよぶのが望ましい。“10 名の大学生を用いた”といった表現は避け，“10 名の大学生が実験に参加した”と書く。動物を用いた実験では被験体（subjects）とする。プライバシー保護のため，個人を特定できる情報は記載せず，参加者の人数・性別・年齢などを集団として集計したデータを示す。研究の結果に影響を与えそうな属性（たとえば，視覚刺激を用いる実験では視力，手を使って反応させる課題では利き手，生理反応を測定する実験では薬物摂取の有無など）についても記載する。さらにインフォームド・コンセントの取得方法，倫理委員会の承認，参加報酬の有無などについてもこの見出しの下に書く。

ii）刺激（stimuli），材料（materials），装置（apparatus）

研究に用いた刺激や材料・装置などについて記載する。複雑なものは図や写真で示すこともできる（このときは図 1 というように番号つきで示す）。先行研究で使われた刺激や材料を利用するときは，その文献を引用する。結果の解釈や妥当性の評価に影響する要素（たとえば，刺激の強度や提示時間）については，読者が再現できるように特に詳しく書く。反対に，実際に使用したが研究結果に影響しそうにないもの（たとえば，脳波用電極を取りつけるときに使ったエタノールや脱脂綿）は省略する。

iii）手続き（procedure）

実験計画（独立変数の数と種類，参加者の割付法など）について記載した後，用いた課題や教示，試行数，条件の順序，従属変数などを具体的に書く。実験中の参加者がどのような状況におかれていたかがイメージできるように，時間の進行にそって書くとよい。複雑な課題を用いるときは“課題（task）”という小見出しを別に設けることもできる。

iv）統計分析（statistical analysis）

得られたデータをどのように分析したかを書く。この記述は次の結果に入れることもできるが，通常は実験計画を決めた時点で統計分析の仕方が決まるので，方法の中にも書ける。結果で報告する内容はあらかじめ方法で知らせておいたほうが，読者はデータを理解しやすい。

(4) 結果（results）

得られたデータを事実に即して述べる。結果は乱雑になりやすい部分なので，重要度の高い順，または方法に書いた従属変数の順序にそってまとめるとよい。方法と同じく，結果も過去形で書く。データは本文中に記述するだけでなく，図や表を使って示すこともできる。図表の作り方については後述する。

測定値の単位には，国際単位系（Le Système International d'Unités: SI）を用いる。たとえば，秒を表わすときは sec ではなく s を，ミリ秒を表わすときは msec ではなく ms を使う。単位と数字は別の単語なので，両者の間に半角スペースを入れるようにする（誤：100Hz，正：100 Hz）。ただし，%は単位ではないので，半角スペースはいらない（例：10%）。

統計分析の結果を書くときは，まず平均値や標準偏差，サンプルサイズなどの記述統計を示してから，推測統計（統計的仮説検定）の結果を書くようにする。有意か有意でないかといった検定の結果にばかり気をとられ，前者を忘れることが多いので注意が必要である。“2つの条件における平均値の差は統計的に有意であった”と書いても，具体的な測定値がわからなければ正しく解釈できない。検定の結果として，t や F などの統計量，自由度，p 値（危険率，有意水準）を示す。統計記号は，ギリシャ文字を除いてイタリック（斜体）とする。t 検定の結果は“t (28) = 2.89, p < .01，両側検定”のように，分散分析（F 検定）の結果は“F (2, 30) = 3.45, p < .05”のように書く。1を超えない数字については1桁目の0を省略するのが心理学分野における慣例である。p の他に，相関係数の r などがこれに該当する。

(5) 考察（discussion）

考察の冒頭では，得られた結果をまとめ，問題の最後に述べた仮説が支持されたか，支持されなかったかを明確にする。その後，本研究の結果と他の研究の結果との類似点と相違点，本研究の限界などについて述べる。仮説に含まれない意外な結果は，重要なものだけを考察する。ただし，仮説を立てなかった予想外の結果については後づけの説明しかできないので，仮説を立てた結果に比べると優先順位が低い。考察の最後には，今回の発見の重要性について総合的なコメントをつける。問題の最初に述べたような一般的なテーマに立ち返り，今回の研究から示唆できることを述べる。

(6) アブストラクト（abstract，要約ともいう）

アブストラクトは，研究内容を包括的かつ簡潔にまとめた短い文章である。本文とは別に書き，単独で読んでも理解できるようにする。アブストラクトは表題とともに，論文の最も重要な部分である。データベースに収録されるので，読者がその論文を読むかどうかを決める手がかりになる。アメリカ心理学会のマニュアルによると，よいアブストラクトには次のような条件がある。正確であること，自己完結していること，簡潔で具体的であること，評価せずに報告していること，一貫していて読みやすいこと。実証研究のアブストラクトについていえば，研究課題（できれば1文），参加者や被験体（研究に関連する特性：人数，性別，年齢など），実験方法（装置，手続き，検査法など），結果（統計的有意水準を含む），結論と示唆・応用を，限られたスペースに書く。英文アブストラクトには，日本心理学会の手びきで100−175語，アメリカ心理学会のマニュアルで120語以内という制限がある。よいアブストラクトを書くためには，研究内容をよく消化できていなければならない。

3 文献の引用

心理学を含めた科学分野の研究は，ほとんどの場合，先行研究を下敷きにして行われる。どこまでがすでに知られていることで，どこからが著者のオリジナルかを明らかにするために，先行研究は適切に引用しなければならない。

文献の引用の仕方には細かいルールがある。日本心理学会の手びきとアメリカ心理学会のマニュアルにも若干の違いがある（第2部のⅣ“研究法ミニ知識 6 引用文献の書式”参照）。ここでは日本心理学会の手びきに従った基本的な書式を紹介する。これらのルールは，一度に暗記しようとして覚えられるものではない。基本を理解したら，実際に自分で書いてみるとよい。疑問が出てきたらあいまいなままにせず，そのつど手びきやマニュアルを参照するようにすれば，そのうち身についてくるだろう。

(1) 本文中での引用

本文中に文献を引用するときは，著者名（混同のおそれがないかぎり姓のみ）と出版年を書く。文中では“坂田（2003）は...”，カッコに入れるときは“... である（坂田，2003）。”とする。共著の場合，著者が2人のときはいつでも両方の名前を書く。3人以上のときは初出時に全著者名を列記し，2度目以後は筆頭著者名のみを書いて，その他の著者を日本語文献では“他”（“ら”ではない），欧語文献であれば“et al.”と略す。著者名を列記するときは，日本語文献では“・”（ナカグロ，中黒）を使う。欧語文献では，2人のときは“&”で結ぶ。3人以上を列記するときは“,”で結び，最後の著者名の前に“, &”を入れる。

例をあげると，初出時は以下のように書く。

“林・福島・堀（2003）によれば...”

“Hayashi, Fukushima, & Hori（2003）によれば...”

“... である（林・福島・堀，2003）。”

“... という（Hayashi, Fukushima, & Hori, 2003）。”

2度目以降は，それぞれ以下のようになる。

“林他（2003）によれば...”

“Hayashi et al.（2003）によれば...”

“... である（林他，2003）。”

“... という（Hayashi et al., 2003）。”

翻訳書を引用するときは，原典とその出版年を書いた後に，半角スペースを空けて翻訳書の訳者と出版年を示す。文中では“Leary（1983 生和訳 1990）は...”と書き，カッコに入れるときは“... である（Leary, 1983 生和訳 1990）。”と書く。

間接引用（孫引き）は原則としてしない。その文献が原典を正しく引用している保証がないからである。しかし，原典が入手できないなどやむをえないときは，依拠した文献を明記する。たとえば，“前田（1983）によると，Hückstedt (1965) は...”のように孫引きであることがわかるように書く。

(2) 引用文献

本文中に引用したすべての文献は，本文の最後にリストにして一括表示する。“引用文献”または“References”という見出しをつける。教科書などでは，引用文献の他に，学習の参考になる文献という意味で“参考文献”の見出しを立てることもあるが，研究論文やレポートを書くときは引用文献のみで，参考文献はつけない。引用文献リストに載せた文献が，すべて本文中で引用されているかを確認しておく。

注意したいのは，引用文献リストは引用した文献に書いてある情報をそのままコピーするだけでは作れないことである。書誌情報の表示方法は，雑誌や書籍によって大きく異なっている。そのため，以下に述べるルールに従って，著者が必要な情報を取捨選択し，統一した書式を使って書き直すようにしたい。

引用文献の書式には細かなルールが多いので，ここでは4つの主要な形式について要点だけを述べる。その他の形式については，手びきやマニュアルを参照してほしい。

【共通する注意点】

- 本文中で引用しない文献（文中に著者名を書かない文献）はリストに載せない。
- 発表年には，“(　　).”をつける（ピリオドを忘れないようにする)。
- 引用文献の先頭は1文字あけない。表記が2行以上になるときは，2行目以降を全角2文字分（半角4文字分）下げる。
- 日本人名で姓と名の境がはっきりしないときは全角1文字あける。
- 日本人名を列記するときは，“・”を使う。
  例：坂田省吾・岩永　誠・林　光緒・坂田桐子・入戸野　宏
- 欧語で人名を列記するときは，“,”（カンマ）を使い，最後に“, &”をつける。
  例：Sakata, S., Iwanaga, M., Hayashi, M., Sakata, K., & Nittono, H.
- 欧語の論文名・書名は，先頭単語と“：”（コロン）の後の副題の先頭単語のみを大文字で始め，後は小文字とする。ただし，欧語の雑誌名は原則としてすべての単語を大文字で始める。

【主要な4つの形式】

i）**雑誌**　著者名 (出版年). 表題　雑誌名，巻，ページ.

坂田省吾 (2003). 時間弁別の行動特性と脳の情報処理モデル　生理心理学と精神生理学, **21**, 39-48.

Hayashi, M., Fukushima, H., & Hori, T. (2003). The effects of short time daytime naps for five consecutive days. *Sleep Research Online*, **5**, 13-17.

ポイント　雑誌名，巻，ページの間に“,”が入る。ページにpp.は不要で，最後にピリオドをつける。欧語雑誌のときは雑誌名をイタリックにする。巻はボールド(太字)とし，1巻を通してのページづけがある雑誌では号を省略する。

ii）**書籍**　著者名 (出版年). 書名　出版社（欧語文献のときは出版地も書く）

入戸野　宏 (2005). 心理学のための事象関連電位ガイドブック　北大路書房

Libet, B. (2004) *Mind time: The temporal factor in consciousness.* Cambridge, MA: Harvard University Press.

坂田桐子・淵上克義 (編) (2008). 社会心理学におけるリーダーシップ研究のパースペクティブ (1)　ナカニシヤ出版

ポイント　最後が日本語で終わるときは，ピリオドをつけない。日本語の書名にはピリオドをつけない。欧語の書名はイタリックにする。

iii）**分担執筆**　著者名 (出版年). 表題　編者名　書名　出版社　ページ.

岩永　誠 (2003). ワークストレスの社会病理　横山博司・岩永　誠（編著）ワークストレスの行動科学　北大路書房　pp. 150-175.

Hori, T., Hayashi, M., & Morikawa, T. (1994). Topographical EEG changes and the hypnagogic experience. In R. D. Ogilvie & J. R. Harsh (Eds.), *Sleep onset: Normal and abnormal processes*. Washington, DC: American Psychological Association. pp. 237-253.

ポイント　表題と書名の両方を書く。ページ（pp.）を書いて，最後にピリオドをつける。

iv）翻訳書

Leary, M. R. (1983). *Understanding social anxiety: Social, personality and clinical perspectives*. Beverly Hills: Sage.
（リアリィ，M. R. 生和秀敏（監訳）(1990). 対人不安　北大路書房）

ポイント　原典の情報を先に書き，その後に翻訳書の情報をカッコに入れて書く。

4　表と図

“百聞は一見にしかず”というように，言葉だけでは表現しにくい情報もある。そのため，研究論文やレポートには，実験手続きのフローチャートや装置の写真，概念についての模式図，結果を示すグラフや表などを掲載することがある。研究論文やレポートは，他者に伝えるために書くものであるから，“わかりやすく簡潔に”が原則である。手もとにある情報を最も効率よく伝えられる形式を考えるとよい。同じ情報でも文章・図・表を使って伝えるのでは印象が変わる。どの形式がよいかについての明解な答えはないので，そのつど自分で考える習慣をつけたい。表や図を作るときは，本文を参照しなくても単独で理解できるように内容と題を工夫する。また，スペースを節約するために，同じデータを表と図の両方で示すことは避ける。数値データを示すための表とグラフの作り方について以下に詳しく述べる。日本心理学会の手びきに従い，サンプルの表や図は英語表記にしたが，日本語表記でもかまわない。

(1) 表の作り方

数値は本文中に記載することもできるが，あまり多くなると読みにくい。そういうときは，表形式にしてみるとよい。行や列がそろって数値が規則正しく並ぶので，比較を行いやすい。しかし，複数のデータを包括的にとらえて傾向を知ろうとするためには，後述するグラフのほうが適している。

表の作り方にもルールがある。図 3-2 に悪い表の例とそれを改善した表の例を示す。特に，(a) 表の題は表の上に書く，(b) 表の縦線は書かず，横線もできるだけ減らす，という 2 点に気をつけてほしい。

（A）悪い表の例

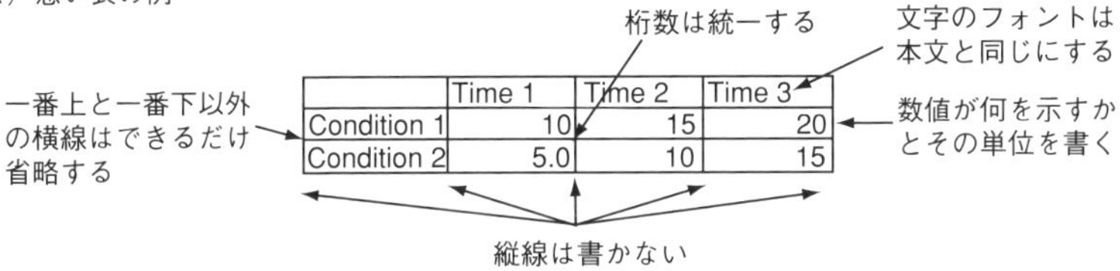
桁数は統一する
文字のフォントは本文と同じにする
一番上と一番下以外の横線はできるだけ省略する
数値が何を示すかとその単位を書く
縦線は書かない
Time 1 Time 2 Time 3
Condition 1 10 15 20
Condition 2 5.0 10 15

（B）改善した表の例

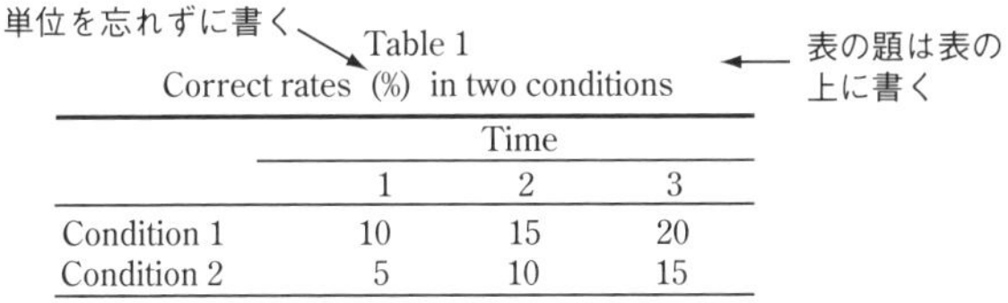
単位を忘れずに書く
表の題は表の上に書く
Table 1
Correct rates (%) in two conditions
Time
1 2 3
Condition 1 10 15 20
Condition 2 5 10 15

図 3-2　悪い表の例と改善した表の例

表の中に，多数のデータを集約した代表値を示すときは，散布度もあわせて示すとよい。平均値を示すときは，標準偏差（standard deviation: *SD*）や標準誤差（standard error of mean: *SE* または *SEM*）を示すことが多い。標準偏差は，個々のデータのばらつき（個人差・個体差）を示す。標準誤差は，標準偏差を標本数の平方根で割ったものであり，標本から得られる平均値のばらつき（信頼性）を示す。どちらを使うかは何を示したいかという目的によって変わってくる。

(2) グラフの作り方

数値を図として表現したものをグラフ（graph, graphic formula の短縮形）という。数値を正確に伝えるためには，本文中に書くか，表に示したほうがよいが，データの傾向を直感的に伝えるためには，グラフが適している。

グラフには，線グラフ（line graph），棒グラフ（bar graph），円グラフ（pie chart）などがあり，それぞれに適した用途がある。これらのグラフタイプはいつでも交換できるわけではない。以下では，棒グラフと線グラフの違いについて述べる。

棒グラフはほとんどのデータを表わすのに使えるが，棒の数が増えるとグラフが複雑になる。そのようなときに線グラフが利用できることもある。線グラフは変化量を示すのに適している。変化の大きさは線の傾きとして表現される。そのため横軸(X 軸)上の項目に順序があり等間隔であることが原則である。たとえば，一定時間ごとに計測した時系列データなどがこの条件を満たす。このような条件を満たしていないデータを線グラフを用いて示してはいけない。

図 3-3 に線グラフと棒グラフの例を示す。ある実験操作の効果を調べるために，実

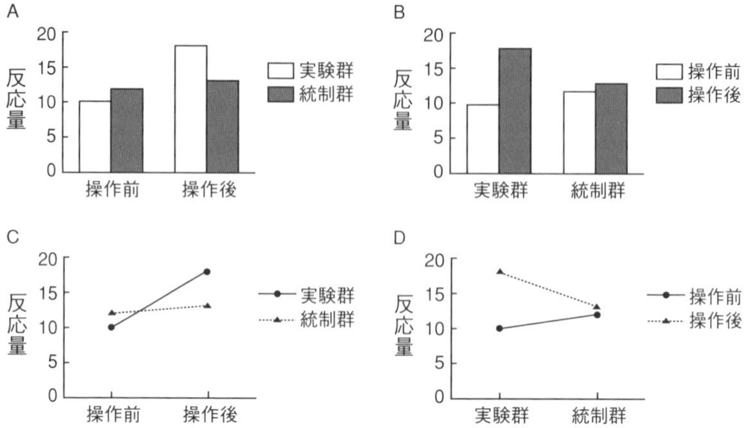

図 3-3　棒グラフと線グラフ。D はデータの性質とグラフの形式が一致していないので，不適切である。

験参加者をランダムに実験群と統制群に分け，実験操作の前後で反応量を測定したという仮想実験である。群と操作前後という 2 つの要因があるので，あわせて 4 つのデータを示すことになる。このような場合には，どのデータどうしを比較しやすくするかによってグラフの表示形式を変えるとよい。ヒトの空間情報処理には，物理的に近くにある要素や同一のオブジェクトとして統合されている要素は同時に処理されやすいという特性がある。そのため，比較したいデータは近くに置くか，線でつなぐなどして 1 つのオブジェクトにまとめるとよい。これを“近接性一致の原理（proximity compatibility principle）”という（Wickens & Carswell, 1995）。図 3-3 の A のグラフでは，操作前後の要因が横軸に示され，実験群と統制群のデータを示す棒が隣接している。この場合，隣接した実験群と統制群の数値を比較するほうが，操作前後を比較するよりも容易である。操作前には実験群と統制群にそれほど差がないが，操作後には実験群で反応量が増大しているのが見てとれる。一方，B のグラフでは，群の要因が横軸に示され，操作前後のデータが隣接している。この表示形式は，それぞれの群における操作前後の値を比較するのに適している。実験群では操作前後の差が大きいが，統制群では差が小さいのが見てとれる。さらに，同じデータを線グラフで示してみよう。C は，横軸に順序を持った要因（操作前後）を示し，群ごとに線の種類を変えたグラフである。線の傾きに変化量が直接示されており，実験群のほうが変化が大きいことが瞬時に理解できる。これに対して，D はどうだろうか。横軸に群の要因が示されているが，この要因には順序性がない。また，異なる参加者から得られた操作前後のデータを同じ線で結んでいる。これらは線グラフの間違った使い方であり，D のようなグラフを作ってはいけない。

どんなデータにも使える万能のグラフはない。どのタイプのグラフをどのような形式で用いるかは，データの性質と伝えたい内容を考慮しながら研究者自身がそのつど決める。この仮想実験の結果を表わすために，AからCのグラフのうち，どれが最も適しているかを考えてみよう。

グラフの中に，代表値だけでなく散布度を示すこともできる。平均値を示す棒や点に，標準偏差や標準誤差の大きさを示す棒を追加するのが一般的である。しかし，そのような情報を追加することでグラフが複雑になりすぎ，直感的な理解を妨げてしまうこともある。研究者は，必要かつ十分な情報を厳選し，その情報の表示に適したグラフをデザインすることが求められる。

さて，グラフの形式が決まったら，それを実際に作成する。手書きで作ることもあるが，最近はコンピュータソフトウェアを使うことが多い。よく使われるのは，Microsoft社の表計算ソフトExcelである。ただし，図3-4のAに示したように，Excelを使ってデフォルトで作成されるグラフにはいろいろな問題点がある。Excel上でもある程度の修正はできるが，より多様なグラフを作りたいときは，グラフ作成用のソフトウェア（Kyplot，DeltaGraphなど）を使ったほうがよい。

わかりやすいグラフを作るための原則として，“データ／インク比を最大にする(maximize the data-ink ratio)”がある（Tufte, 1983）。これは，データを表わしていない要素（インク）はグラフからできるだけ排除するというルールである。Excelのデフォルトのグラフはこのルールに従っていない。改善したグラフの例と比べながら，どの要素が省略可能かということを考えてほしい。たとえば，改善したグラフでは，凡例を取り除き，データを表わす線の近くに条件名を直接示している。この方法はいつでも使えるわけではないが，どうやったら無駄なインクが省けるかと工夫することによって，わかりやすいグラフができる。ただし，必要な要素（線や文字）は，縮小しても見えるように大きめにするのがコツである。

図中の文字を読みやすくするために，始点や終点にヒゲ飾り（セリフ）のないサンセリフ(sans serif)のフォントを使用することが推奨されている。日本語ではゴチック，欧語ではArial（アリアル，エーリアル）を使うことが多い。

軸上の目盛り（tick）の打ち方について補足説明しておく。日本心理学会の手びきでは，目盛りは軸の内側につけることになっている。しかし，このルールは国際標準ではない。アメリカ心理学会のマニュアルに規定はないが，掲載されているグラフの見本では軸の外側に目盛りがついている。

グラフやその他の図には，Figure 1，Figure 2，…，または，図1，図2，…というように番号をつけ，その後に続けて図の題を書く。図の題は図の下につける。図が1つしかないときでも，番号をつけるようにする。掲載した図は，対応が自明と思われ

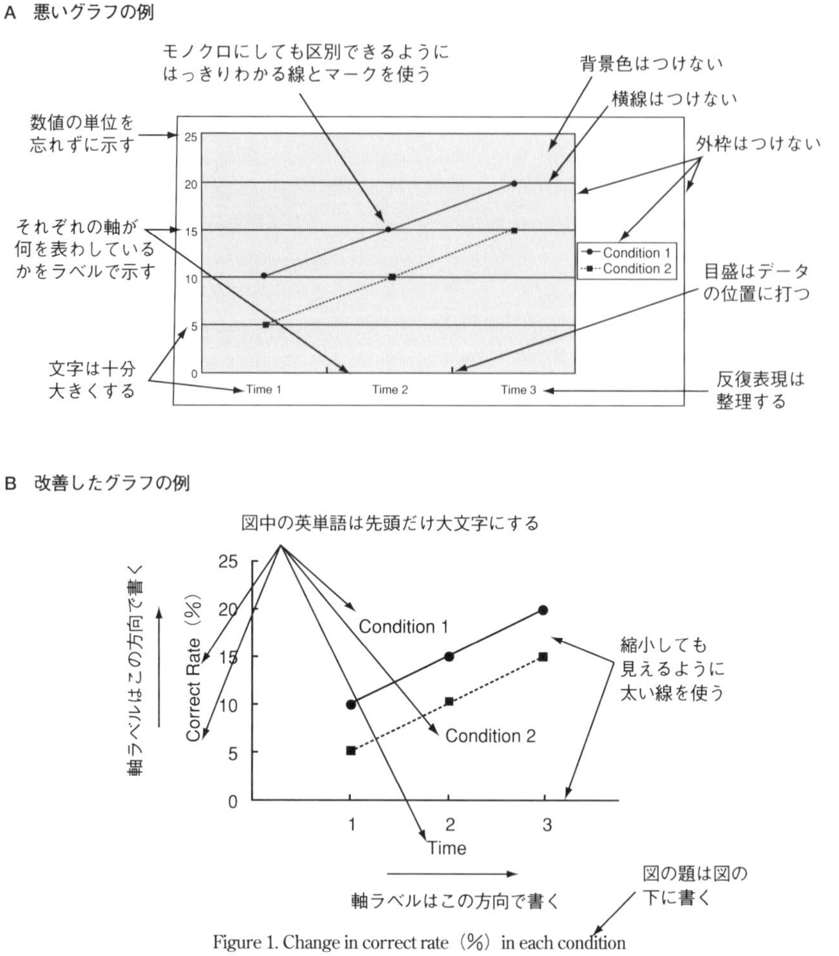
A 悪いグラフの例
モノクロにしても区別できるように
はっきりわかる線とマークを使う
背景色はつけない
横線はつけない
数値の単位を
忘れずに示す
外枠はつけない
それぞれの軸が
何を表わしている
かをラベルで示す
25
20
15
10
5
0
Condition 1
Condition 2
目盛はデータ
の位置に打つ
文字は十分
大きくする
Time 1
Time 2
Time 3
反復表現は
整理する
B 改善したグラフの例
図中の英単語は先頭だけ大文字にする
軸ラベルはこの方向で書く
Correct Rate（%）
25
20
15
10
5
0
Condition 1
Condition 2
縮小しても
見えるように
太い線を使う
1
2
3
Time
軸ラベルはこの方向で書く
図の題は図の
下に書く
Figure 1. Change in correct rate（%）in each condition

図 3-4　悪いグラフの例と改善したグラフの例

るときでも，“下図”“右図”といった表現を使わずに，番号を使って引用する（“... を Figure 1 に示す。”）。

5 提出前のチェック

締切までにレポートは作成できただろうか？　提出する前にちょっと待ってほしい。ワープロを使って作成した原稿を提出する前には，必ず紙に印刷して，誤字・脱字や

表3-2　提出前の原稿チェックリスト

全体の注意
1　指定された大きさの用紙に，指定された文字数と行数を使って書いてあるか
2　上下左右に十分な余白（25–30 mm）を取っているか
3　読点に“、”（テン）ではなく“，”（カンマ）を使っているか
4　句点に“．”（ピリオド）ではなく“。”（マル）を使っているか
5　1つの段落には1つのまとまった内容を書き，段落の最初を1文字下げているか
6　ページに通し番号をつけているか（図のページは除く）
7　図表を含めて，落丁はないか
8　誤字や脱字がないことを確認したか
9　差別的または倫理的に不適切な表現はないか

表紙
1　表題は，論文・レポートの内容を適切に反映しているか
2　著者の名前など必要な情報が書かれているか

本文
1　適切な見出し（方法，結果，考察等）をつけているか
2　必要な内容を省略せずに，適切な見出しの下に書いているか
3　冗長な表現を避け，簡潔に書いているか
4　略語を多用していないか
5　略語を使うときは，初出時に原名を示したか（原名：以下 ... とする）
6　記載した内容（データや統計量）に転記ミスはないか

引用文献
1　参考にした先行研究はすべて引用してあるか（“参考文献”のリストはつけない）
2　本文中で引用した論文と引用文献リストに記載した論文が一致しているか
3　著者名（日本人の漢字や外国人の姓名）や書名，発表年などに誤字はないか
4　日本人名を並記するときに“・”（中黒）を使っているか
5　書誌情報は，正しい書式（斜体，太字）を使って正しい順序で記載してあるか
6　雑誌名は省略していないか
7　1行目は字下げせず，2行目以降を全角2文字（半角4文字）分，字下げしているか
8　引用文献リストはアルファベット順に並んでいるか

表
1　すべての表が必要不可欠であるか（他の表や図，本文の内容と重複していないか）
2　表に載せたデータに間違いはないか
3　すべての表に番号と題がついてあるか
4　表の番号と題は，表の上に書いてあるか
5　表の縦線は省かれているか
6　表の横線は最小限にとどめてあるか（表の上端と下端には必要）
7　すべての表を本文中に番号つきで引用したか（Table 1 または 表 1）

図
1　すべての図が必要不可欠であるか（他の図や表，本文の内容と重複していないか）
2　図に示したデータに間違いはないか
3　すべての図に番号と題がついているか
4　図の番号と題は，図の下に書いてあるか（投稿用論文では別紙に書く）
5　データの性質を考えたときにグラフの形式は適切であるか
6　不要な要素は省いたか（データ／インク比を最大にしたか）
7　すべての図を本文中に番号つきで引用したか（Figure 1 または 図 1）

おかしな表現がないかをもう一度確認してみよう。ほとんどの人にとって，ワープロは推敲の道具には向いておらず，原稿の見た目の美しさにだまされて内容の悪さに気づきにくくなる（Bem, 2000）。表3-2に，提出前の原稿をチェックするためのリストを示す。本文中に解説していない項目も含まれているが，役立ててほしい。

学会誌などに投稿する研究論文は，レポート以上に何度も何度も読み返し推敲する。これは骨の折れる作業であるが，そうすることで論理の穴に気づいたり，よりよい表現や論理展開を工夫することができる。また，他の人に読んでもらってわかりにくい箇所を指摘してもらうことも，論文の質の向上に役立つ。

論文やレポートは自分のためにではなく他者のために書くものであるという最初に述べた基本姿勢を忘れないでほしい。このような地道な努力は，最終的には自分に対する評価として返ってくるだろう。

引用文献

American Psychological Association (2001). *Publication manual of the American Psychological Association*. 5th ed. Washington, DC: Author.
（アメリカ心理学会 江藤裕之・前田樹海・田中建彦（訳）(2004). APA論文作成マニュアル　医学書院）

Bem, D. J. (2000). Writing an empirical article. In R. J. Sternberg (Ed.), *Guide to publishing in psychology journals.* New York: Cambridge University Press. pp. 3-16.

本多勝一 (2004). 中学生からの作文技術　朝日選書

日本心理学会 (2005). 執筆・投稿の手びき（2005年改訂版）日本心理学会

Sternberg, R. J. (2003). *The psychologist's companion: A guide to scientific writing for students and researchers.* 4th ed. New York: Cambridge University Press.

杉原厚吉 (1994). 理科系のための英文作法――文章をなめらかにつなぐ四つの法則――　中公新書

Tufte, E. R. (1983). *The visual display of quantitative information*. Cheshire, CT: Graphics Press.

Wickens, C. D., & Carswell, C. M. (1995). The proximity compatibility principle: Its psychological foundation and relevance to display design. *Human Factors*, **37**, 473-494.

第４章　心理社会調査法の基礎

これまでに，アンケート調査や社会調査とよばれるものを経験したことがあるかもしれない。“簡単なアンケートにご協力ください”といったフレーズを目にしたり耳にしたりすることも多い。心理社会調査法は，実験法や観察法に比べて，実施が容易であるという側面があるのは確かである。しかしながら，手軽で“簡単”に用いることができる調査法だからこそ，信頼に足る研究法として使用するためには，適切に手続きを踏まえていくことが必要になる。調査法の実施においては特に，誰に，何を，どのように調査するのかが重要である。本章では，この心理社会調査法について解説し，実施へとつながる基礎的な知識を提供する。

1　心理社会調査法の概要

調査法の最大の特徴は，言語を媒介とする点である。調査法では，研究者が調査対象者に言語を用いて問いかけを行い，それに対象者が回答するという形式でデータが収集される。“観察法”や“実験法”では客観的に観察可能な人間の行動の多くを正確に記録することができるが，感情や意見，期待や願望，態度といった，心の内面に生起する主観的な出来事については測定することはできない。言語を媒介とする調査法ならば，主観的な出来事を対象とすることができる。

(1) 心理社会調査法の分類

調査法は，調査対象（全体か部分か）と調査目的（統計的か記述的か）という点から，大きく４種類に分類できる。まず，研究目的によって設定された母集団の全体を対象として，その集団の状態を統計的に検討するような調査法を全数（悉皆）調査という。

たとえば国勢調査は全数調査の一例であるが，母集団の規模が大きい場合などは，コストの面からも実施は困難であることが多い。そこで頻繁に用いられるのが，母集団の中から対象者を何らかの形で選び出して，その対象を統計的に検討する標本調査である。心理学において多く用いられるのはこの方法であり，以下本章で扱うのも基本的には標本調査についての内容である。一方，調査の目的が統計的に検討することではない場合もある。調査対象が母集団全体である場合には集落調査（ある農村地域における風習について，その地域の全員に聞き取り調査を行う場合など），部分的である場合には事例調査（ある個人のライフストーリーに関する調査を行う場合など）というよび方がなされるが，本章では解説の対象とはしない。

さらに調査法は，質問紙などの紙媒体を使用した調査と，紙媒体を使用しない調査に分類できる。前者は質問紙調査とよばれることが多く，質問を印刷した質問紙（または調査票とよぶ）を対象者に渡し，回答を記入したものを回収する，いわゆる筆問筆答形式で行われる調査である。個人の特性（知能，性格）を知る場合の“質問紙法”とは区別され，ある集団の特性を知ることを目的としている。本章では狭義の調査法であるこの質問紙調査についてのみ扱う。一方で紙媒体を使用しない調査の場合は，言語を介してしか他人が知りえないことを質問し，口頭で回答を得る調査である。この場合，構造化面接や半構造化面接といった面接法も調査法に分類されることになる。

(2) 心理社会調査法の長所・短所

宮下（1998）は，質問紙調査の長所と短所を整理している。調査法の長所としてはまず第一に，個人の内面を幅広くとらえることが可能な点である。質問項目の内容を十分に検討し準備することで，概念的な広さのみならず，過去から未来へとわたる時間的な広さもカバーできる。第二には，多人数に同時にかつ短時間で実施できるという点である。多人数に実施することによって，大規模な統計的処理が可能となり，結果の一般化が容易になる。さらに第三には，費用が比較的安価である点があげられる。極端にいえば，紙と筆記用具さえあれば実行可能であり，通常は，パソコンのワープロソフトで作成した質問紙をプリントアウトし，それを印刷しさえすれば実施できる。第四には，多数の調査対象者に対して一斉に実施可能な点がある。一斉に実施することによって，実施の条件を斉一にすることができる。さらに第五には，調査対象者のペースで回答が可能な点があげられる。これによって，ある程度難しい質問にはじっくり考えながら回答することが可能になる。

一方短所としては，個人の内面を深くとらえることが困難であり，あらかじめ尋ねる予定であったこと，すなわち質問紙に印刷したものしか尋ねられない点がある。さらに虚偽の判別が困難である点もある。この点については，“これまでに嘘をついたことがありますか”といった確実に回答が限定される質問を“虚偽尺度（lie scale）”

として挿入することによってある程度は対応可能であるが，調査法における最大の問題点といえるだろう。また言語を媒介とするがゆえに，適用年齢や対象者に制限があることも短所の１つである。文章が読め，理解できなければ調査への回答は不可能である。

2 誰に調査を実施するか——調査対象者の選定——

研究の目的に応じて，さまざまな母集団が存在する。たとえば日本人大学生について研究する場合であれば，すべての日本人大学生が母集団になる。母集団の全成員に対して調査をする（全数調査）ことは事実上不可能である。そこで母集団の中から，一部だけを抜き取ってその人たちを対象に調査を実施することになるが，調査の対象となる母集団の一部をサンプル（または標本）とよび，母集団からサンプルを抜き取る（抽出する）ことをサンプリングとよぶ（表 4-1 参照）。調査法においては，このサンプリングは非常に重要である。

それでは，どのようにサンプリングをすればよいのだろうか。母集団の性質を正確に反映したデータを得るためには，研究者の主観が入らないよう，偶然に任せてサンプリングするのが理想である。この偶然に任せたサンプリングのことを無作為抽出法

表 4-1　さまざまなサンプリング法

(a) 無作為抽出法	
単純無作為抽出法	サンプリング台帳から必要な人数を無作為に抽出
系統抽出法	第１のサンプルをランダムに定め，以降は一定周期ごとの対象をサンプルとして抽出
多段抽出法	母集団を複数段階に分けて抽出。たとえば母集団を地域などの基準でいくつかに分け，その中からいくつかの地域を第一次抽出単位として抽出する。その後，抽出された地域の中から対象者を第二次抽出単位として選び出す方法
層化抽出法	調査項目に関係する特性を用いて母集団を異なる層に分け，各層から必要なサンプル数を抽出
(b) 有意抽出法	
典型法	母集団を代表する人や組織と考えられる対象をサンプルとして抽出
募集法	調査対象を募集によって抽出
便乗法	何らかの目的のために集合した人々を別の目的の調査のサンプルとして抽出
偶然法	偶然その場に居合わせた人々をサンプルとして抽出
縁故法	調査者の知り合いの人や組織，または関係者をサンプルとして抽出
スノーボール法	調査対象者として何らかの形でサンプリングされたサンプルが，さらに何らかの対象者をサンプルとして抽出

といい，何らかの形で調査者の意図や主観が含まれる抽出法である有意抽出法とは区別される。無作為抽出を行うためには，母集団の構成員のリスト（サンプリング台帳）が必要となるが，リストが手に入りにくかったり，リストそのものが存在しない場合もある。現実には，有意抽出法を用い，研究目的から設定された母集団をできるだけ代表するようなサンプルを抽出するよう努力することになる場合も多い。ただし有意抽出法を用いた場合には，得られた結果が母集団を正確に反映しているように解釈してしまうような，過度の一般化は避けるべきである。有意抽出法そのものは必ずしも誤った選択ではない。有意抽出であったとしても，多様なサンプルに対して調査を繰り返すことで，一般化の範囲を増やしていくよう努力することが必要である。

3 どのように調査を実施するか――調査方法の選択――

質問紙を用いた調査をどのように実施するのか。その方法は，調査対象者と研究者が対面で回答するのか，それとも調査対象者が持ち帰って回答するのかという次元と，調査対象者が個別で回答するのか，それとも集団で回答するのかの次元の組み合わせで，計4種類の方法が存在する。

まず，対面かつ集団で実施するのが集合調査である。これは調査対象者を調査会場に集めて，調査内容を全員同時に説明し，一斉に回答してもらう方法である。会社や学校のような既成集団を対象とする場合に特に適した方法である。

また，対面ではあるが調査対象者個別に実施するのが面接調査である。これは調査の実施を行う側の人間（調査員）が調査対象者と対面しながら一対一で回答を求める方法である。調査対象者を実際に確認できることや回収率の高さから，この方法は非常に有効ではあるが，調査者側の負担がかなり大きく，また調査員の個性や技術によって得られる結果が左右される可能性もある。

一方，調査対象者が自宅などに質問紙を持ち帰って回答を行う方法で，集団で実施するものが宿題調査である。この方法は，対象者を会場に集めて，調査内容を同時に説明するところまでは集合調査と同じであるが，その後の質問紙への記入は持ち帰って行うことになる。集合調査同様の利点があり，質問の量が多めでも問題は少ないが，回収率や回答の質においては若干劣る方法である。

さらに持ち帰り式でかつ個別に行う方法が留置調査である。調査員が対象者を直接訪問し，質問紙を配布するところまでは面接調査と同じであるが，質問紙の回収が後日となる。回収の際には調査員が再度訪問して回答済みの質問紙を直接回収するので，回収率は高くなる。

これらの調査方法のいずれを用いるかは，質問紙の内容や量，サンプリング方法，かけることのできるコストの程度等によって総合的に判断することになる。いずれに

表 4-2　質問紙調査実施方法の特徴（田中，1998）

	個別型		集団型	
	対面回答型	持ち帰り回答型	対面回答型	持ち帰り回答型
実施方法	面接調査	留置調査	集合調査	宿題調査
調査者の負担	●大きい		○小さい	
対象者の負担	○小さい		●大きい	○やや小さい
対象者の範囲	●調査者が訪問可能な範囲		●一定場所・時間に集合可能な範囲	
回答者	○本人	●必ずしも本人でない	○本人	●必ずしも本人でない
回収率	○高い	○やや落ちるが高い	○高い	調査者－対象者の関係による
回答の質	○高い	●やや落ちる	○高い	●落ちる
質問紙の構造	○複雑でも可	●やや簡単なこと	○複雑でも可	●簡単なこと
質問量	●短時間で可能な量	○多めでも可	●短時間で可能な量	○多めでも可
質問の内容	●制限あり	○制限少ない	●制限あり	○制限少ない

○は長所，●は短所を表わす

せよ，絶対的に優れた方法は存在しないため，各方法の長所・短所を見きわめておくことが必要である（表 4-2 参照）。

4　質問紙の作成

質問紙作成における一般的な手続きとしては，(1) 尺度項目の作成と選択，(2) 信頼性の検討，(3) 妥当性の検討，という 3 ステップが存在する。ただし，社会に生起する事象に関する実態（家族構成など）をとらえようとする社会調査の場合は，(1) の尺度項目の作成と選択のみが必要となり，一方で人間の意識や行動（態度など）を測定しようとする心理尺度では，これらの手順のすべてを視野に入れて質問紙を作成することが必要となる。

(1) 尺度項目の作成と選択

質問紙調査における心理尺度とは，一連の質問項目群のことをさす。質問項目の内容で，尺度の得点分布，信頼性，妥当性のすべてが決定されるといっても過言ではない。したがって，項目の作成と選択の手続きには，十分な検討が必要である。以下，菅原 (2001) による心理尺度の作成過程にそって説明する。

i）構成概念の明確化（測定対象の明確化）

質問紙尺度作成の第一歩においてすべきことは，何を測定しようとするのかを明らかにすることである。“こころ”の状態やその働きなど，目に見えない構成概念を検討する場合には，その構成概念を明確に定義することが必要となる。調査によって測定しようとする構成概念をできるだけ具体的にしておくことが重要である。

ii）項目候補の収集

測定する対象が明確になったら，次に項目候補の収集作業に移る。ここではできるだけ多く，できるだけバリエーション豊かに集めることが重要である。収集のための方法として，第一には自分で考えるという方法がある。構成概念の定義に従ってキーワードを考え，そのキーワードをもとに項目を生成するのもよいだろう。また，第二の方法として，人に尋ねるという方法もある。自由記述形式の質問紙を実施したり，個別面接によって項目候補を収集するのも1つの手段である。項目候補収集のための第三の方法は，関連文献にあたるという方法である。測定したい概念を検討した文献をあたったり，類似尺度を参照することのみならず，辞典や新聞記事なども項目候補収集に役立つ場合がある。いずれにせよ，構成概念の内容を過不足なく反映できるような項目を数多く収集することが重要である。

iii）データ収集

一般的に考えた場合，項目候補の中から最終的な項目を決定し，完成した最終版の質問紙を用いて調査を実施し，データを収集するように思うかもしれない。それでは，最終的な項目の決定基準はどのようにすればよいのだろうか。項目の決定にとって最も有用なのは，実際のデータなのである。すなわち，項目候補を収集した後に，仮の質問紙を作成し，それを用いて調査を実施してしまうのである。そして得られたデータをもとに最終的な項目を決定することになる。

仮の質問紙を作成する際には，収集した項目候補の中から実際に使用する項目を決定しなければならない。その際には，似た表現の項目候補はどちらか一方を削除し，意味内容が不明瞭な項目候補は削除するといった基準を設けると同時に，質問項目の言い回し（ワーディング）に十分に注意する必要がある。安田・原（1982）は，ワーディングに関して22の注意点をあげている。表4-3にそれらの注意点を列挙する。

質問項目の決定と同時に，回答方法および回答の選択肢（反応ラベル）も決定する必要がある。回答方法には，2件法，3件法，多肢選択法，評定法といったさまざまなものがあるが，心理尺度の作成においては，評定法が利用されることが多い。これは，程度や頻度という形でいくつかの段階を設定し，その中から選択してもらう方法である。評定法における回答段階は5段階，7段階が比較的よく用いられる。回答段階の設定においては，単極尺度，両極尺度の2種類があるが，一方の極に一番低い程度または頻度の回答段階を設定し，そこから徐々に増加していくのが単極尺度であり，

表4-3　質問項目のワーディングに関する注意点（安田・原，1982）

(a) 質問の意図を明確にすること
1. 回答の時点や内容が明確に指示されているか
2. まったく予想外の回答が飛び出す恐れはないか
3. 平常の習慣化した行動と特定の時点における行動のどちらの回答を求めるのか
4. 回答者個人の態度と世間一般に対する回答者の意見とを区別しているか（パーソナル質問とインパーソナル質問）

(b) 文章を簡潔な表現にすること
5. 1つの質問文で2つ以上の論点を聞くことになっていないか（ダブル・バーレル質問）
6. 否定法によって文章が混乱していないか
7. 複雑な文章，過度に長い文章，もってまわった文章が用いられていないか

(c) わかりやすい語句を用いること
8. あいまいで多義的な語句が用いられていないか
9. 感覚的な語句が用いられていないか
10. 難しい語句が用いられていないか
11. 聞き慣れない語句，一部の人々にしか通じない語句は使われていないか
12. 聞き取りにくい語句，聞きまちがいやすい語句が使われていないか

(d) 誘導的な語句や文章を避けること
13. 誘導質問になっていないか
14. 賛成（はい）あるいは反対（いいえ）の一方の文意のみが強調されていないか（イエス・テンデンシー）
15. 語句や文章が回答者の反感や共感をあおることになっていないか（ステレオタイプ）
16. 本音を引き出しうる質問になっているか
17. 人々に強く敬愛されている人物名や悪者イメージの人物名を不用意にあげていないか
18. 回答者のプライバシーに対する配慮がなされているか

(e) その他の留意点
19. 質問の内容を，回答者にとって十分現実的なものに限る
20. 他の調査の中で優れた質問文があったら，なるべくそれを採用する
21. 適切な敬語を用いて，回答者の無用な反発を招かないようにする
22. 多肢選択式質問の選択肢については，次の点を注意する
1）選択肢の数が多すぎないこと（せいぜい10個）
2）選択肢が文章の場合，長すぎないようにすること
3）選択肢は，網羅的かつ排他的であること
4）選択肢の並べ方に注意すること

回答段階の中央部分を測定対象の中点とし，そこから両方の極に向かっていくにしたがって程度または頻度が増加－減少する形式をとるのが両極尺度である。単極尺度における選択肢としては，“まったく”“やや”“わりと”“かなり”“非常に”といったものが多く，両極尺度の場合は“まったく（当てはまらない)”“わりと”“どちらでもない”“わりと”“非常に（当てはまる)”といったものが多い。評定法における選択肢の表現については，データ収集後に量的なデータとして統計処理を行うことを考えた場合，回答段階どうしの間の距離をある程度等しくしておくことが必要である。

質問紙の内容が決定された後には，質問紙のレイアウトを考慮する必要がある。質問紙の冊子には通常，質問項目群に加えて，表題や調査主体の名称と連絡先，協力のお願いや教示を含んだ表紙と，研究実施上必要となる調査対象者の属性（性別・年齢など）を尋ねるフェイス・シートが含まれる。また質問項目の順序についても十分に注意を払っておく必要がある。先に行われた質問が後の質問への回答に影響を及ぼしてしまうキャリー・オーバー効果にも十分に注意する必要がある。また調査対象者の心理的な負担と抵抗を考え，簡単で一般的な質問をより前方に置き，個人的かつ特殊的な質問をより後方に置くことが望ましい。

質問紙のレイアウトについては，調査対象者が少しでも戸惑ったりすることのないよう，十分に考慮する必要がある。誤字脱字がないことはいうまでもないが，用紙の大きさや印刷の濃さにも気を配るべきである。また，1つの質問が2ページ以上にわたらないようにすることや，強調点については異なるフォントやアンダーラインなども活用して，とにかく回答しやすいよう最大限配慮することが必要である。

iv）最終的な項目の決定

得られたデータをもとにして，最終的な分析の対象となる項目を決定する。項目の決定にはいくつかの方法があるが，総称して項目分析とよばれる。以下，代表的な項目分析について簡単に紹介する。

まずは各項目の反応分布の検討である。たとえば5段階評定の結果として，全体の9割の回答が“5（非常によく当てはまる）”に集中していたとすれば，その項目は個人差を弁別する能力がないことになる。したがって，反応の分布が極端に偏っている項目は削除の対象となる。

また用いられることの多い項目分析がG-P分析やI-T分析である。これらの分析は特定の1つの項目の得点の動きが，全体得点の動きと関連しているかどうかを確認する方法であり，尺度全体が測定しようとしているものと同じものを，各項目が測っているかどうかについて，それぞれの項目について検討するものである。G-P分析の場合は，質問項目全体の得点によって対象者を上位群（Good: G）と下位群（Poor: P）に分割し，両群間で個々の項目に統計的に差がみられるかどうかを検討する。差がない項目は，他の項目とは別のものを測定していると判断され削除の対象となる。またI-T分析は，項目全体得点（Total: T）と各項目（Item: I）との相関係数を算出する。相関係数の低い項目は，G-P分析同様，他の項目とは別のものを測定していると判断されることになる。

(2）信頼性の検討

心理社会調査法の中でも，特に心理尺度を用いて構成概念にアプローチしようとする場合には，信頼性（reliability）の問題が重要になる。これは，実験的研究においても，第5章で取り上げる心理検査法においても同様である。尺度とは，いわば“こころ”の何らかの状態を測定するものさしであるが，ものさしで何かを測る際には，それが同一の対象ならば繰り返し測定してもその結果は同じになるはずである。すなわち信頼性のある尺度とは，得られるデータに一貫性があることである。

信頼性を検討する方法として，以下の4つがある。

i）再検査法（test-retest method）

同じ尺度による測定を同一集団に対して時期をずらして2回実施し，その結果間の相関を求めるという方法である。測定間隔が短い場合は，1回目の測定結果が2回目に影響する可能性がある。逆に，間隔が長い場合は，測定対象の性質そのものが変化する可能性があり，相関値が低下することもある。そのため，適度な間隔（よく用いられるのは，2週間から1か月程度）をおいて測定することが望ましい。

ii）平行テスト法（parallel test method）

同じ性質の尺度（質問項目の測定内容や形式，難易度は同等であるが，項目そのものは異なる）を2種類作り，それを同一集団に実施して2つの尺度間の相関を求める方法である。

iii）折半法（spit-half method）

測定に用いた質問項目を便宜的に2つに折半し，その得点間の相関を求めるという方法である。折半の仕方には，項目を前半と後半に分けるとか，奇数番号と偶数番号に分けるといった方法が用いられる。

iv）内的整合性（internal consistency）

項目間の信頼性係数の平均を推定する方法である。折半法では，項目数が多くなるほど，折半する組み合わせ数が多くなり，得られる相関係数に幅が生じることになる。そこで，信頼性係数の平均を用いることで，1つの推定値で代表させると便利である。その代表的な方法が，クロンバックのα係数（coefficient α，Cronbach's α）である。尺度に含まれる各項目に対する反応の一貫性の程度を信頼性係数の推定値にしていることから，内的整合性ともよばれる。α係数は再検査法と異なり一度の調査で得られたデータのみによって算出可能である。

なお，これらの信頼性の検討においては，尺度の信頼性を低めている項目を削除していくことになる。そういう意味では，信頼性の検討は上述の項目分析の一環としても用いられる。

(3) 妥当性の検討

信頼性同様，心理尺度の作成において重要になるのが妥当性（validity）の問題である。妥当性とは，尺度を用いた測定によって得られた値が，その尺度が測定しようとしている対象をどの程度正確に反映しているかを示す概念である。妥当性はいくつかの側面から検討できる。

i）内容的妥当性（content validity）

内容的妥当性とは，尺度が測定しようとする概念領域をどの程度網羅しているかを示す概念である。内容的妥当性を客観的に評価する手段はないため，複数の専門家による判断の一致の程度に基づいて推定される。内容的妥当性を確保するためには，概念の定義を明確にしたうえで，項目の収集や選定の手続きの際，尺度に偏りなく項目を含めることが必要である。

ii）基準関連妥当性（criterion-related validity）

基準関連妥当性とは，何らかの外的な基準に対して尺度がどの程度適切であるかを示す概念である。基準が時間的に後である場合には予測的妥当性（predictive validity），測定と同時に存在する場合には併存的妥当性（concurrent validity）とよぶ。たとえば入学試験の成績の基準関連妥当性として，入学後の学業成績と関連が強い場合にはその入学試験の予測的妥当性があると判断できるし，同時に実施したその他の試験の成績との関連が強い場合には併存的妥当性が高いとみなせる。

iii）構成概念妥当性（construct validity）

構成概念妥当性とは，測定された尺度得点が，研究者の測定しようとしている概念や理論と合致しているかどうかの問題である。この妥当性については，たとえばある理論から導き出される仮説が，尺度によって示された結果と一致するかどうかをみていくことなどによって検討する。構成概念妥当性の具体的な検討方法の例としては，理論から2つの下位尺度が存在すると仮定された尺度を作成し，分析の結果，仮定通りの2下位尺度になるかどうかを確認することなどがあげられる（因子的妥当性とよばれることもある）。しかしながらそもそも構成概念妥当性は，尺度の測定対象となる構成概念を仮定すること自体に意味があるのかどうかに関わる妥当性である。したがって，尺度得点が測定したい構成概念を測定していると考えることで，さまざまな研究結果がうまく説明できるといった証拠を多くの研究から積み重ねていくことによって初めて確認できる性質のものといえよう。

5 心理社会調査法における諸問題

(1) 倫理的な配慮

観察法や実験法に比べて，手軽に実施されることの多い調査法であるが，他の研究法同様，倫理的な配慮は十分にしなければならない。場合によっては，プライバシーにかかわるような内容を尋ねる調査や，調査対象者によっては不快になる可能性のある調査を実施しなければならないこともあるだろう。どのような場合であっても，調査対象者に対して調査についての十分な説明を行い，同意が得られた対象者のみに協力を依頼しなければならない。対象者にしてみれば回答は決して義務ではなく，いつ いかなる時点であっても回答を中断したり拒否する権利を有するのである。

また，調査対象者のプライバシーは完全に保護されなければならない。研究目的とは無関連に，興味本位で調査対象者の個人的な事柄を尋ねるといったことは決してすべきでないし，また回答済みの質問紙は厳密に管理されなければならない。質問紙の廃棄に関しても責任をもって行うべきである。

(2) 調査結果の報告

読者の中には，卒業論文などの調査に協力した経験がある人もいるだろう。しかし，協力した調査の中で，その結果を十分に知らせてくれたものが果たしてどの程度あったであろうか。調査を実施する者にとっては，データが得られればそれで対象者との関係は終了というように感じられるのかもしれない。しかし，調査結果がどのようなものであったのかを対象者に報告することは，調査実施者の責務だと考えるべきである。報告を行うことは，調査対象者の調査に対する関心を高め，結果として調査自体の回収率も上がる。さらに適切な報告が行われることが，ひいては心理学全般における調査や研究に対する関心や評価を高めることにもつながるだろう。

(3) 心理社会調査法の実施にあたって

冒頭にも述べたように，心理社会調査法は利便性という面では非常に有利な方法である。しかし，利便であるからといって万能な方法ではない。昨今，“楽であるから”“簡単にできるから”という理由で，研究の方法として調査法を選択するケースも見受けられる。観察法や実験法といったその他の研究法と比較した長所・短所を見きわめながら，研究目的に応じた適切な研究法を選択してほしい。

引用文献
宮下一博 (1998). 質問紙法による人間理解　鎌原雅彦・宮下一博・大野木裕明・中澤　潤（編）心理学マニュアル質問紙法　北大路書房　pp. 1-8.
菅原健介 (2001). 心理尺度の作成方法　堀　洋道（監）松井　豊（編）心理測定尺度集Ⅲ――心の健康をはかる〈適応・臨床〉――　サイエンス社　pp. 397-408.
田中佑子 (1998). 質問紙法の実施方法　鎌原雅彦・宮下一博・大野木裕明・中澤　潤（編）心理学マニュアル質問紙法　北大路書房　pp. 26-47.
安田三郎・原　純輔 (1982). 社会調査ハンドブック（第3版）有斐閣

第５章　心理検査法の基礎

1 心理検査とは

心理検査とは，個人の能力や性格，適性などを測定する方法の総称である。能力や性格といった心理機能は，個人の特徴を記述し説明するための構成概念であり，実体があるわけではないため，直接観察したり測定したりすることはできない。心理検査は，個人の考え方や態度，行動を媒介として，その背後にある心理機能を推定するものである。心理検査によって個人を評価するには，できるだけ客観的な手続きをとることが求められる。それが標準化である。標準化された心理検査には，以下の３点が整っていなければならない。

(1) 外的要因を統制するための課題や作業が明確であること
(2) 人々の反応を比較するための基準が統計的に決められていること
(3) 検査の結果が一定の手続きによって数量的に処理できること

2 心理検査法の種類

心理検査には，個人の特性を測定する質問紙法・作業検査法・投影法の他に，知能を測定する知能検査がある（澤田，1989；塩見，1998）。

(1) 質問紙法

質問紙法（questionnaire）は目録法（inventory）ともいわれ，最も普及した心理検査法である。被検査者自身や両親，教師などの周囲の者が，質問項目に回答を行う方法で測定される。回答は，“はい”“いいえ”“どちらでもない”といった３件法や５−

7段階で評価されることが多い。質問紙法は，(a) 実施が容易である，(b) 集団に対して実施できる，(c) 採点が容易で客観的である，(d) 結果の解釈に経験をそれほど要しない，(e) 広範囲の内容を扱える，などの長所がある。しかし，項目が具体的であることから，(a) 被検査者が検査目的に気づきやすい，(b) 回答を意図的に歪めることが可能である，(c) 言語能力に依存する，といった欠点もある。

質問紙法は作成された背景から，以下の3つに分類することができる。

i) 内容的妥当性を重視した検査

特定の人格理論に則って人格特性を測定するために作成された検査で，先験的方法に基づいている。代表的なものに，欲求や動機の強さを測定する“エドワーズ人格的偏向目録（EPPS)”，Jung, C. G. の“向性検査”，タイプA行動特性を測定する“ジェンキンス活動検査（JAS)”，脳の適正刺激水準から人格を把握しようとする“感覚希求尺度（SSS)”，などがある。

ii) 因子分析に基づいた検査

因子分析によって抽出された基本的人格特性を評価する尺度である。因子分析を行う際のデータ内容や因子分析のモデルによって，抽出される因子数や因子の内容は異なる。代表的な検査に，Guilford, J.P. の人格の因子分析研究を基礎として作成された“矢田部・ギルフォード性格検査（Y-G 性格検査)”，Cattell, R. B. の理論に基づいて作成された“16 人格因子検査（16PF)”，Eysenck, H. J. の人格理論に基づいた“モーズレー人格検査（MPI)”やそれを改訂した“アイゼンク人格検査（EPQ)”，などがある。

iii) 基準関連妥当性を重視した検査

専門家の評定や医師の診断といった外的基準に対して妥当性のある項目を用いて作成された検査である。臨床的診断に用いられ，応用的性格が強い。代表的なものに，精神病患者と健常者を判別することを目的として作成された“ミネソタ多面人格検査(MMPI)”，神経症や心身症と関係の深い不安を客観的に測定する“顕在性不安尺度(MAS)”，MMPI よりもさらに臨床医学的色彩の濃い検査である“コーネル・メディカル・インデックス（CMI)”，などがある。

(2) 作業検査法

作業検査法（performance test）は，被検査者に一定の作業を行ってもらい，作業の過程や結果から性格を評価しようとする方法である。この検査法は，意志の緊張，興奮，慣れ，練習効果，疲労，混乱，欲求不満などがパーソナリティを反映するということが前提となっている。比較的単純な作業を連続して行わせることから，(a) 何を測定されているかがわからないため，バイアスがかかりにくい，(b) 正答数や反応の速さという客観的な指標から評価するため，信頼性は高い，(c) 集団での実施が可能である，(d) 評価の手続きが明確である，(e) 言語による回答を求めることが少ないことから，異文化間の比較も可能である，といった特徴がある。しかし，(a) 評価することのできる性格の側面は限られており，人の全体像を把握することは難しい，(b) 測定されたものが，性格の何を反映しているかという妥当性の問題，(c) 結果の総合的な評価に主観が入りやすく，熟練を要する，(d) 内容が単調で時間を要するものが多い，という問題もある。

作業検査には，意志・注意的側面を調べる作業検査と，人格の知的側面に重点を置いた認知課題検査とがある。

i）意志・注意的な側面に関する検査

代表的なものに，内田クレペリン精神作業検査，ダウニー意志気質検査などがある。内田クレペリン精神作業検査は，連続加算の作業量や誤謬数，作業曲線から意志的側面を測定するもので，適性検査や職業指導に用いられることが多い。ダウニー意志気質検査は，決断の速さや衝動抑制の能力，精密細心さ，固執性などを測定する検査から構成されている。

ii）認知的な側面に関する検査

代表的なものに，ゲシュタルト完成検査，埋没図形検査（EFT）などがある。ゲシュタルト完成検査は，断片化したあいまいな図形からまとまりのある全体的な形を見つけ出させる検査で，反応時間から社交性や美的感覚，自信，計画性，器用さなどを評価する。埋没図形検査は，複雑な幾何図形から単純なターゲット図形を見つける検査で，その成績がよいと場独立型の認知スタイルを示し，心的機能の分化の程度が高いとされる。

(3) 投影法

投影法とは，比較的あいまいで多義的な刺激や漠然とした状況で比較的自由に反応させることで，その反応に投影される人格的特徴を評価するものである。刺激に対する反応を介して間接的に心理的特徴を調べることから，(a) 被検査者が何を測定されているかがわかりにくく，意図的防衛の生じる可能性は低い，(b) 人格の隠された潜在的無意識的側面を明らかにすることができる，という特徴がある。しかし，(a) 多用な反応への客観的な評価が難しく，検査者の熟練の程度に依存する，(b) 本当に目的の心理機能を測定しているかの確認が難しいという妥当性の問題，(c) 個別式検査が多く，実施や採点に時間のかかることが多い，などの問題を抱えている。

投影法には，以下の種類がある。

i）非言語的視覚刺激を用いる検査

非言語的視覚刺激を用いる検査は，あいまい・多義的な図形刺激を提示し，それに対する反応を分析の対象とするもので，代表的な検査に，ロールシャッハ・テストや主題統覚検査（TAT）などがある。ロールシャッハ・テストは左右対称のインクブロット図形を提示し，それが何に見えるかということから人格特徴を診断する検査である。精神疾患の病理的判別や人格の総合的診断を行うことができる。主題統覚検査は，欲求という内的力とそれに対する外的な圧力との力動関係から人格をとらえる欲求圧力理論に基づく検査で，状況をあいまいに描いた絵を見て物語を作らせる検査である。被検査者が自分と同一視する主人公は誰か，主人公の欲求と行動，外界の圧力，欲求の解釈の仕方などが分析される。

ii）言語刺激を用いる検査

言語刺激を用いる検査には，P-F スタディや文章完成テスト（SCT）などがある。P-F スタディは，欲求不満への対処様式を測定する検査で，日常生活でよく見かける欲求不満事態においてどのように対応するかを尋ねるものである。欲求不満への反応は，攻撃性の方向（外罰・内罰・無罰）と反応の型（障害優位・自己防禦型・要求固執型）の２次元で測定される。文章完成テストは，未完成の文を刺激として提示し，後に続く文を被検査者に完成させる検査の総称である。精研式では，人格の特徴（知的側面･情意的側面･指向的側面･力動的側面）と決定要因（身体的要因･家庭的要因･社会的要因からの欲求や態度）が評価される。

iii）表現を用いる方法

描画という表現を通して，その内容から人格を診断する検査で，描画法や絵画完成法などがある。描画法は，HTP テスト（家 - 木 - 人検査）やバウムテスト，風景構成法がある。HTP テストは，被検査者に家，木，人を描かせ，その絵の特徴や質問への回答から，家族関係や自己像についての評価を行う検査である。バウムテストは，実のなる木を１本描かせるもので，描かれた木には人格の内面と外観，深層と表層が混合して表現されるとして，被検査者の意欲や態度，防衛傾向，性格特徴などを診断する。風景構成法は，主に精神病の弁別を目的として発展した描画法で，検査者が指示する項目を被検査者が１つずつ描いていく検査である。空間の連続性や距離感，鳥瞰的な描かれ方などから診断を行う。

この他，心理療法としての性格が強い方法として，フィンガー・ペインティング法，サイコドラマ，箱庭療法などがある。これらの方法は心理療法の治療過程で行われる作業そのものに，人格が反映されると考えるものである。しかし，刺激材料や環境の統制が十分にできないこと，治療者と検査者が一体であることなどの問題を抱えている。

(4) 知能検査

知能検査には個別式検査と集団式検査があり，その内容から言語性検査と動作性（非言語性）検査に分けることができる。

i）個別式知能検査

世界で初めて開発された知能検査は，1905年にフランスのBinet, A.とSimon, T.により開発されたビネー式知能検査である。Binetは，知能を統一体としてとらえ，一般的知能があらゆる知的機能の基礎にあると考え，多様な検査課題を用いて一般知能を包括的に測定した。1908年の改訂版で，精神年齢（mental age: MA）の概念が導入され，年齢別に配列された問題をどこまで正答できるかで精神年齢を評価する方法を開発した。知能の優劣は，精神年齢と生活年齢（chronological age: CA）との差で評価されていた。その後アメリカのTerman, L. M.によるスタンフォード改訂版（1916年）では，知能指数（IQ = MA/CA × 100）の考えが導入され，知能の比較が容易に行えるようになった。

言語能力に依存していたビネー式検査に対して，知能のどの側面が優れているかを診断的にとらえる検査として開発されたのが，ウェクスラー式知能検査である。この検査では，知的因子を言語性因子と動作的因子に分けている。知能の評価には，偏差知能指数（deviation IQ = (X − *M*)/*SD* × 15 + 100，Xは個人の得点を，*M*と*SD*は同一年齢群の平均と標準偏差を表わす）を用いた点に特徴がある。日本語版ウェクスラー式知能検査（WAIS-R）は，言語性検査（知識・数唱・単語・算数・理解・類似）と動作性検査（絵画完成・絵画配列・積木模様・組合せ・符号）からなり，それぞれの下位検査をもとにプロフィールを求め，言語性・動作性の知能指数，および総合した知能指数を算出することが可能である。ウェクスラー式知能検査には，成人用（WAIS），児童用（WISC），幼児用（WPPSI）が作成されている。現在，日本ではWAISとWISCは第3版が用いられている。

ii）集団式知能検査

集団式知能検査は，多人数を同時に測定することを目的として開発された。最初に開発されたアメリカ陸軍式知能検査は，第一次世界大戦で多数の将校と兵士を選抜することを目的としていた。この検査には英語を理解できる人に用いる言語式のα式検査と，記号や図形数字から構成され，英語を理解できない人に対しても適用可能な非言語式のβ式検査とがある。それぞれ日本では，A式，B式とよばれている。

日本で開発された検査に，京大式知能検査がある。全部で5種類あり，対象者の年齢に合わせて選択することができる。京大式知能検査は，数的因子，空間的因子，言語的因子の3因子構造をしている。たとえば，京大NX15-知能検査では，数的因子（符号交換・計算法），空間的因子（折紙パンチ・図形分割・重合板・ソシオグラム），言語的因子（マトリックス・乱文構成・文章完成・類似反対語・単語完成・日常記憶）から構成されている。この他，日本で用いられている集団式知能検査に，東大A-S知能検査，新制田中BI式知能検査，新田中A式知能検査，教研式小学校学年別知能検査，最新幼児用知能検査などがある。

iii）知能検査の留意点

個別式知能検査は個別に実施されるため，時間や手間がかかるものの，実施時の様子を含めて，被検査者を細かく調べることができる。一方，集団式知能検査は同時に多くの人に実施することができ，採点も容易である。しかし，検査を受けるときの態度や健康状態など，被検査者の様子がわからないため，得られた結果のみで判断しなければならず，正確な検査ができないことも起こりうる。

知能検査が開発されるにあたり，信頼性や妥当性を高める努力はなされてきた。しかし，“知能とは何か”という根源的な問いに対する統一的見解がない以上，知能検査が測定しているものは何であるかは，常にあいまいなままである。知能検査で測定された知能指数は不変的なものではなく，知的活動や経験，検査時の体調などの影響を受けて変化する。そのため，検査結果を鵜呑みにして個人の能力を決めつけてしまうのは危険である。

3 心理検査を実施する際の注意

心理検査は厳密に実施しなければ，被検査者の回答にバイアスがかかることになる。そのため，検査者は何のために心理検査を実施するのかをよく理解し，正確な回答が得られるよう配慮しなければならない。被検査者は臨床的な問題を抱えた患者であることも多く，検査結果が臨床診断を左右することから，不正確な測定は診断ミスに結びつく危険性があるので，注意しなければならない。

心理検査には，個別に実施する検査と集団で実施する検査とがある。いずれにしても，検査方法を正しく教示することで検査の内容をよく理解させ，検査者に対する不快感を抱かせないようにすることが大切である（塩見，1998）。

（1）検査場所

検査場所は，被検査者が安心して検査を受けられる環境であることが望ましい。できるだけ騒音のない静かな環境がよい。個別に実施する場合，検査者と被検査者の座る位置関係も大切である。正面で向かいあう正面法は，被検査者の表情や動作をよく観察できるが，被検査者に緊張感や威圧感を与えやすい。一方，90度の角度で座る側面法は，緊張感を与えにくいが，被検査者の様子を観察しにくいという問題がある。

（2）検査者と被検査者の関係

被検査者が安心して検査に臨むことができるようにするため，検査者は被検査者との間に信頼関係（ラポール）を形成する努力が必要である。そのためには，(a) 検査者は検査の目的を熟知しており，検査技術や他者理解の方法に習熟していること，(b)

被検査者に対して十分な注意を払うこと，(c) 友好的で温かい態度で接すること，が大切である。個別式の場合，検査の前に簡単な面接時間をとり，患者の気持ちを理解するとともに，検査を受ける不安を取り払うよう努めることが大切である。集団式でも，被検査者の不安を取り除き，検査に集中して回答できるよう配慮することが大切である。

(3) 実施方法

検査を実施するにあたり，検査者は被検査者に適切に教示を行い，検査に対して十分な理解をうながすことが大切である。標準化された検査の場合，実施マニュアルに沿って行うことが，正確な実施のためには必要である。しかし，検査者が一方的にマニュアルに書かれていることを読み上げ，被検査者が理解しているかどうかを確認しなければ，回答に歪みが生じることになる。被検査者が検査について十分理解しているかを確認することが大切である。集団形式で行う場合，個々の被検査者が理解しているかを把握することはさらに困難になるため，十分注意する必要がある。検査者の服装や言葉遣い，態度によっては，被検査者に不快感を与えるだけでなく，検査への動機づけを低めることにもつながりかねないので，気をつける必要がある。

4 テスト・バッテリー

多用な心理機能を単一の心理検査で測定することは難しいため，複数の検査を組み合わせて実施することがある。これをテスト・バッテリーという。とりわけ臨床場面では，患者の特定の側面（たとえば，知能や性格）を知るだけでは不十分であり，患者の全体像を理解するために，テスト・バッテリーを用いることが多い。

テスト・バッテリーでは，心理検査の特徴をよく理解したうえで，検査目的に照らし合わせて組み合わせることが大切である。当然，多くの心理検査を組み合わせれば，患者の多面的な特徴を理解することが可能となる。しかし，検査時間が長くなり，検査の精度が低くなるという問題も生じてくる。複数回に分けて実施することも可能であるが，間隔があきすぎると，その間に別の要因が関係して統合した解釈が難しくなることもある。テスト・バッテリーの実施には十分な注意が必要である。

5 心理検査をめぐる問題——信頼性，妥当性，標準化——

心理検査により客観的に人格を測定するためには，尺度としての信頼性と妥当性が満たされていることが大切である。

信頼性とは，その検査の測定結果がどの程度安定しているかをさす。信頼性の高い心理検査は，誰が，いつ，どこで，何回実施してもほぼ同じ測定結果が得られることになる。それに対して，測定結果が実施のたびに大きく変動するのであれば，信頼性が低いことになる。

また，妥当性とは，その検査が測定しようとしている概念や対象をどの程度適切に測定しているかの度合いをさす。妥当性が高い検査ほど，測定しようとしている対象を適切に測定していることになる。信頼性と妥当性については，本書の第4章“4 質問紙の作成”に詳しい説明がある。

長年用いられてきた検査や有名な検査であっても，信頼性や妥当性の点で問題があり，科学的ではないとされる検査はある（村上，2005）。その大半は投影法である。投影法は，あいまいな刺激に対する反応や表現に無意識の心理状態が反映されるとする検査であるが，評価対象である無意識の実態を客観的に測定することができない。さらに，他の指標との関連性の検討が十分でないことから，実際に何が測定されているかわからないという妥当性の問題は常につきまとう。また，その検査結果も検査者によって異なることが多く，信頼性の低さも，これまで指摘されてきた。

たとえば，代表的な投影法検査であるロールシャッハ・テストでは，評価法の世界標準といわれるエクスナ法に対する批判が1980年代からなされている。エクスナ法で用いられる変数の8割以上は，患者群と非患者群の弁別ができないことが指摘されている。しかも，信頼性においても，エクスナ法で用いられる変数の約半数で信頼性係数が低く，約半数の検査変数が信頼できないとの指摘もなされている（村上，2005）。検査や採点に要する時間を考えると，ロールシャッハ・テストで測定可能な心理機能を簡便に測定する質問紙法が開発されており，それで十分に代用可能である。

それでは，最もよく用いられている質問紙法ではどうだろうか。質問紙法は，多くの被検査者を対象として標準化が行われ，信頼性や妥当性の検討も十分に行われているといわれている。しかし，なかには問題のある検査もないわけではない。質問紙法による心理検査として定評のあるY-G性格検査は，一般用が1957年に発表されたきりで，それ以降再標準化は行われていない。それにもかかわらず，何回か質問項目が変更されているのである。質問項目の変更は反応を変えることにつながるため，旧基準のままの評価では問題である。また，信頼性係数の算出に間違いがあり，再計算をすると，各下位因子の信頼性も低くなるという指摘もなされている。これは開発者による信頼性・妥当性評価が十分でなく，項目変更への配慮に欠けていたことが問題であり，結果的に心理検査としての適切性を欠くことになったのである（村上，2005）。

質問紙法では他にも問題を抱えた検査は数多くある。古くからある検査には，項目表現や評価基準が作成当時のままであり，時代とともに変化する言語表現や評価基準に対応していないものもある。本来は，時代とともに表現や基準を変えるための再標準化が行われなければならない。Y-G性格検査の問題は，時代に合わせて項目表現を変えたにもかかわらず，再標準化をしなかった点にある。

現在，多くの質問紙検査が開発され，学会や専門誌で発表されている。しかし，サンプル数が数百程度の研究がほとんどで，標準化を行うには十分ではない。しかも，対象が大学生という特定のサンプルを用いており，一般の実態を反映しているとはいえない。とりわけ，臨床尺度の場合，臨床サンプルが十分に集まらないこともあり，十分な標準化がなされているとはいい難いのである。

心理検査を評価する統計的技法やソフトが手軽に活用できるようになったとはいえ，適切な手続きにより作成され，適切に実施・分析されなければ，心理検査の誤った使い方につながりかねない。実施をする際には，上記の問題があることを十分気をつけてもらいたい。

引用文献
村上宣寛 (2005).「心理テスト」はウソでした。受けたみんなが馬鹿を見た　日経 BP 社
澤田丞司 (1989). 心理検査の実際　新興医学出版社
塩見邦雄（編）(1998). 心理検査ハンドブック　ナカニシヤ出版

第2部

実　習

I 実験法

I 実験法

1 大きさの恒常性 ── 精神物理学的測定法 1 ──

2 m 先にいる人と 4 m 先にいる人を見たとき，4 m 先にいる人のほうが 1/2 の大きさには見えないであろう。網膜上の像（近刺激）では，対象物（遠刺激）との距離が 2 倍になると，像の大きさは 1/2 になる。ところが，われわれの見えの大きさはそれほど変化せず，対象物との距離が遠くても近くにある対象物とある程度同じ大きさに見える。このような機能を大きさの恒常性という（牧野，1969）。大きさの恒常性は，われわれの知覚世界をある程度一定に保つうえで重要な役割を果たしているが，対象との距離，視野の広さ，観察条件，観察態度などの影響を受ける。たとえば，(a) 視空間が安定した構造を有しているかどうか，(b) 距離を知覚しやすくする手がかりがどの程度あるか，(c) 1 つの対象物を同時に見るか継時的に見るか，(d) 両眼で見るか単眼で見るか，などの条件によって恒常度は影響される（Holway & Boring, 1941）。

目 的　本実験では，精神物理学的測定法の 1 つである極限法を用いて，両眼で対象を見る場合と，単眼で対象を見る場合で大きさの恒常性に違いがあるか検討する。

方 法　**《刺激》**　標準刺激は底辺 140 mm，高さ 200 mm の二等辺三角形，比較刺激は標準刺激と相似形で，大きさを自由に変えられる三角形とする（木下・上里・中谷・難波・辻，1975）。比較刺激の裏には三角形の大きさを測定できるよう目盛りを入れておく。

《手続き》　実験参加者から 4 m の位置に標準刺激，2 m の位置に比較刺激を配置する。標準刺激と比較刺激の位置は参加者を中心として 30° になるようにする。刺激を提示する高さは，参加者の目の高さに合わせる。実験者は比較刺激の位置に立ち，比較刺激の大きさを調節する。参加者は，比較刺激が標準刺激と比べて“大きい”“小さい”“等しい，またはわからない”のいずれかを答える。実験者はそれぞれ“＋”“－”“＝”で記録する。参加者には，標準刺激と比較刺激の物理的な大きさの比較ではなく，“見えたまま，感じたままの大きさ”を比較するよう教示する。

刺激の提示は極限法で行い，上昇系列と下降系列を行う。上昇系列では標準刺激に比べて比較刺激が明らかに小さく見える大きさから始め，10 mm ステップで比較刺激を大きくする。各刺激段階で参加者の判断を求め，参加者の判断が“大きい”となったところで終了する。下降系列では，標準刺激に比べて比較刺激が明らかに大きく見えるところから始め，参加者の判断が“小さい”となったところで終了する。上昇系列 4 回，下降系列 4 回を両眼視条件と単眼視条件のそれぞれで行い，合計 16

試行実施する。系列と条件の順序は，参加者ごとにランダムにする。

結果の整理　(a) 上限閾（*Lu*）と下限閾（*Ll*）を試行ごとに算出する。比較刺激の大きさの判断が“等しい，またはわからない”から“大きい”に移行するときの中点（たとえば，= 160 mm から + 170 mm に移行する中点，すなわち 165 mm）を上限閾（*Lu*）とし，“等しい，またはわからない”から“小さい”に移行するときの中点（たとえば，= 150 mm から − 140 mm への中点，すなわち 145 mm）を下限閾（*Ll*）とする。次に，主観的等価点（point of subjective equality: PSE）として，上限閾（*Lu*）と下限閾（*Ll*）の平均値を試行ごとに算出する。(b) PSE の平均値を観察条件ごとに算出する。(c) 大きさの恒常度（Thouless, R. H. の Z 指数）を条件ごとに算出する。算出方法は次のとおりである。Z =（logS − logP）/（logW − logP）。ただし，Z = 恒常度，S = PSE，P = 比較刺激の提示位置（本実験では 2 m）において標準刺激と等しい視角になる比較刺激の大きさ（本実験では 100 mm），W = 標準刺激の大きさ（本実験では 200 mm）とする。恒常性が最大のとき，Z は 1 になり，視角の大きさに規定されるほど値は小さくなる。(d) 各観察条件における PSE，恒常度指数のグラフを作成する。そして PSE と恒常度指数をそれぞれ従属変数とし，観察条件に関する対応のある *t* 検定を行う。

考察の観点　(a) 両眼視条件と単眼視条件によって，PSE と恒常度指数に違いはみられたか。大きさの恒常性は，対象物を両眼で見た場合と単眼で見た場合ではどちらのほうが大きいか。違いがみられた場合には，観察条件によってそうした違いがみられる理由について考察する。(b) 上昇系列と下降系列では，結果に違いがみられたか。違いがみられた場合には，その理由について考察する。(c) PSE と恒常度指数では，同じ結果が得られたであろうか。(d) 大きさの恒常性に影響しそうな要因について考える。

発展課題　(1) 対象物との距離を変えて実験を行うと，大きさの恒常度はどのように変化するか検討してみよう。

(2) 視野を制限することによって視空間を変えた場合に恒常度がどのように変化するか調べてみよう。

引用文献

Holway, A. H., & Boring, E. G. (1941). Determinants of apparent visual size with distance variant. *American Journal of Psychology*, **54**, 21-37.

木下冨雄・上里一郎・中谷和夫・難波精一郎・辻　敬一郎（1975）．教材心理学（第 4 版）ナカニシヤ出版

牧野達郎（1969）．大きさの恒常性　和田陽平・大山　正・今井省吾（編）　感覚・知覚心理学ハンドブック　誠信書房　pp. 609-623.

I 実験法

2 皮膚感覚・2点閾 ── 精神物理学的測定法2 ──

人が刺激の存在を感知するには，感覚器官への刺激強度がある程度以上となる物理的量が必要である。感知できる最小の刺激強度を絶対閾という。また，もとの刺激強度に対して変化（増加・減少）を感知するのに必要な最小変化量を弁別閾という。絶対閾や弁別閾は，刺激の存在や変化が50%の確率で感知されるときの刺激強度であり，閾値（limen または threshold）とよばれる。閾値は，各感覚様相において様相内のいろいろな特性（たとえば，皮膚感覚の様相では，圧覚，温感，痛覚など）で考えられる。

触的空間認知の末梢的過程の一指標として，皮膚上の2点に圧刺激を提示したとき2点として感じる最小の距離を2点閾という。これは，“皮膚上の離れた位置に2点が同時に提示されたとき，2個の点であることがわかる臨界距離”（和気，1999）である。2点閾は身体各部位で異なるが（図2-1），この背景には，皮膚感覚の空間解像度を規定する皮下組織内の感覚受容器の分布密度の違いがある（図2-2）。図2-2（b）の上段は，速順応（rapidly adapting: RA）型のマイスナー小体と遅順応（slowly adapting: SA）Ⅰ型のメルケル細胞複合体，下段はパチニ小体（PC）とSA Ⅱ型のルフィニ終末の感

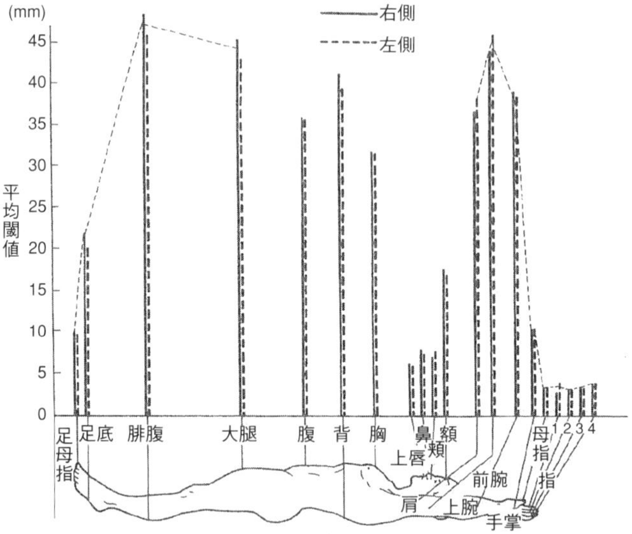

図2-1　身体部位による2点閾の違い（Weinstein, 1968を宮岡，1994, p. 1232から引用）

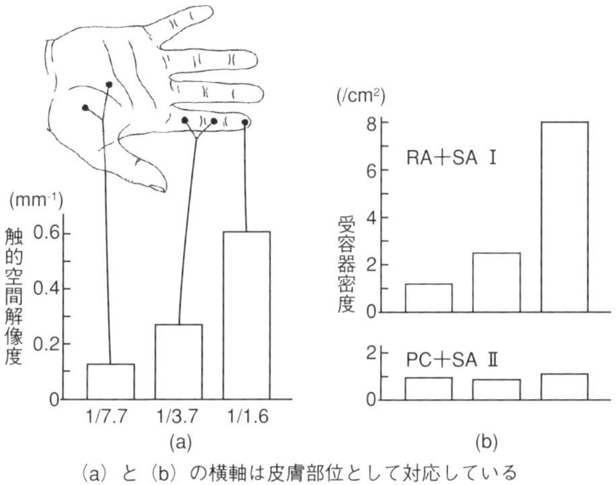

(a) と (b) の横軸は皮膚部位として対応している

図 2-2　手掌 2 点閾と感覚受容器密度（Vallbo & Johansson, 1978, p. 45 を改変）

覚受容器の分布密度を示している。前者は境界範囲が小さく，指先で密度が高く，手掌で低くなるという勾配がある。後者は境界範囲が明確でないが，離れた刺激に対して相対的に感度がよく，身体に一様に分布している。

2 点閾は，2 点が同時的に提示されたときよりも継時的に提示されたときのほうが小さく（感度が鋭敏に）なる（Weber, 1978)。また，1 日の中でも変動し，疲労の程度の指標として用いられることもある。

目 的　身体の異なる部位で，皮膚感覚による触空間・2 点閾を，精神物理学的測定法の 1 つである極限法により測定し，測定部位間で比較する。身体軸に対する方向（縦・横）の違いにより 2 点閾に相違がみられるかを調べる。

方 法　**《刺激・装置》**　スピアマン式触覚計（竹井機器工業株式会社製)，記録用紙（図 2-3)。

《測定部位》（a）人差指先（掌側)，(b）母指球，(c）前腕内側，に＋印をつけておき，縦軸と横軸の両方向について測定する（所要時間上，すべてを実施することが困難な場合は，前腕内側や記録用紙後半である右半分の測定は割愛する)。

《手続き》　精神物理学的測定法として，極限法（完全上下法）を用いる。実験参加者には，試行ごとに明瞭な感覚印象に基づいて，“1 点”“わかりません（?)”“2 点”のいずれかで言語報告させる。“1 点でないこと”は必ずしも“2 点”とはならないので，そのときは“わからない”と報告するよう事前に説明しておく。実験者は，

方向	縦				横				縦				横			
系列 間隔	下降	上昇	下降	上昇	上昇	下降	上昇	下降	上昇	下降	上昇	下降	下降	上昇	下降	上昇
10.0 mm	2															
9.5	2															
3.0	2		2													
2.5	?⃝		2													
2.0	2	②	2													
1.5	?	?	2	②												
1.0	①	?⃝	⓵	?⃝												
0.5		1		1												
0.0		1		1												
L'	1.75	1.50	1.00	1.25												

図 2-3 皮膚感覚・2点閾（極限法）記録用紙（人差指先の場合）

上昇系列では明らかに1点と感じられる2点間の間隔(または,触覚計の爪1点部分)から始め，反応が完全に逆転（“2点” と言語報告）するまで2点間の間隔を増大させながら刺激を提示する。下降系列では明らかに2点と感じられる刺激間隔から始め，反応が完全に逆転（“1点” と言語報告）するまで2点間の間隔を減少させながら刺激を提示する。上昇・下降のいずれにおいても，最初の3試行は同一感覚印象（上昇系列では “1点”，下降系列では “2点”）となる刺激間隔から開始する。刺激提示の際，実験者は触覚計爪先の2点を参加者の刺激皮膚面にほぼ同時的に同程度の圧で接触するように約1秒間押しつける。提示間隔は3秒以上あける。順応による感覚の鈍化防止のため，参加者には試行間で測定部位を揉みほぐすよう教示する。変化ステップは，指先では 0.5 mm とし，母指球と前腕内側では事前試行時の感度と効率を勘案して 1.0–5.0 mm の範囲内で実験者が決める。参加者の判断態度を確認するために,系列の途中で1点だけを刺激する試行をはさむとよい。記録用紙（図2-3）は測定部位ごとに作成する。

《記録》 記録用紙には,上昇系列であれば “1点” から “？” または “？” から “2点”，下降系列であれば “2点” から “？” または “？” から “1点” へと反応が変化した試行に “○” をつける。“1点” から “2点”（上昇系列）あるいは “2点” から “1点”（下降系列）へと一挙に変化した試行には “◎” をつける。2点閾値は，2つの○の平均値か，◎の値を記録用紙（図2-3）の最下行（閾値 : L'）に記入する。1つの部位について16試行の測定がすんだら，記録用紙を換えて他部位の測定へと進む。また，内省報告を記録しておく。

結果の整理 (a) 測定部位（人差指先，母指球，前腕）と上昇・下降系列（3 × 2），測定部位と縦・横の測定方向（3 × 2），系列と方向（2 × 2）など，2 要因分散分析を行う。(b) 前半と後半ごとに 2 点閾を算出する。(c) 結果の解釈が容易になるよう図表を工夫して作成し，これを文章で説明し，結果を概観する。(d) 実験時の参加者の内省報告などを記載する。

考察の観点 (a) 身体の各部位での閾値の大きさを先行研究と比較する。(b) 系列の前半・後半における閾値の違いを，練習や疲労などの観点から考察する。(c) 上昇系列・下降系列で閾値に違いがみられるか，縦と横の方向の違いによる閾値の差はみられるか，それらの差は何に起因すると考えられるかを考察する。(d) 測定部位による違いを考察する。(e) 反応時間や内省報告などを参考にして，判断の困難さなどを考察する。

発展課題 (1) 午前中と夕方の測定結果を比較し，疲労の影響を調べてみよう。フリッカーテストを用いて視覚的鋭敏さを測定し，1 日の変化による違いを，2 点閾とで比較してみよう。

(2) 生理的な要因が原因と推測される心理学的現象の例を考えてみよう。

(3) 測定時の環境要因として室温や湿度を独立変数とし，これらの違いによる閾値の変化を観察してみよう。

引用文献

宮岡　徹 (1994). 触感覚　大山　正・今井省吾・和気典二（編）　新編 感覚・知覚心理学ハンドブック　誠信書房　pp. 1226-1237.

Vallbo, A. B., & Johansson, R. S. (1978). The tactile sensory innervation of the glabrous skin of human hand. In G. Gordon (Ed.), *Active touch-The mechanism of recognition of objects by manipulation: A multi-disciplinary approach*. Oxford: Pergamon Press. pp. 29-54.

和気典二 (1999). 触空間閾　中島義明・安藤清志・子安益生・坂野雄二・繁桝算男・立花政夫・箱田裕司（編）　心理学事典　有斐閣　p. 426.

Weber, E. H. (1978). *The sense of touch.* (De tactu. translated by H. E. Ross, originally published in 1834). New York: Academic Press.

Weinstein, S. (1968). Intensive and extensive aspects of tactile sensitivity as function of body part, sex and laterality. In D. R. Kenshalo (Ed.), *The skin senses*. Springfield: C.C. Thomas Pub. pp. 195-222.

参考文献

東山篤規・宮岡　徹・谷口俊治・佐藤愛子 (2000). 触覚と痛み　ブレーン出版

Katz, D. (1925). Der Aufbau der Tastwelt. Ergänzungsband 11, *Zeitschrift für Psychologie und Physiologie der Sinnesorgane, Abt. I, Zeitschrift für Psychologie*.

（カッツ，D.　東山篤規・岩切絹代（訳）(2003).　触覚の世界――実験現象学の地平――　新曜社）

田崎權一 (1992). 文字の能動的触認知に及ぼす刺激の大きさの効果　心理学研究，**63**, 201-204.

3 ニューメラスネスの知覚
―マグニチュード推定法―

ニューメラスネスの知覚とは，直接計数することなく対象の数量を知覚することである。映画“レインマン”に，床に散らばった大量のマッチの数を自閉症の青年がピタリと言い当てる印象的な場面がある。たいていの人はそこまでできないが，ある程度の多寡の判断ならできる。ニューメラスネスの知覚は，心理学の研究法の1つである尺度構成法（scaling）の理論的な基礎にもなっている。尺度構成法では一定のルールに従って対象に数値を割り当てる。尺度構成法は尺度水準（名義・順序・間隔・比率）によって方法が異なるが，間隔尺度や比率尺度を構成する方法として，直接構成法と間接構成法がある。

たとえば，“今の不安はどの程度ですか。0（まったく不安でない）−100（この上なく不安である）の数値で答えてください”などの尺度は，人が不安の強さをある程度の精度で数量化できることが前提になっている。Stevens（1975）は，実験参加者が感覚の大きさをこのように直接的に表現できると仮定し，音の大きさなどさまざまな感覚について感覚量と物理量の関係を調べ，両者はベキ関数の法則（スティーブンスの法則）に従うとしている。

これに対し，直接的な数量判断ではなく，“大きい”“明るい”“同じ”といった比較的簡単な反応を参加者に求め，その分布から尺度を構成しようとするのが間接構成法である。たとえば，Fechner, G. T. は，弁別閾（ΔS）がその時の刺激量（S）に比例して変化するというウェーバーの法則（ΔS = 定数 · S）に基づいて，有名なフェヒナーの法則を導いた。物理尺度上の ΔS に対応する感覚量，すなわち丁度可知差異（just noticeable difference: jnd）は ΔS の大きさにかかわらず心理的に一定であると仮定し，それを累積することによって感覚量が表現できると考えたのである。

ところで，フェヒナーの法則では，感覚量は物理量の対数関数であるとされ，スティーブンスの法則とは異なる。同じ感覚を対象としているのに，導かれる法則が異なるのはなぜだろうか。ニューメラスネスの知覚は，どちらの法則に従うのだろうか。

目 的　マグニチュード推定法（magnitude estimation）を用いて，ニューメラスネスの知覚の精神物理学的性質について調べる。画面上に散らばったドットの数を評価させる実験を実施し，客観的な物理量と主観的な感覚量との関係がどのような関数で表現可能かを明らかにする。

方 法　**《手続き》** 標準刺激と比較刺激を同時に提示する。刺激はドットで 9 cm

×9 cm の範囲に不規則に配置する。注視時間5秒の後,“標準刺激”（左側）と“比較刺激”（右側）を同時に1秒間提示する。比較刺激は7種類（ドット数は30, 38, 47, 59, 73, 92, 114個）で5回反復する（全部で35試行）。標準刺激のドット数は38個とする。標準刺激を10とすると，比較刺激のドット数がいくつに感じたかを答えてもらう。

結果の整理 (1) 参加者個人のデータを分析に用いる。比較刺激ごとに,感覚量（いくつに感じたか）の最頻値（モード），中央値（メディアン），算術平均，幾何平均などの代表値を算出する。

(2) 横軸に物理量（ドット数），縦軸に感覚量をとり，刺激と反応との関係について代表値ごとに線グラフを描く。

(3) 物理量の対数を算出し，横軸に物理量の対数をとって（縦軸は感覚量のまま）線グラフを描く。さらに感覚量の対数を算出し，横軸に物理量の対数，縦軸に感覚量の対数をとって線グラフを描く。どちらのグラフが直線への当てはまりがよいかを比較する。

考察の観点 (1) 最頻値，中央値，算術平均，幾何平均のどの代表値を使うと法則性がみえやすいかを調べる。代表値にすることで失われる情報は何だろうか。

(2) 範囲（レンジ），四分位偏差，標準偏差など，散布度は何の役に立つかを考える。

(3) 心理量（R）と物理量（S）との関係は, n 乗というベキ関数で表わされる場合（スティーブンスの法則：R = 定数·S^n）と，対数関数で表現される場合（フェヒナーの法則：R = 定数・log S）がある。自分たちのデータがどちらの法則に適合するかを検討する。

発展課題 (1) 参加者どうしで結果を比較して見よう。どのような個人差がみられるだろうか。

(2) 標準刺激や比較刺激のドット数を変化させることで，結果に影響が出るかどうか検討してみよう。

引用文献
Stevens, S. S. (1975). *Psychophysics: Introduction to its perceptual, neural, and social prospects.* New York: Wiley.

参考文献
市川伸一 (1991). 心理測定法への招待――測定からみた心理学入門―― サイエンス社
Rambo, W. W. (1964). The contribution of series and standard stimuli to absolute judgments of numerousness. *Journal of General Psychology*, **71**, 247-255.

4 顔の再認 ── 信号検出理論 ──

記憶を実験的に研究する方法として，再生法や再認法などが用いられている。再認法は，前に提示された項目と新しい項目が混ざった刺激リストの中からこれらの項目をどの程度正しく識別できるかを測定する。再認法では，いくつかの課題が用いられる。多肢選択課題では，前に提示された項目にまぎらわしい項目を加え，2個以上の選択肢の中からターゲットを選ぶ。同定課題では，次々と提示される項目が以前経験したものかどうか（見たかどうか）を二者択一で判断する。以前経験した刺激項目をそのまま再現する再生法とは違い，再認法では思い出す材料はすでに提示されているので，それが経験した記憶の中にある特定の項目かどうかを判断するだけでよい。

再認法では，“あった”と反応する場合，実験課題で設定した正項目（ターゲット）に対する反応“正再認（hit）”と，誤項目（ディストラクタ）に対する反応“誤再認（false alarm）”の2通りがある。さらに提示されなかった項目に対して“なかった”と反応する場合にも，誤項目に対する“正棄却（correct rejection）”と，正項目に対する“見落とし（miss）”の2通りがある。このように，実験参加者の反応には4種類のパターンがある（表4-1）。

誤答率は単に1から正答率を引いた値となるので，正答率，誤答率のいずれを指標としても得られる情報は同じである。再認法では，でたらめに“あった”という反応を続けていれば正再認率は1となり，一見，高い記憶成績が得られたかのように見える。しかし，この場合，誤再認率も1となる。これに対して正しく記憶していた参加者では，正再認率が高くなるが，誤再認率は低くなる。このような再認法の性質に配慮した指標として，信号検出理論（signal detection theory, McNicol, 1972）における“d'（ディープライム）”がある。d' は，正再認率と誤再認率に基づいて求められる指標であり，参加者の再認成績を適切にとらえることができる。

信号検出理論では，ターゲットとディストラクタに対する反応強度の分布を標準正

表 4-1　再認法での反応パターン

	判断	
	あった	なかった
ターゲット	正再認（hit: H）	見落とし（miss）
ディストラクタ	誤再認（false alarm: FA）	正棄却（correct rejection）

正再認と正棄却は“正反応”，誤再認と見落としは“誤反応”となる。

規分布と仮定し，正再認率は判断基準よりも右側の領域に（ターゲットに対する“あった”判断），見落とし率は左側の領域に（ターゲットに対する“なかった”判断），誤再認率は判断基準よりも右側の領域に（ディストラクタに対する“あった”判断），正棄却は左側の領域（ディストラクタに対する“なかった”判断）に対応する（図4-1）。ターゲットとディストラクタの違いが大きい場合は，2つの分布の間の距離は大きくなる。逆に違いが小さい場合は，2つの分布間の距離は小さくなり重なりあう。信号検出理論では，ターゲットとディストラクタの違いに対する感受性を2つの分布の平均値間の距離“d'”で表示する。距離を測るためには，この2分布の平均値間にどれだけ標準偏差（$d'=1$ は $SD=1$ に相当）があるかを数えればよく，判断基準の右側にあるディストラクタ分布上の誤再認率の標準得点（z 得点）とターゲット分布上の正再認率の z 得点を足せばよいことになる。

再認実験では，記憶に“あった”ものと記憶に“なかった”ものに対する反応分布がどれだけ離れているかを示すために，ヒット率（正再認）とFA率（誤再認）を用いて d' を算出する（ヒット率とFA率の z 得点の差の数値，あるいは z 得点の絶対値を合計した数値）。しかし，項目に対してすべて正再認の場合や（ヒット率が100%），誤再認がまったくない場合（FA率が0%）も起こりうる。そのような場合には d' を算出できないため A' を算出する方法もある（図4-2）。

実際の再認実験では，このように算出された d' や A' を再認成績の指標として用いて，統計的分析をすることになる。それ以外にも，標準得点化したヒット率とFA率をそれぞれ縦軸，横軸にプロットした受信者動作特性（receiver operating characteristic: ROC）曲線（図4-3）を作成して d' を求める方法がある（Gescheider, 1997 宮岡訳 2002）。

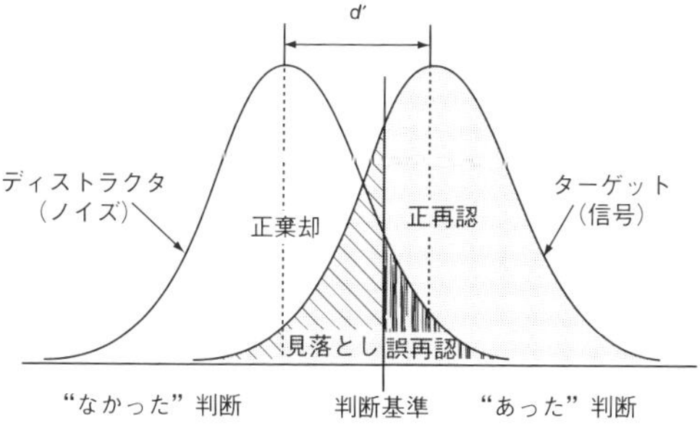

図 4-1　信号検出理論

ヒット率≧FA率の場合

$$A' = 0.5 + \frac{(H - FA)(1 + H - FA)}{4H(1 - FA)}$$

ヒット率＜FA率の場合

$$A' = 0.5 - \frac{(FA - H)(1 + FA - H)}{4FA(1 - H)}$$

H：ヒット率，FA：FA率

図 4-2　A' の計算方法
（Snodgrass & Corwin, 1988 から作成）

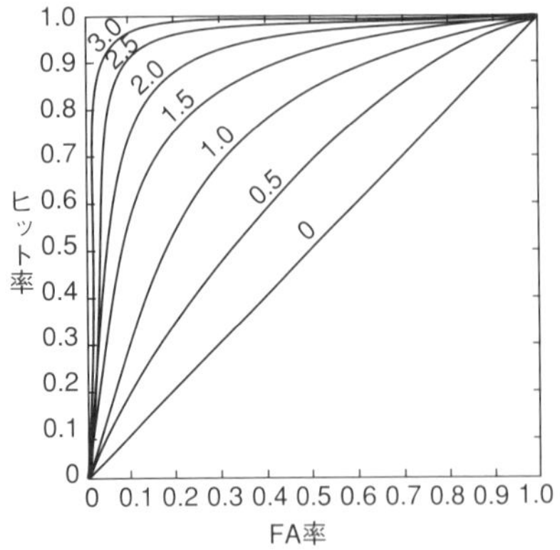

図4-3　0から3.0までの d' に相当するROC曲線群（Gescheider, 1997 宮岡訳 2002, p. 97 を改変）

目　的　顔の再認記憶実験における課題の違い（形態判断と意味判断）が参加者の再認成績に影響するかどうかを，信号検出理論を適用して調べる。

方　法　**《刺激・装置》**　女性または男性の顔画像を24枚用意する。画像の背景や衣類などは画像処理ソフトで除き，ほぼ同じ大きさに統一した頭部だけを表示するようにする。12枚は記銘用のターゲット刺激とし，残りの12枚は再認テストのディストラクタ刺激とする。刺激提示はパソコンで制御し，ディスプレイ中央に1枚ずつ提示する。また，“顔の輪郭”を判断する形態判断と“親近度（親しみやすさ）”を判断する意味判断を行うため，5段階尺度の質問紙（コンピュータによる提示でも可）を用意する。

《手続き》　(a) 記銘時　記銘時の課題は偶発学習課題とし，顔画像に対して形態あるいは印象評価を行うよう教示する。提示刺激（ターゲット刺激）の順序はランダムとする。刺激は3秒間提示し，その間に形態判断または意味判断を行う。半数の参加者は形態判断，残りの参加者は意味判断を行う。形態判断では，“かなり面長である，少し面長である，どちらでもない，少し丸顔である，かなり丸顔である”の5段階とし，意味判断では，“かなり親しみやすい，少し親しみやすい，どちらでもない，あまり親しみやすくない，かなり親しみづらい”の5段階とする。試行間間隔は2秒で，12試行を行う。(b) 妨害課題　ターゲットに対して形態あるいは意味判断を行った後，記憶妨害のための簡単な計算問題を3分間行う。(c) その後，ターゲット刺激12枚とディストラクタ刺激12枚の計24枚の刺激を提示し，先に提示された顔かどうか再認課題を行う。刺激提示時間は2秒とする。(d) 再認課題後，判断に対する確信度を3段階（高確信度3，中確信度2，低確信度1）で評定する。

結果の整理　(1) 再認成績 d' を以下のように求める。(a) 課題（形態判断，意味判断）

表 4-2　判断ごとのヒット率，FA 率および d'

	形態判断（顔の輪郭）	意味判断（親近度）
ヒット率	63	84
FA 率	34	16
d'	0.74	1.99

（n=12）

表 4-3　判断ごとの確信度評定値

	形態判断（顔の輪郭）	意味判断（親近度）
確信度評定値	1.7	2.5

ごとに参加者のヒット率と FA 率を求める。(b) 標準正規分布表からヒット率と FA 率の z 得点を求める。(c) ヒット率の z 得点から FA 率の z 得点を減算（または両 z 得点の絶対値を加算）し，d' を求める。表計算ソフト Microsoft Excel を用いる場合は，次の式を使用するとよい。d' ＝ NORMSINV（ヒット率）－ NORMSINV（FA 率）

(2) ヒット率，FA 率，d' をグラフ，あるいは表に示す（表 4-2）。

(3) 課題ごとに確信度評定値を算出する（表 4-3）。

考察の観点　(1) 記銘時の課題によって正再認率や誤再認率がどう違うか検討する。

(2) 課題によって再認成績（d'）に差があるか。もし差があるならば，それはなぜか。

(3) 課題によって確信度評定値に差があるか。もし差があるならば，それはなぜか

(4) 再認記憶と確信度評定とに関係があるかを考察する。

(5) 再認記憶に信号検出理論を適用することの意義や問題点などについて考察する。

発展課題　(1) Craik & Lockhart（1972）は，課題の違いによって単語記憶の再認成績が異なることを示している（処理水準効果）。顔の記憶課題においても，同様の効果（意味処理優位性効果）が報告されている（Baddeley, 1982）。今回用いた形態・意味処理課題以外に他の課題を用いた場合にはどのような結果になるか，検討してみよう。

(2) 課題要因だけではなく，顔刺激要因（たとえば，既知性，表情，年齢）も加えて 2 要因計画で行った場合，どのような結果になるか，検討してみよう。

(3) 観察者効果についても検討してみよう。

引用文献

Baddeley, A. D. (1982). Domains of recollection. *Psychological Review*, **89**, 708-729.

Craik, F. I. M., & Lockhart, R. S. (1972). Levels of processing: A framework for memory research. *Journal of Verbal Learning and Verbal Behavior*, **11**, 671-684.

Gescheider, G. A. (1997). *Psychophysics: The fundamentals*. 3rd ed. Mahwah, NJ: Lawrence Erlbaum Assoc.

（ゲシャイダー，G. A.　宮岡　徹（訳）(2002, 2003). 心理物理学　上・下巻　北大路書房）

McNicol, D. (1972). *A primer of signal detection theory*. London: Allen & Unwin.

Snodgrass, J. G., & Corwin, J. (1988). Pragmatics of measuring recognition memory: Applications to dementia and amnesia. *Journal of Experimental Psychology: General*, **117**, 34-50.

I 実験法 5 訓練の転移

技能をいかに効率よく習得できるかは，学校教育やリハビリテーションの現場での重要な課題の1つである。訓練の転移とは，ある技能を習得するために過去に行った練習が別の新たな技能習得の効率性に影響する現象をさす。このような転移現象のうち，一方の手足による学習が他方の手足の技能習得に影響する現象を両側性転移（bilateral transfer）とよぶ。ここでは，技能習得の対象として鏡映描写を取り上げ，利き手で行った訓練が非利き手による技能習得に影響するかどうかを検討する。鏡映描写課題では，鏡に映した図形の輪郭を鉛筆などでたどることが要求される。手を動かす方向と鏡に映る手の動きの関係が鏡に映さない場合とは反対になるため，この課題の未経験者は新しい技能を学ぶ必要がある。

目　的　鏡映描写課題において，利き手による訓練の効果が非利き手による課題遂行に転移するかどうかを，課題の所要時間と逸脱数を指標として検討する。

方　法　**《実験参加者》**　実験参加者の半数を訓練あり群，残り半数を訓練なし群とする。

《器具》　鏡映描写器，鉛筆，ストップウォッチ，課題用紙（図 5-1）。

《手続き》　まず，両群とも非利き手で練習試行を1試行，プリテスト試行を1試行する。次の訓練試行は，訓練あり群が利き手で10試行し，訓練なし群は訓練試行に相当する時間の間，読書など別の作業を行う。最後に，ポストテスト試行を両群とも非利き手で1試行する。

各試行は，図 5-1 のドット“■”で示したスタート地点から時計回りに図形の枠内を鉛筆でたどっていき，図形を一周し，鉛筆の先が再びドットに触れた時点で終了となる。参加者には，鏡に映った像だけを見ながら，できるだけ速く，かつ，逸脱せずに一周するよう教示する。逸脱とは，図形の枠に鉛筆の線が触れることとする。逸脱した場合は，実験者は参加者に線を枠の内側にすみやかに戻すよう注意する。

各試行を開始する前に参加者に閉眼してもらい，実験者は課題用紙を鏡映描写器にセットする。次に，鉛筆の先をスタート地点に導き，開始時刻5秒前に開眼してもらう。開始時刻になったら，実験者の合図で開始する。各試行とも試行間間隔は10秒とする。実験終了後，課題を遂行するうえでとった方略などについて内省報告をとる。

実験者は2名以上が望ましい。1名は，1試行ごとの所要時間の計測と記録およ

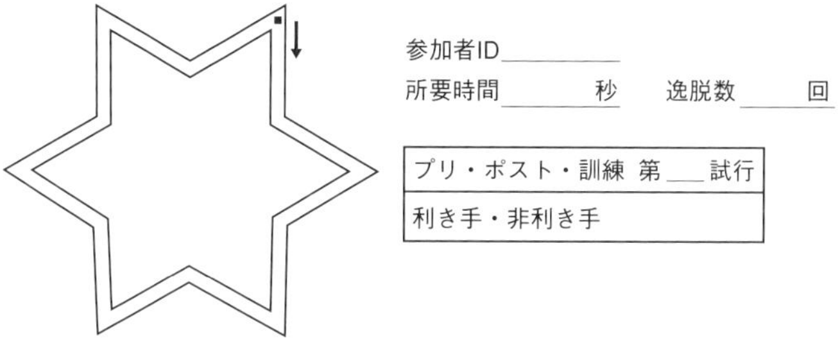

図 5-1 課題用紙の例

び課題用紙の交換と参加者の手の誘導を行う。もう1名は，1試行ごとの逸脱の回数の記録と，試行間間隔の計測，試行開始の合図を行う。

結果の整理 (1) 以下の式を用いてプリテスト試行およびポストテスト試行における所要時間と逸脱数における転移率を参加者ごとに算出する。群別に平均転移率を算出し，横軸を群，縦軸を平均転移率としたグラフを作成する。

$$\text{転移率} = \frac{（\text{プリテスト試行}）-（\text{ポストテスト試行}）}{\text{プリテスト試行}} \times 100$$

(2) 訓練試行について，試行ごとに群別の平均所要時間と平均逸脱数を算出し，横軸を試行数，縦軸を平均所要時間および平均逸脱数としたグラフを作成する。

考察の観点 (1) 転移率を訓練あり群と訓練なし群で比較し，転移があったかどうかを判断する。また，所要時間の転移率と逸脱数の転移率に違いがあるかを検討する。
(2) 訓練試行における所要時間と逸脱数の変化，および内省報告を参考にし，参加者が課題遂行中にどのような方略を用いていたかを考察する。

発展課題 転移のしやすさは参加者の年齢や性別（Kennedy & Raz, 2005），利き手の方向（Kumar & Mandel, 2005）により異なるだろうか。もし違うとすれば，年齢や性による脳の構造上の違いや大脳半球間の機能の違いとどのような関係があるかを考察してみよう。

引用文献
Kennedy, K. M., & Raz, N. (2005). Age, sex, and regional brain volumes predict perceptual-motor skill acquisition. *Cortex*, **41**, 560-569.
Kumar, S., & Mandel, M. K. (2005). Bilateral transfer of skill in left- and right-handers. *Laterality*, **10**, 337-344.

6 要求水準

われわれはどのような場合に成功したと感じるのであろうか。たとえば，数学のテストで80点をとった学生はみな同じように成功したと感じるであろうか。成功感，失敗感といった成績に対する評価は，特定の成績と固定的に結びついているわけではない。特定の成績が，ある学生にとっては成功と感じられ，ある学生にとっては失敗と感じられる。これは人によって，自分に対する期待・要求が異なるためである。

このような自分の成績に対する期待・要求の高さを要求水準という。要求水準の高低は成績に対する成功・失敗感に影響する。また，要求水準の高低には過去の成功・失敗経験の他，課題の難易度，競争や賞罰の有無といった場面状況，パーソナリティなどが影響することが明らかにされている。

目　的　本実験では，成功や失敗の経験がその後の要求水準をどのように変化させるのかについて検討する。

方　法　**《課題》**　1試行10回からなる輪投げを10試行実施する。輪投げ用の輪を10個，棒または瓶を1本用意する。棒から一定距離離れた場所から輪を投げる。難易度は成功率が平均で5割程度となるようにする（直径20 cmの針金の輪，50 cmの高さの棒を用意し，棒から2 m離れたところから輪を投げるなど）。入った個数を測定単位とする。

《手続き》　練習1試行後，本実験を行う。本実験では“できるだけ多くの輪を棒に入れるようにしてください”と教示する。各試行の前に，“何個入れることができると思いますか”と質問し，その返答を要求水準として記録する。10個の輪を投げ終わったら，成功した輪の数を記録する。その後，実験参加者には，成功したと感じる（1），成功とも失敗とも感じない（0），失敗したと感じる（-1），の3段階で成功感の評定をしてもらう。同様の手順を10試行実施する。実験終了後，どのように予想を立てたか，課題への意欲は変化したかなどについて参加者の感想を記録しておく。

結果の整理　(1) 参加者ごとに各試行における要求水準，成績，成功感，達成差スコア（attainment discrepancy score: ADスコア），および目標差スコア（goal discrepancy score: GDスコア）を求める。ADスコアは，特定試行の成績からその試行の要求水準を引いた値（ADスコア＝成績－要求水準）であり，正の値の場合には要求水準よりも成績がよかったことを，負の場合には要求水準よりも成績が悪かったことを表わす。GD スコアは，特定試行の要求水準からその前の試行の成績を引いた値（GD スコア＝要求水準－前試行の成績）であり，正の場合には前の試行の成績より要求水準を上に，負の場合には要求水準を下に設定したことを表わす。

⑵ AD スコアの正・負を成功・失敗経験とみなすことが妥当であるかを検討するため，参加者ごとに集計する。各試行の AD スコアが正，0，負のそれぞれの場合に，その試行の成功感が 1，0，-1 のいずれであったのかを各試行について調べ，AD スコア（正，0，負）×その試行の成功感（1，0，-1）の 9 つの各カテゴリーに分類される試行数を数える。

⑶ 成功・失敗経験によって要求水準がどのように変化したのかを検討するため，参加者ごとに集計を行う。各試行の AD スコアが正，0，負のそれぞれの場合に，その次の試行の GD スコアが正，0，負のいずれであったのかを各試行について調べ，AD スコア（正 , 0, 負）× GD スコア（正，0，負）の 9 つの各カテゴリーに分類される試行数を数える。

⑷ ⑴ ⑵ ⑶ で算出したデータについて，参加者間の平均値と標準偏差を求める。

考察の観点 ⑴ AD スコアを成功・失敗経験とみなすことの妥当性について考察する。

⑵ 成功・失敗経験がその後の要求水準をどのように変化させるのかについて考察する。またその変化の理由について，参加者の感想も参考にして考察する。

発展課題 ⑴ AD，GD スコアの平均値や正負を参加者間で比較し，個人差がみられるのか検討する。また，試行を通して AD，GD スコアがどのように変化しているのかを参加者間で比較し，要求水準の立て方に個人差がみられるのか検討しよう。

⑵ 要求水準にはいくつかの種類があり，上述で用いた期待水準（どれくらいできると思うか）の他にも，理想水準（最もうまくいったらどれくらいできると思うか），現実水準（実際のところどれくらいできると思うか），最低水準（確実にできると思うのはどれくらいか）などがある。予想を尋ねる際の教示にこれらを加え，性質の違いについて検討しよう。

⑶ 課題の難易度や種類を変えた条件を設定し，要求水準の変化の仕方に違いがみられるのかを検討しよう。

参考文献
佐治守夫 (1951). 要求水準と現実度　心理学研究 , **21**, 56-69.
関　計夫（編）(1970). 要求水準の研究　金子書房
心理学実験指導研究会（編）(1985). 実験とテスト＝心理学の基礎 実習編　培風館

I 実験法

7 系列位置効果

記憶の過程や方略について検討する際に用いる方法として，自由再生がある。自由再生では，実験参加者に複数の単語などの項目リストを継時的に提示した後，提示された順序にこだわらず，できるだけ多くの再生を求める。これまでに，再生成績が項目の提示された位置に影響を受ける系列位置効果が生じることがわかっている(Murdock, 1962)。項目リストの冒頭部で再生成績が高くなる現象を初頭効果，終末部で再生成績が高くなる現象を新近性効果という（図 7-1)。さらに，単語の項目リスト提示直後に自由再生を行う（直後再生）か，数十秒間別の作業をした後に自由再生を行う（遅延再生）かによって系列位置効果の生じ方が異なることが報告されている(Glanzer & Cunitz, 1966)。

目 的 刺激として無意味つづりからなる項目リストを用いて，暗算課題実施による遅延時間の有無が自由再生における系列位置効果に及ぼす影響について検討する。

方 法 **《実験計画》** 遅延時間の有無（遅延時間あり，遅延時間なし）を独立変数とした参加者内1要因計画。

《材料》 無連想価が50以上のカタカナ2字からなる無意味つづり（梅本·森川·伊吹, 1955）を60個選出し，記銘項目とする。記銘項目10項目からなるリストを6リスト作成する。6リストのうち3リストを遅延時間なし条件に，残りの3リストを遅延時間あり条件に割り当てる。

《手続き》 パソコンの画面中央に，記銘項目を1項目ずつ継時的に提示する。記銘項目の提示時間は1秒，項目間間隔は2秒とする。提示される項目リストの順序は，参加者によってランダムになるようにする。遅延時間なし条件では，項目リストの提示終了後，参加者に口頭による項目の再生を求める。遅延時間あり条件では，項目リストの提示終了後，参加者に3桁の乱数を提示し，その乱数から連続的に3を減算する作業を口頭で30秒間行ってもらい，その後口頭による項目の再生を求める。参加者には項目をできるだけ多く暗記するよう教示する。その際，項目の暗記方法は自由であること，どのような順序で再生してもかまわないことをあわせて教示する。再生時の制限時間は1分間とする。2つの実験条件の実施順序は，参加者間でカウンターバランスをとる。参加者の再生を，誤反応も含め反応順に記録する。実験終了後，参加者の記銘方略や再生方略についての内省報告を記録する。

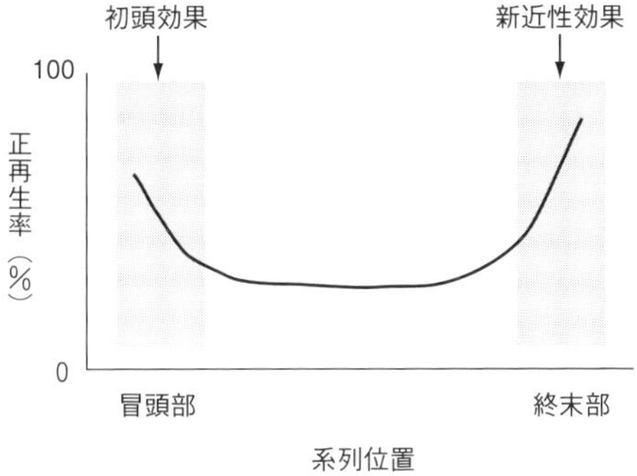

図 7-1 自由再生における系列位置効果

結果の整理 (a) 遅延時間あり条件と遅延時間なし条件における正再生数の最大値，最小値および正再生率（正再生数/項目数）を算出する。(b) 遅延時間あり条件と遅延時間なし条件における系列位置ごとの正再生率を算出し，図 7-1 を参考に，縦軸を正再生率，横軸を系列位置として図示する。

考察の観点 (a) 遅延時間あり条件と遅延時間なし条件において，自由再生にどのような特徴があったか。(b) 遅延時間の有無が系列位置効果に影響を及ぼしている場合，それはどのような記憶過程を反映していると考えられるか。短期記憶および長期記憶の観点から考察する。(c) 実験結果に個人差はあったか。もしあった場合，その原因は何だと考えられるか。

発展課題 (1) 無意味つづりではなく，単語や熟語，数字などの言語材料や，記号，絵画，音などの非言語材料を記銘項目とした場合には，どのような結果が得られるだろうか。

(2) 参加者に記銘する項目を声に出して復唱しながら暗記させ，各項目が何回復唱されるのかを調べ，その回数と系列位置効果に関連性があるのか調べてみよう。

引用文献

Glanzer, M., & Cunitz, A. R. (1966). Two strage mechanisms in free recall. *Journal of Verbal Learning and Verbal Behavior*, **5**, 351-360.

Murdock, B. B. Jr. (1962). The serial position effect of free recall. *Journal of Experimental Psychology*, **64**, 482-488.

梅本堯夫・森川弥寿雄・伊吹昌夫 (1955). 清音 2 字音節の無連想価及び有意味度　心理学研究, **26**, 148-155.

I 実験法

8 ストループ効果

赤や緑といった色名を示す文字がその色名と異なる色インクで印刷されていると，黒インクで書かれた色名文字を読んだり，色パッチの色を命名したりする場合に比べてインクの色の命名にかかる反応時間が長くなったり，誤反応数が増えたりする。この現象はStroop（1935）が最初に報告し，ストループ効果あるいはストループ干渉とよばれている。また，このような干渉の生じる位置をめぐって，(a) 干渉が刺激の符号化といった分析の初期過程で生じるとする知覚的符号化説，(b) 干渉が反応の出力過程で生じるとする反応競合仮説，(c) 干渉が符号化過程と反応出力過程の中間の意味記憶とのアクセス過程で生じるとする意味符号化説の3つが提案されている（石王，1998）。

ストループ効果については従来，正反応数や誤反応数，所要時間など課題遂行における量的な達成度を指標として検討が進められてきた。しかし，人の認知過程における諸機能の体制化を理解するためには，達成スコアの測定だけでは不十分で，最終的な反応出力に至る過程で随伴して生じるさまざまな行動を細かく観察し，記録していくことが重要である（Kaplan, 1988）。こうした過程分析的アプローチの観点から，Toshima, Demick, Miyatani, Ishii, & Wapner（1996）は，ストループ課題遂行中の実験参加者の詳細な行動観察を行った結果，異なる文化的背景をもつ参加者間でストループ効果の生起に介在する認知過程に質的な違いが存在する可能性が示唆された。

目 的　ストループ効果の生起に関わる認知過程の様相を，過程分析的アプローチを用いて検討する。

方 法　**《刺激・装置》** 白紙に各刺激項目を1行10個×11行の配列で印刷した3種類の刺激図版を準備する。Aカード：“あか”“あお”“みどり”“きいろ”の4色の仮名文字を黒インクでランダムな順序で印刷したもの。Bカード：上記4色の色パッチをランダムな順序で印刷したもの。Cカード：Aカードと同じ順序で配列された仮名文字をBカードの色パッチと同じ配色で印刷したもの。その他，高さ調節が可能な譜面台，外部マイクと接続したデジタルビデオカメラ，三脚，ストップウォッチを用意する。

《手続き》 (a) 外部マイクを固定した譜面台を観察距離60 cm，参加者の胸より少し低めの位置に設置する。カメラを参加者の前向き姿の全身が録画できる位置に設置し，課題遂行中の参加者の行動を録画する。(b) Aカードを最初の1行目のみが見えるよう白紙で隠して参加者に提示し，“このカードに書かれている文字をできるだけ速く正確に読んでください”と教示した後，最初の行を使って練習試行を行う。(c) 練習試行後，参加者に“私が白い紙をめくったら，次の行から，今と同じように，できるだけ速く正確に最後まで続けて読んでください”と教示し，本試行を実施する。(d) Bカードを1行目のみが見えるよう白紙で隠して参加者に提示し，“このカードに描かれている色パッチの色をできるだけ速く正確に言ってください”と教示した後，Aカードと同じ手順で練習試行と本試行を実施する。(e) Cカードを1行目のみが見えるよう白紙で隠して参加者に提示し，“このカードでは，色の名前が文字とは別の色インクで印刷してあります。できるだけ速く正確にインクの色を言ってください”と教示した後，AカードやBカードと同じ手順で練習試行と本試行を実施する。

結果の整理　(a) 録画記録を再生し，各カードの所要時間と誤反応数を求める。(b) 誤反応の内容を種類（色相と文字の取り違え，刺激項目の追加や省略など）によって分類し，カード別にその頻度を記録する。(c) 参加者が課題遂行中に示した非言語的行動の種類（指差し，うなずき，体ゆすり，2項目または3項目ずつまとめて発話するなど）と頻度をカード別に記録する。

考察の観点　(a) 本実験においてストループ効果が生じたといえるか。カード別の所要時間と誤反応数の結果をもとに考える。(b) カードによって誤反応のパターンにどのような違いがあるか。違いがあるとすれば，それはどのような認知過程の違いを反映しているか。(c) 不随意的な反応が課題遂行に与える影響を，各カードの課題要求の点から考察する。

発展課題　(1) 色名文字とインクの色が不一致な条件で，インクの色が色名文字の読みを干渉する現象は逆ストループ効果とよばれる。ストループ効果と逆ストループ効果をそれぞれ生じさせる認知過程の違いを検討してみよう。
(2) ストループ効果に影響を与える要因にはどのようなものがあるかを考えてみよう。

引用文献
石王敦子 (1998). ストループ干渉に関する認知心理学的研究　風間書房
Kaplan, E. (1988). A process approach to neuropsychological assessment. In T. Boll & B. K. Bryant (Eds.), *Clinical neuropsychology and brain function: Research, measurement, and practice*. Washington, DC: American Psychological Association, Inc. pp. 129-167.
Stroop, J. R. (1935). Studies of interference in serial verbal reactions. *Journal of Experimental Psychology*, **18**, 643-662.
Toshima, T., Demick, J., Miyatani, M., Ishii, S., & Wapner, S. (1996). Cross-cultural differences in processes underlying sequential cognitive activity. *Japanese Psychological Research*, **38**, 90-96.

I 実験法

9 問題解決の過程

問題解決とは，現在の十分には満足していない状況（問題状況あるいは初期状態）をより満足できる状況（目標状態）に変更していく際に生じる意識的あるいは無意識的な心的活動である（山，1994)。問題解決行動は，動物が餌を求めて試行錯誤するように，ヒト以外の動物においても身近にみられるものである。

ヒトにおける問題解決過程を検討するための課題は，多くの場合，問題とその解が明確に定義できることが多い。数学を題材にした問題がそうであるし，心理学実験では“ハノイの塔”課題が代表的な例である（“ハノイの塔”課題の解説としては，伊東（1996）を参照)。しかし，ここではもう少し日常的な事柄に焦点を当てたい。日常的には問題状況をどう理解するかが問題解決過程の一部となっていることが多く，そのような日常的に経験する問題解決過程を扱いたいからである。

たとえば，文章理解事態における思考過程がその種の問題解決過程である。文章理解においては，私たちは文脈を背景として行間をも読んでいる。つまり，文章としては書かれていないことも，文脈から意味を引き出し，登場人物の行動を推測したり，理由づけを行ったりしている（西林，1997)。換言すれば，ある種の（問題）状況に置かれた人物が，次にどういう理由でどのような行動をとるのかを推測することは，読者にとっての文章理解を目指した問題解決過程とみなせるのである。

目　的　文章理解においては，行間を読む，すなわち，文章としては書かれていないことを推測するという問題解決過程が含まれているのであり，この過程に知識としての“文脈”が影響を与えているかどうかを明らかにする。

方　法　**《実験参加者》** 実験参加者を失業者群と株仲買人群という２つの文脈群に分割する。

《材料》 刺激文と質問項目を記載した質問紙を用意する。まず，質問紙の冒頭に，“次の‘失業者（あるいは株仲買人）’に関する文章を読み，以下の質問に答えてください”と記載する。次に，参加者に先行知識の内容（文脈）を意識させるために，“はじめの質問です。失業者（株仲買人）についてよく耳にしますか？”と記載し，“Yes/No”で回答してもらう。その後，刺激文として，“男は鏡の前で髪をセットした。ひげの剃り残しはないかと十分に確かめ，地味なネクタイを締めた。朝食のときに新聞を丹念に読み，コーヒーを飲みながら洗濯機を買うかどうかについて妻とよく話し合った。それから，何本か電話をかけた。家を出て，子どもたちが夏のキャンプにまた行きたがるだろうなと考えながら乗車したが，エンジンがかからなかった。降りてドアをバタンと閉め，腹立たしい気分でバス停に向かった。予定の時刻からはすでに遅れていた。”（Bransford & Johnson, 1973; 西林，1997 より一部改変して引用）という文章を読んでもらう。質問内容は，(a) 洗濯機の購入と，子どものキャンプへの参加について，“男”自身の判断がそれぞれ“Yes/ No”のいずれであるか，またその理由は何か，(b) 地味なネクタイをした理由は何か，(c) 新聞のどのような内容の記事をよく読んだか，(d) 電話の内容はどのような内容のものであったか，(e) これからどこに出かけると思うか，とする（Yes/ No 以外は記述式）。

《手続き》 2群に割り当てた参加者に質問紙を配布する。参加者には，短い文章をゆっくりと読み飛ばしのないように読んだのち，各質問に回答するよう教示する。

結果の整理 (1) 参加者数が各群 20 人程度以上ならば，“洗濯機の購入”と“子どものキャンプへの参加”のそれぞれについて，2（文脈条件）× 2（Yes/ No）のクロス集計と χ^2 検定を行う。

(2) 記述式の回答内容については，群ごとに内容をまとめる。その際，少数のカテゴリーを設定して比率を算出してもよい。

考察の観点 (1) 先行知識によって導入された文脈が問題解決過程としての文章理解に与える影響を考察する。

(2) 文章理解における問題設定とその解決過程が文脈に対して相対的である点を踏まえ，文章理解が外部情報だけではなく既存知識にも基づく点を考察する。

発展課題 文脈は文章中に存在する外部情報への選択的注意にも影響を及ぼすはずである（Neisser, 1976 古崎・村瀬訳 1978)。つまり，文脈によっては問題解決のために認知される情報が異なると予想される。この点を検討するための研究計画を考えて，具体的に予測を立ててみよう。

引用文献

Bransford, J. D., & Johnson, M. K. (1973). Considerations of some problems of comprehension. In W. G. Chase (Ed.), *Visual information processing*. New York: Academic Press. pp. 383-438.

伊東裕司 (1996). 問題解決　市川伸一・伊東裕司（編）認知心理学を知る 第 3 版　ブレーン出版　pp. 149-158.

西林克彦 (1997).「わかる」のしくみ 「わかったつもり」からの脱出　新曜社

Neisser, U. (1976). *Cognition and reality.* San Francisco: W.H. Freeman and Company.
（ナイサー , U. 古崎　敬・村瀬　旻（訳）(1978). 認知の構図――人間は現実をどのようにとらえるか――　サイエンス社）

山　祐嗣 (1994). 問題解決と知能　多鹿秀継（編）　認知と思考――思考心理学の最前線――サイエンス社　pp. 100-124.

I 実験法

10 幼児の行動観察

子どもの生活において，遊びは重要な意味をもつ。2歳くらいになると何かを食べるふりをするなど“見立て”ができるようになる。これは目の前にないものを想像する表象化の能力の表われである。また，3歳くらいから仲間どうしで関わり合いながら遊ぶようになると，同じような欲求をもつ者どうしでの葛藤が起こる。こういったいざこざを解決する中で子どもたちは社会性を身につけていく。

子どもの遊びと社会性の発達に関する研究の端緒になったのは，Parten (1932) の行動観察による研究である。ここでは，子どもの遊びは“非専念状態”“傍観”“1人遊び”“並行活動”“連合遊び”“協同遊び”に分類され，年齢ごとにどのような遊びがみられるかが記録された（表10-1）。

目 的 保育所等における幼児の自由遊び場面での行動を観察することを通し，観察法について学ぶとともに，子どもの遊びの発達についても検討する。

方 法 **《対象児》** 2歳から5歳の幼児各1名ずつを観察の対象とする。観察開始前に名簿等を用いて無作為に対象児を決定しておく。

《手続き》 自由遊び場面を観察する。時計やストップウォッチなどを見ながら対象とした幼児の遊びを観察し，30秒ごとにその時点でその幼児が従事していた遊びの種類を表10-1のいずれであったか判断する（タイムサンプリング法）。記録を省力化

表10-1 Parten (1932) による遊びの分類

非専念状態	遊んでいないようにみえる。瞬間的に何か興味をひくことが起こればそれを見る。
傍観	他の子どもたちの遊びを見ることに大半の時間を費やす。注視している子どもに話しかけたり，質問したり，提案をしたりするが，遊びの中に入ることはない。
1人遊び	話しかけることができる距離の子どもとは異なるおもちゃで1人で自由に遊び，他の子どもに接近しようという努力はしない。
並行活動	周囲の子どもが使っているおもちゃと似たもので遊ぶが，近くの子どもの活動に影響を及ぼしたり，変化させたりしようとはしない。一緒に遊ぶというよりそばで遊ぶという感じ。
連合遊び	他の子どもたちと一緒に遊ぶ。会話は共通の活動に関するものであり，遊び道具の貸し借りがある。同じ活動でないとしてもメンバーは類似した活動に従事している。
協同遊び	組織化されたグループ内での遊び。共通の目標があり，役割分担がみられる。たとえば，ごっこ遊び。

観察日　　月　　日　対象児の氏名＿＿＿＿＿＿＿＿＿　対象児の年齢　　歳　　か月

	30"	1' 00"	1' 30"	2' 00"	2' 30"	3' 00"	3' 30"	4' 00"	4' 30"	14' 30"	15' 00"
非専念状態											
傍観											
1 人遊び											
並行活動											
連合遊び											
協同遊び											

図 10-1　行動チェックシート

するため，図 10-1 のようなチェックシートを用意し，チェックをつける形で記録する。各幼児 15 分ずつ，計 30 回の記録を行う。

なお，観察時に手間どることがないよう，観察を開始する前に表 10-1 の定義をよく理解し，記憶しておくことが必要である。また，グループで実習を行う場合は，観察対象とする幼児が重ならないよう留意し，観察を行う順序の効果を相殺するよう，観察する幼児の年齢の順をグループ内で工夫する。

結果の整理　幼児ごとに各遊びが何回観察されたかを合計し，グラフに表わし，対象児間で比較する。グループで実習を行った場合は，年齢ごとに度数を平均し，比較する。

考察の観点　Parten（1932）は，年少の幼児ほど 1 人遊びや並行活動が多くみられ，年長の幼児ほど連合遊びや協同遊びが多くみられると報告している。自分の観察においてもそのような傾向がみられたか検討する。

発展課題　(1) 観察法，およびタイムサンプリング法の問題点を考えてみよう。(2) 同じ 1 人遊びであっても年齢によって質に違いがなかったか考えてみよう。

引用文献　Parten, M. B. (1932). Social participation among pre-school children. *Journal of Social and Abnormal Psychology*, **27**, 243-269.

11 注意の瞬き

複数の事物に対して同時に注意を向けるのが困難なことは，日常でもよく経験される。注意には情報選択の機能があり，注意の対象となった情報には選択的に速く深い処理がなされるが，それ以外の情報に対する処理は一般に不十分になる。注意の限界に関して，その時間的特性を示す現象が“注意の瞬き”である。

Raymond, Shapiro, & Arnell（1992）は，高速度継時提示（rapid serial visual presentation: RSVP）という刺激提示法を用いてこの現象を示した。彼らは，複数の刺激文字を画面上の同じ位置に 90 ms の刺激オンセット間隔（stimulus onset asynchrony: SOA）で連続して提示した。刺激には 2 つのターゲットが含まれており，第 1 ターゲットは他の刺激（妨害刺激）とは異なる色の文字（黒文字の妨害刺激に対して白文字），第 2 ターゲットはアルファベットの“X”であった。実験条件においては，参加者は第 1 ターゲットを読み取るとともに，提示文字列に第 2 ターゲットが含まれるかどうかを判断した。その結果，第 2 ターゲットの検出率は，それが第 1 ターゲットの 2–5 文字後に提示された場合は 60%以下と大きく低下することがわかった。第 1 ターゲットの読み取りを課さなかった統制条件では，第 2 ターゲットの検出率は常に 85%以上であったことから，実験条件における第 2 ターゲット検出率の低下は，第 1 ターゲットに対する注意の切り替えと処理によって，視覚システムが情報入力を閉じていることを示唆するものと考えられた。

目 的 Raymond et al.（1992）に準じた手続きで，注意の瞬き現象の存在を確認するとともに，人の視覚情報処理の時間的特性について検討する。

方 法 **《装置・刺激》** 実験を行うためのコンピュータプログラムは WWW からダウンロードできる（http://homepage3.nifty.com/maruhi/program/ab/）。実験装置として，パーソナルコンピュータ Windows PC（Windows XP で動作確認済）とディスプレイ（CRT が望ましい）を用いる。刺激には，灰色の背景に黒あるいは白で描いたひらがな文字（46 文字）を用いる。

《手続き》 実験は，実験条件と統制条件の 2 つのセッションからなる。どちらのセッションを先に実施するかは，参加者間でカウンターバランスをとる。

各試行では，7–15 個の黒文字に続いて，第 1 ターゲットである白文字が 1 つ提示され，その後さらに 8 つの黒文字が提示される（図 11-1）。各文字の提示時間は 16.7 ms，SOA は 100 ms とする。第 2 ターゲットは五十音の最後の“ん”の文字で

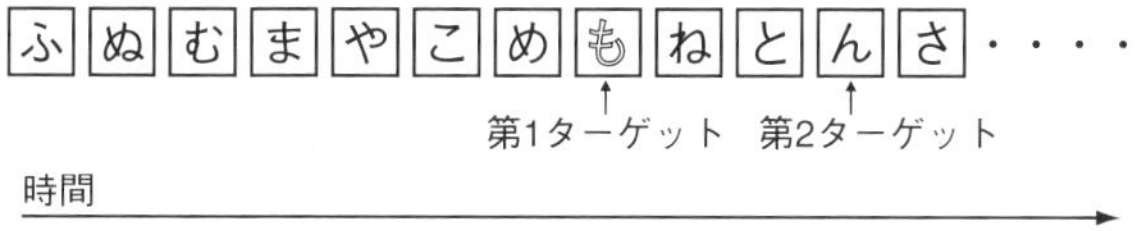

図 11-1　実験刺激の例

あり，50%の確率で，第1ターゲットかそれ以降の8文字に含まれる。セッションの試行数は，第2ターゲットが含まれる試行が9つの位置について各10試行，計90試行あり，第2ターゲットが含まれない90試行と合わせ180試行となる。

実験条件では，参加者は第1ターゲットの白文字を読み取るとともに，第2ターゲットの“ん”が文字列中に含まれているかどうかを判断する。統制条件では，参加者は第1ターゲットの白文字は無視して，第2ターゲットの有無だけを判断する。

結果の整理　(1) 実験条件，統制条件ごとに，第2ターゲットが提示された試行のターゲット検出率を，第1ターゲットを基準とした第2ターゲットの相対位置ごとに求める。

(2) 実験条件における第1ターゲットの正認識率を求める。また，前述のプログラムを使えば各試行の提示文字列が記録されているので，誤答について，提示文字列中の文字が報告されていないか，もしあれば第1ターゲットに対する相対位置を調べる。

考察の観点　(1) 本実験で得られた結果は，Raymond et al. (1992) と比べてどうであったか，また，この結果からどのようなことがいえるかを考える。

(2) 第1ターゲットの読み取りエラーに，ターゲット前後の文字が報告されるなどの特徴的な傾向はみられないか。もしみられたら，それは何を意味するのかを考える。

発展課題　同様に注意の特性を表わす“変化の見落とし (change blindness)”という現象について調べてみよう。

引用文献　Raymond, J. E., Shapiro, K. L., & Arnell, K. M. (1992). Temporary suppression of visual processing in an RSVP task: An attentional blink? *Journal of Experimental Psychology: Human Perception and Performance,* **18**, 849-860.

参考文献　河原純一郎 (2003). 注意の瞬き　心理学評論，**46**，501-526.

12 意味記憶

心理学において，記憶はさまざまな側面から分類される。たとえば，感覚記憶，短期記憶（作動記憶），長期記憶という区分は記憶を保持期間という時間特性の側面から分類したものであり，潜在記憶，顕在記憶という区分は想起意識の有無の側面から記憶を分類したものである。

Tulving（1983 太田訳 1985）は，われわれが心内に保持している記憶をエピソード記憶と意味記憶に分類した。エピソード記憶とは，個人の体験に基づく記憶であり，時間情報や空間情報をともなうものである。それに対し，このような個人的体験とは離れた情報，すなわち“世界に関する知識の記憶”（Tulving, 1983 太田訳 1985）を意味記憶とよぶ。

意味記憶がどのように心内に表象されているのかを説明する代表的な理論に，Collins & Loftus（1975）の活性化拡散理論がある。活性化拡散理論とは，意味記憶が心内でネットワーク構造を成しているという前提のもとに成り立つ理論である。このネットワークでは，概念は意味的関連によってリンクされており，活性化はリンクを伝って拡散するとされる（図 12-1）。

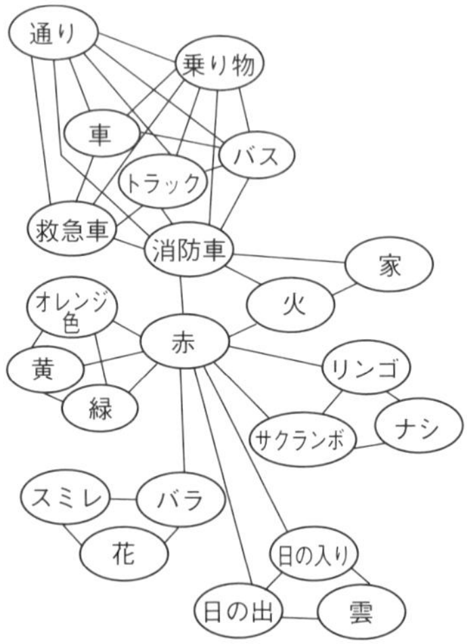

図 12-1　記憶のネットワーク構造（Collins & Loftus, 1975, p. 412 を改変）

たとえば，図12-1にそって説明すると，“バラ”が提示され処理されると，活性化は“花”“スミレ”“赤”へと拡散していく。そのため，その後“花”が提示されると，“花”という概念はすでにある程度活性化されているため，処理が促進され，その処理に要する時間が短くなると考えられる。

活性化拡散理論の妥当性を検討する方法としてよく用いられるものの1つに，プライミングパラダイムがある。このパラダイムは，先行刺激（プライム刺激）を実験参加者に提示したうえで何らかの処理を行わせ，続けて後続刺激（ターゲット刺激）を提示し，このターゲット刺激に対しても何らかの処理を行わせるものである。Mayer & Schvaneveldt（1971）は語彙判断課題を考案し，プライミングパラダイムを用いて実験を行った。語彙判断課題とは，提示された文字列が有意味語であるか無意味つづりであるかの判断を参加者に求める課題である。その結果，たとえばプライム刺激として“パン”を提示した後にターゲット刺激として“バター”を提示して語彙判断を求めた場合，“パン”の後に“医者”を提示して語彙判断を求めた場合よりも，語彙判断に要する反応時間が短くなった。このように，意味的に関連のある単語対を用いた場合には，無関連な単語対を用いた場合と比較して，ターゲット刺激の処理が促進されることが見いだされた。

この実験でみられたような，先行提示によって後続処理が変化する現象を，プライミング効果とよぶ。“パン”という概念が処理されたことによって“バター”という概念に活性化が拡散し，処理が促進されたために反応時間が短くなったと解釈されることから，プライミング効果の生起は活性化拡散理論の妥当性を支持するものであるといえる。

目　的　語彙判断課題を用い，プライム刺激とターゲット刺激の意味的関連性によるプライミング効果について検討する。

方　法　**《実験計画》**　プライム刺激とターゲット刺激の意味的関連性についての，参加者内1要因計画とする。プライム刺激とターゲット刺激の間に意味的な関連があるSR条件と，関連のないUR条件を設ける。また，無意味つづりをターゲット刺激とするNO条件も設ける。

《刺激・装置》　プライム刺激とターゲット刺激はともに，日本語の単語を用いる。表記形態はその単語を表記する際の使用頻度が高い形態を用いることとする。またその際，たとえば，ひらがな，カタカナでは3文字，漢字では2文字というように，表記形態ごとに文字数を統一する。さらに，プライム刺激－ターゲット刺激ペアは同一の表記形態を用いる。

意味的に関連する刺激語対を60対作成し，対の一方の刺激語をプライム刺激，もう一方の刺激語をターゲット刺激とする。60対のうち，半分の30対をセットAとし，残りの30対をセットBとする。セットAとセットBのいずれか一方は，そのまま用い，SR条件対とする。残りの一方は，対の一方の刺激語を意味的に無関連な別の単語に置き換え，UR条件対とする。セットAおよびセットBのいずれをSR条件およびUR条件に用いるかは，参加者間でカウンターバランスをとる。次に，NO条件対を作成する。まず，SR条件対，UR条件対で用いる単語とは無関連な単語120語を用意する。このうち半分の60語を，NO条件のプライム刺激とする。残り60語については，単語のうちの1文字を他の文字と置き換えて無意味つづりを作成し，NO条件のターゲット刺激として用いる。

以上のSR条件対30対，UR条件対30対，NO条件対60対を3つに等分し，SR条件対10対，UR条件対10対，NO条件対20対から構成される実験用リストを3リスト作成する。各リストにおいて各条件対の提示順序はランダムとする。またこれらのリストとは別に，20試行分の練習用リストも作成する。

刺激の提示および反応時間の測定には，パーソナルコンピュータを用いる。

手続き　最初に練習試行20試行を行い，参加者に課題に習熟してもらう。プライム刺激が提示されたら黙読し，ターゲット刺激が提示されたら有意味語であるか否かをできるだけ速く正確に判断し，キー押しで回答することを参加者に教示する。参加者の半数は有意味語の場合に右手で，無意味つづりの場合に左手で回答してもらい，残りの半数は反応する手を入れ替えて回答してもらう。

各試行では，まず凝視点を1 500 ms提示し，その後100 msのブランクをおいてプライム刺激を200 ms提示する。それから100 msのブランクをおいた後にターゲット刺激を提示し，参加者がキー押しによって回答するまで提示を続ける。

結果の整理　(1) SR条件とUR条件における正反応時の平均反応時間を算出し，グラフを作成する。

(2) SR条件とUR条件における正反応時の平均反応時間を比較する。

(3) SR条件，UR条件，NO条件の誤反応率を比較する。

考察の観点　(1) SR条件とUR条件における正反応時の平均反応時間を比較し，プライミング効果の生起について検討する。

(2) 条件間で誤反応率に大きな差が認められるならば，なぜそのような結果が得られたかを考える。

(3) 本実験の結果を活性化拡散理論で説明する。

発展課題　(1) 各条件の平均値ではなく，参加者ごとに各条件の反応時間の中央値を求め，対数変換したものを用いて結果を分析してみよう。また，なぜこのような分析を行う必要があるのか考えてみよう。

(2) SR条件，UR条件，NO条件に加えて，プライム刺激を提示しないニュートラル条件を設けたうえで，プライム刺激とターゲット刺激の刺激オンセット間隔（stimulus onset asynchrony: SOA）がプライミング効果に及ぼす影響について調べてみよう。

引用文献

Collins, A. M., & Loftus, E. F. (1975). A spreading activation theory of semantic processing. *Psychological Review*, **82**, 407-428.

Mayer, D. E., & Schvaneveldt, R. W. (1971). Facilitation in recognizing pairs of words: Evidence of a dependence between retrieval operations. *Journal of Experimental Psychology*, **90**, 227-234.

Tulving,E. (1983). *Elements of episodic memory*. Oxford: Oxford University Press.
（タルヴィング，E. 太田信夫（訳）(1985). タルヴィングの記憶理論——エピソード記憶の要素——　教育出版）

参考文献

Anderson, J. R. (1980). *Cognitive psychology and its implications*. San Francisco: W. H. Freeman and Company.
（アンダーソン，J. R.　富田達彦・増井　透・川崎恵理子・岸　学（訳）(1982). 認知心理学概論　サイエンス社　pp. 173-202.）

岡　直樹 (2007). プライミング効果を手がかりとした知識検索の効率性に関する研究　北大路書房

I 実験法

13 心的回転

われわれは，心の中に特定の視覚像をイメージし，その形や大きさなどの物理的特性を認識することができる。視覚表象に対するこのような知覚処理は，外界に存在する視覚刺激に対する知覚処理と，どの程度まで共通しているのであろうか。

後者の知覚処理がもつ特徴の1つは，そのアナログ性（連続性）である。たとえば，視線を移動させながら地図上のさまざまな領域を探索して目的地を同定する場合，探索・同定に要する時間は，視線の移動距離にともなって連続量として増加する。

一方，視覚表象に対する知覚処理のアナログ性については，心的回転（mental rotation，視覚表象の回転）に関する研究で検討されてきた。Shepard & Metzler（1971）は，幾何学図形と，それをさまざまな角度で回転させた図形を対提示し，両者が同じかどうかを実験参加者に判断してもらった。その結果，判断に要する時間は回転角に比例して連続的に増加した。これは，知覚処理のアナログ性という点において，視覚表象および外界の視覚刺激に対する知覚処理は類似した特性を共有することを示唆する。

目的 心的回転の生起は，実験課題の特性に依存することが知られている。たとえば，Shepard & Metzler（1971）とは異なり，刺激が鏡映像かどうかの判断を求めない弁別課題では心的回転は行われない。本実験では，Corballis & McLaren（1984）に基づいて，多くの研究で用いられる左右鏡映像（b と d，p と q）の弁別課題だけではなく，上下鏡映像（b と p，d と q）の弁別課題においても心的回転が生起するかどうかについて調べる。

方法 **《刺激》** “b”（Arial 書体，視角 2.4°）と，その左右鏡映像である“d”，さらにこれらを時計回りに 60°，120°，180°，240°，および 300°で回転させた文字を刺激とする（図 13-1）。刺激の提示を予告する凝視点（“・”，視角 0.4°）も用いる。

《手続き》 同一参加者が 4 つの条件（b-d 条件，p-q 条件，b-p 条件，d-q 条件）に参加する。参加者は，提示される刺激が 2 種類の文字のいずれであるかについて弁別

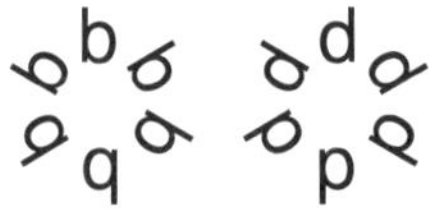

図 13-1　12 種類の刺激（左：b または q，右：それらの左右鏡映像である d または p）

する。たとえば，b-d 条件では b と d の弁別を行い，キーボードの F キーまたは J キーを左または右の人差指で押す。教示においては，反応の正確さと速さをともに強調する。

参加者が左右の親指でスペース・キーを押すと，ディスプレイ中央に凝視点が 500 ms 提示され，500 ms の間隔をはさんで刺激が 100 ms 提示される。誤反応を減らすために，ビープ音などにより誤反応を告知する。12 種類の各刺激につき 1 試行ずつをランダムな順序で行い，これを 1 ブロックとする。各課題につき，1–2 ブロックの練習試行と 6 ブロックの本試行を行う。課題の実施順序は参加者間でランダムにする。弁別される 2 種類の文字と左右の反応手の組み合わせは，参加者間でカウンターバランスをとる。

結果の整理　(1) 左右弁別条件（b-d 条件，p-q 条件）と上下弁別条件（b-p 条件，d-q 条件）における正反応について，回転角別に平均反応時間を求める。はずれ値の影響を避けるために，平均値 ± 2.5 *SD*（標準偏差）を超える反応時間を除き，改めて平均反応時間を算出する。誤反応率も回転角別に求める。

(2) 平均反応時間と誤反応率について，横軸を回転角としてグラフを作成する。

考察の観点　(1) 参加者の内省報告を参考にして，左右弁別条件および上下弁別条件における心的回転の特徴について検討する。

(2) 視覚表象に対する知覚処理のアナログ性について考察する。

発展課題　視覚表象は外界の視覚刺激の複製であるとする“イメージ派”と，抽象化された記号や記述（命題）の集合体であるとする“命題派”による“イメージ論争”について調べてみよう。

引用文献

Corballis, M. C., & McLaren, R. (1984). Winding one's ps and qs: Mental rotation and mirror-image discrimination. *Journal of Experimental Psychology: Human Perception and Performance*, **10**, 318-327.

Shepard, R. N., & Metzler, J. (1971). Mental rotation of three-dimensional objects. *Science*, **171**, 701-703.

参考文献

Richardson, J. T. E. (1999). *Imagery*. Hove, England: Psychology Press.
（リチャードソン，J. T. E.　西本武彦（監訳）(2002).　イメージの心理学――心の動きと脳の働き――　早稲田大学出版部）

下條信輔 (1981). メンタル・ローテーション実験をめぐって――イメージ研究の方法論の一考察――　心理学評論，**24**, 16-42.

高野陽太郎 (1987). 傾いた図形の謎　東京大学出版会

14 囚人のジレンマ

二者関係において，互いに相手と協力すればある程度の利益が得られるのに，それぞれが相手を出し抜き自分だけが大きな利益を得ようとし，結局は両者がともに損をしてしまうことがある。たとえば，商品価格をライバル店と同一にしておけばそれなりの利益が確保できるにもかかわらず，ライバル店を出し抜こうと格安の価格を設定したところライバル店もそれに対抗して価格を下げてきて，結果的に両店とも利益が低下してしまうといったケースである（逢沢，2003)。往々にしてこういった状況は囚人のジレンマ状況として理解できる。

囚人のジレンマとは次の状況をさす。(a) 二者それぞれが相手への“協力”か“非協力”かを選択でき，(b) それぞれにとっては“協力”よりも“非協力”を選択したほうが大きな利益を得ることができるものの，(c) 両方がそろって“非協力”を選択した場合よりも両方がそろって“協力”を選択した場合のほうがそれぞれの得る利益は大きい，という状況である。“囚人”のジレンマとよばれるのは，それが司法取引への対応に悩む2人組の容疑者の様子にたとえられるためである(詳しくは山岸(1991)などを参照されたい)。

上記の条件がそろった状況を，得点や金銭などを用いて実験的に作り出したものが囚人のジレンマゲームである。たとえば，2名の実験参加者AとBとに“○”か“×”のいずれかのカードを出し合ってもらい，その選択の組み合わせを表14-1のような利得表に照らしてAとBそれぞれに報酬を与えるといったものである。この場合，参加者AもBも相手がどう出ようと“○”よりも“×”を選択したほうが多くの報酬が得られるものの，2人そろって“×”を選択するよりもそろって“○”を選択したほうが得られる報酬が多くなっており，参加者は囚人のジレンマ状況におかれることにな

表14-1 囚人のジレンマゲームでの報酬例

Bのカード	Aのカード	
	○	×
○	A：300円 B：300円	A：500円 B：　0円
×	A：　0円 B：500円	A：100円 B：100円

それぞれのセルには実験参加者AとBの選択結果に基づき，AとBそれぞれの得られる報酬額が例示されている

る。

従来，ジレンマゲームを用いて多くの研究が行われてきた。とりわけ，お互いに協力を選択しようとするにはどのような戦略が有効なのかをめぐって多くの検討が重ねられてきた。なぜなら，このゲームを同じ相手と繰り返し行う場合，互いに安定して利益を得るためには，合理的に考えれば相互に協力を選択するほかないからである。

そして，相互協力状況に持ち込むために有効な戦略としてあげられるのが応報戦略である（Axelrod, 1984 松田訳 1998)。Tit-For-Tatともよばれるこの戦略は，第1試行目はとりあえず協力を選択し，第2試行目以降はその1つ前の試行での相手の選択を真似るというものである。たとえば，第1試行目に相手が非協力を選択すれば第2試行目はこちらも非協力を選択し，第11試行に相手が協力であれば第12試行目にこちらも協力を選択するというものである。この戦略の強みは，一方的に相手につけこまれることなく相互協力の状態を達成しやすい点にある。たとえば，一方のプレイヤーが相手を一方的に信じて協力を選択し続けた場合（常に協力戦略をとった場合)，賢明な相手ならば非協力をとり続けることで自身の利益を最大化しようとするだろう。すると，協力を選択し続けるプレイヤーは一方的に搾取され続けることになる。また，一方のプレイヤーが相手に対して常に非協力を選択し続けた場合（常に非協力戦略をとった場合)，特段の事情がない限り，相手は搾取されないようにと非協力を返し続けるだろう。すると，非協力を続けるプレイヤーどうしは，相互に協力した場合に得られる利益を獲得しそこねることになり，それを避けるためには相互協力をめざすほかない。

これらの理由から，同一の相手と繰り返しのある囚人のジレンマゲームを行う場合，利益を安定的に得るためには応報戦略をとることが有効であるといわれる。

目 的 応報戦略と他の戦略を用いた場合に相手の協力行動の選択数がどのように異なるのかを明らかにし，“応報戦略を用いた条件のほうが他の2戦略を用いた条件よりも相手の参加者からの協力数が多いだろう”という仮説を検証する。

方 法 **《実験計画》** 一方の用いる戦略を，常に協力戦略，常に非協力戦略，応報戦略の3条件のいずれかとする，参加者間1要因計画。

《手続き》 (1) 準備として，表14-2のような利得表をあらかじめ作成しておき，また参加者ごとに2枚の選択用カード（それぞれ「○」と「×」が記されたもの，異なる色の用紙でもよい)，後述するフィードバック用紙，記録用紙を用意しておく。

(2) 実験を進めるにあたって，実験者1名が参加者2名1組を対象とする。ついたてなどを用いて，選択内容も含めた相手に関する情報が参加者間で直接伝わらないようにする。また，参加者をどの戦略条件に割り当てるのかをランダムに決定してお

表14-2　囚人のジレンマゲームの得点

Bのカード	Aのカード	
	○	×
○	A：3 B：3	A：5 B：0
×	A：0 B：5	A：1 B：1

く。それぞれの条件に割り当てる参加者数ができるだけ均等になるようにする。

(3) 実験開始時のカバーストーリーとして，参加者には“合理的意志決定に関する実験”と称し，2人組での意志決定プロセスを調べるためカード選択による得点獲得課題を行ってもらうと教示する。そして，毎試行2枚のカードのいずれかを選択し両者の選択結果に応じて実験者から得点が与えられること，与えられる得点は利得表に照らし合わせて決定されること，同じ相手と何度も繰り返して実験を進めること（具体的な繰り返し回数はあらかじめ伝えない），できるだけ自分の得点を最大化するようにすることを教示する。この際，参加者に利得表の見方を丁寧に説明しその構造を十分に理解してもらわなければならない。場合によっては，選択の組み合わせによる得点例を具体的に文章で補足してもよい。

(4) 実験者の合図によって，2名の参加者それぞれがカードを選択しそれを実験者に提示する。これを受けて実験者はそれぞれの参加者に紙面で参加者の獲得した得点と相手の参加者の選択したカード内容をフィードバックする。この際，フィードバック情報を操作し，実際の相手の参加者の選択ではなく，実験者があらかじめ割り当てた戦略条件に基づいた情報をフィードバックする。たとえば，常に協力戦略条件に割り当てた参加者には，どの試行でも相手のもう1人の参加者が“○”を選択しその結果として参加者が何点得たのかをフィードバックする。

結果の整理　(1) 戦略条件ごとに，各試行での協力（“○”）の選択率（条件全体の人数に占める協力選択者数の割合）を求める。

(2) 横軸に試行数，縦軸に協力の選択率，線種を戦略条件とする線グラフを作成する。

(3) 全試行を通じた戦略条件ごとの協力選択率の平均値を算出し，条件間に有意な差が認められるかどうかを1要因分散分析を用いて検証する。

考察の観点　(1) 分散分析の結果，仮説が支持されたかどうかを明らかにし，その理由を考察する。

(2) 試行の進展具合によって戦略条件ごとの参加者の協力率がどのように異なるのか，

たとえば20試行を5試行ずつの4ブロックに分けて検証しその理由を考察する。

発展課題 (1) 繰り返しをしない1回きりの条件を追加し実験してみよう。1回きりであることをあらかじめ教示したうえで実験を行い，この場合にも戦略条件によって参加者の協力選択率が異なるのかどうかを検証してみよう。

(2) 繰り返しがある場合に戦略条件ごとに計算した協力選択率の平均値と，1回きりの場合に戦略条件ごとに計算した協力選択率とを比較してみよう。

(3) その結果について，1回きりのジレンマゲームと繰り返しのあるジレンマゲームの構造的な違いに着目して考察してみよう。

引用文献
山岸俊男 (1991). 社会的ジレンマのしくみ　サイエンス社
逢沢　明 (2003). ゲーム理論トレーニング　かんき出版
Axelrod, R. (1984). *The evolution of cooperation.* New York: Basic Books.
（アクセルロッド，R.　松田裕之（訳）(1998). つきあい方の科学――バクテリアから国際関係まで――　ミネルヴァ書房）

15 社会的促進

他者が存在することによって個人の行動が促進される現象を社会的促進（social facilitation）という。社会的促進のなかでも，特に他者に見られることによる促進現象を観察者効果（audience effect）といい，他者と相互作用なしに同一の作業に従事することによる促進現象を共行為効果（coaction effect）という。社会的促進現象については，19 世紀から多くの研究が行われてきたが，それらの中には必ずしも他者存在による促進効果だけでなく，妨害効果（社会的抑制）を報告したものもあった。一般的に，釣り竿の糸をリールに巻き取るような作業や簡単な掛算など，比較的単純で十分に学習がなされている課題については促進効果が，無意味つづりの学習や複雑な計算など，複雑な思考や新たな学習を必要とする課題では妨害効果がみられる（末永・安藤・大島，1981）。

他者存在による促進と妨害という一見矛盾した知見を統合的に説明するものとして，Zajonc（1965）の動因理論がある。動因理論によれば，他者の存在は行為者の覚醒水準を高め，高められた覚醒水準が行為者の学習レベルにおける優勢反応（出現しやすい反応）の生起率を高めるという。糸をリールで巻き取るような単純課題では，誤った不適切な動作は生じにくいため，優勢反応は“正反応（適切な反応）”であり，社会的促進が生じる。一方，複雑な掛算の場合，計算間違いをする可能性が高いので，優勢反応は“誤反応（不適切な反応）”であり，社会的抑制が生じるというのである。動因理論で想定される過程はさまざまな実験によって確認されているが，他者の存在がなぜ覚醒水準を高めるのかについてはさまざまな説がある。たとえば，他者が存在することによって，その他者から自分の行動が評価されるのではないかという不安（評価懸念）が行為者に生じ，この不安が覚醒水準を高めるという説（Cottrell, 1972）や，他者の存在が行為者の注意を引きつけ，課題への注意との間に葛藤を生じさせることによって覚醒水準が高まるという説（Sanders, Baron, & Moore, 1978）などがある。いずれの説についても，その基本的見解を支持する実験結果が報告されている。

目 的　単純課題（文字転記課題）を用いて，同一課題に取り組む他者の存在が課題遂行に及ぼす効果を検討する。

方 法　**《実験計画》**　共行為条件と単独条件の 2 条件を設定し，参加者間計画を用いる。

《課題》　文字転記課題（磯崎，1979）。1 枚の用紙の左半分に，アルファベットがランダムに20文字×30行印刷されたものを用意する。1行ごとに，左から右に並んでいるアルファベットを，右から左に並べ替えて右側の空いたスペースに書き写すという課題である。

《手続き》 (a) 実験参加者を共行為条件と単独条件にランダムに配置する。共行為条件では参加者2名が向かい合った状態で，単独条件では参加者1名で課題を行う。(b) いずれの条件でも，課題のやり方について説明した後，できるだけ速く正確に課題を行うよう教示する。(c) 練習試行を2回行う。1回目は，最初の1行を時間制限なしで転記する。2回目は，2行目から，20秒間の時間制限付きで練習を行う。(d)「始め」の合図とともに，5行目から本試行を60秒間行う。あらかじめ実験室内についたてで仕切ったスペースを設けておき，課題遂行中，実験者はそのついたての陰に移動して，参加者から見えないようにする。

結果の整理 参加者ごとに，本試行において転記できたアルファベットの数（遂行量），正確に転記できた数（正答数），および間違って転記した数（誤答数）を記録する。条件ごとに遂行量，正答数，誤答数の平均値と標準偏差を算出し，2条件間の差の有意性を検討するため，対応のない t 検定を行う。

考察の観点 正答数もしくは遂行量において，共行為条件のほうが単独条件より多いという社会的促進効果がみられるかを検討する。

発展課題 (1) 課題終了後に，課題の難易度，他者が気になった程度，課題に対する動機づけなどを尋ねる質問項目に7件法で回答してもらい，それらの分析を通じて，動因理論で想定している過程がみられるかどうかを考察してみよう。

(2) 課題を行わない他者を配置する条件を設けることで，観察者効果についても検討してみよう。

引用文献

Cottrell, N. B. (1972). Social facilitation. In McClintock, C. G. (Ed.), *Experimental social psychology.* New York: Holt, Rinehart & Winston. pp. 185-236.

磯崎三喜年 (1979). 社会的促進を規定する要因の実験的研究　実験社会心理学研究, **19**, 49-60.

Sanders, G. S., Baron, R. S., & Moore, D. L. (1978). Distraction and social comparison as mediators of social facilitation effects. *Journal of Experimental Social Psychology*, **14**, 291-303.

末永俊郎・安藤清志・大島　尚 (1981). 社会的促進の研究――歴史・現状・展望――　心理学評論, **24**, 423-457.

Zajonc, R. B. (1965). Social facilitation. *Science*, **149**, 269-274.

I 実験法

16 対人知覚

人は一般に確証的な情報処理バイアスをもつ。これは，人が自身の意志決定や態度，信念と一致した情報には目を向けるが，不一致の情報には目を向けないようにする傾向のことをさす。このバイアスは他者に対する認知や評価においてもみられる。たとえば，人はある他者との接触の初期に下した判断について，その後もそれと一致する情報には積極的に触れるが，一致しない情報にはあまり触れようとしない傾向にある。

この確証的な情報処理バイアスは自己制御資源の枯渇によって促進される。自己制御資源とは，人が自己の思考をコントロールしたり，感情や衝動，欲求を制御したり，あるいは不満を処理したりする際に使われる心理的な資源のことをさす。この自己制御資源の特徴については，筋力にたとえて説明されることが多い。すなわち，自己制御資源は限定的な資源であり，何らかの課題の遂行のためにそれを使うと枯渇し，その後の課題遂行において自己制御的な課題に向き合う力が低下する。

このような自己制御資源の枯渇の確証的情報処理に及ぼす影響は，対人的な情報処理においても認められるだろう。すなわち，先行する課題で自己制御資源を使った者は使わなかった者よりも，その後の対人的な判断において初期判断に一致しない情報よりも一致する情報を高く評価し，またそれへの接触を強く求めると予測できる。

目的　Fischer, Greitemeyer, & Frey（2008）の実験2の手続きに従い，自己制御資源の枯渇した者は，それの枯渇していない者よりも，対人知覚過程において初期判断を確証するような情報処理を行うことを確認する。

方法　**《実験計画》**　自己制御資源の枯渇の程度について高低2条件を設定し，参加者間計画を用いる。

《手続き》　実験参加者には別の2つの実験に続けて協力するよう求める。最初の実験で自己制御資源の枯渇の有無を操作し，第2の実験で従属変数の測定を行う。

(1) 独立変数の操作：参加者に最初の実験として認知的イメージ処理課題を行うよう求める。具体的には，過去に自身が動物園を訪れたときのことを想起するよう求め，その想起内容を指示することで自己制御資源の枯渇の操作を行う。高枯渇条件の参加者には，動物園を訪れたときのことを思い浮かべるよう求めるのだが，その際シロクマについては思い浮かべないよう，そしてもしシロクマのことが思い浮かんだ場合にはそれをイメージから振り払い，シロクマ以外の動物のことを考えるよう求める。この手続きは，一般にホワイトベア・パラダイムとよばれ，自己制御資源を枯渇させるための簡便な手続きとしてよく用いられている。低枯渇条件の参加者には自由に動物園のことを思い浮かべることだけを求める。

(2) 初期判断の測定：参加者は，第2実験として人材についての意志決定課題に従事する。まず参加者は，自身がある店のオーナーで，アルバイトの契約更新についての意志決定を迫られている場面をイメージするよう求められる。より具体的には，そのアルバイトの人物（仮にAさんとする）は1年間の契約で雇われ，そろそろ契約の期限が迫っているために，延長のための交渉を行っている。ついては，契約を延長すべきかどうかについての予備的な判断を下してもらいたいと求められる。

(3) 確証的情報処理の測定：Aさんとの契約の延長をすすめる文章とそれをすすめない文章をそれぞれ6種類用意する。これらはいずれも，Aさんの人物評の形をとるものとする。参加者に，実は実験者の用意した12の人物評を，そうとは知らせず，かつてAさんの勤めていた職場の同僚たちによるものとして読んでもらう。そして，それぞれの人物評がどれくらい信用できるか，どれくらい契約についての意志決定にとって重要かを評価してもらい（どちらも11件法），これら2つの得点を合計して評価得点とする。また，12の人物評のうちさらに詳しく内容を吟味したいものがあれば，それをいくつでもあげるよう求め，その個数を検索得点とする。

結果の整理 (a) 参加者ごとに，初期判断と一致した情報に与えられた得点ならびに選ばれた人物評の数から，不一致情報に与えられたそれらを減算し，差得点を求める。(b) 評価得点の差得点を評価バイアス得点，検索得点の差得点を検索バイアス得点とする。(c) 2種類のバイアス得点それぞれについて，低枯渇条件と高枯渇条件との間の差が有意であるかどうかを対応のないt検定を用いて検討する。

考察の観点 低枯渇条件よりも高枯渇条件において，確証的情報処理バイアスが強いだろうという予測が支持されたかどうかを検討する。

発展課題 この実験で得られた結果が，資源の枯渇の操作によってネガティブな情緒が生じたか否かによるものではないことを確認するため，独立変数の操作として，不快な経験についてのエッセイを書かせる条件（自我脅威条件）を設け，3条件間のバイアス得点の差を1要因分散分析で検討してみよう。

引用文献 Fischer, P., Greitemeyer, T., & Frey, D. (2008). Self-regulation and selective exposure: The impact of depleted self-regulation resources on confirmatory information processing. *Journal of Personality and Social Psychology*, **94**, 382-395.

17 不安とストレス

ストレスを感じるとさまざまな心理的・生理的反応が生じる。心理的反応としては，抑うつ・不安，不機嫌・怒り，無気力などがあげられる（鈴木，2002）。生理的反応としては心拍数の増大，血圧，手のひらの発汗の上昇，血流量の低下などがある。

ストレスには，職場や学校における人間関係といった長期にわたりストレッサー（ストレスを感じる出来事・刺激）となる慢性ストレスと，面接や学校における定期試験などのように短期的にストレス反応をもたらす急性ストレスがある。実験室の中で行う心理学実験では，実験参加者に急性ストレスを与え，心理的反応と生理的反応を測定することが多い。その際，心理的反応と生理的反応は異なる変化を示すことがある。たとえば，不安の主観的側面に関しては対人不安の高い人のほうが低い人よりも不安が強いことが一貫して示されているが，生理的側面に関しては，対人不安の高い人のほうが生理的反応が強いことを示す研究と，対人不安の高い人と低い人の間に違いがみられないことを示す研究があり，結果が一致していない（金井・坂野，2006）。

目 的　対人不安の高い人と低い人でスピーチ課題を行っているときの心理的反応と生理的反応にどのような違いがあるか明らかにする。

方 法　**《実験参加者》**　Social Phobia Scale 日本語版（金井・笹川・陳・鈴木・嶋田・坂野，2004）などの対人不安を測定する尺度を用いて対人不安の高い群と低い群を抽出する。

《測定指標》　(a) 不安感の評定を 0（まったく不安を感じない）から 100（非常に不安を感じる）の尺度を用いて口頭で回答することを求める。(b) 生理指標として，心拍数，血圧（収縮期血圧，拡張期血圧），血流量，皮膚コンダクタンス水準（skin conductance level: SCL）を測定する。

《課題》　参加者の“大学生活”をテーマとしたスピーチ課題を 2 分間実施する。聞き手は異性の大学生とする。聞き手は，話し方，不安の様子などを評定する用紙とペンを持ち，評価しながら参加者のスピーチを聞く。その際，うなずいたり，話したりせず，中性的な態度で聞く。

《手続き》　実験は防音室で個別に行う。参加者は防音室に入室後，椅子に座り，実験の目的，内容に関する説明を口頭および書面で受け，実験参加に関する同意書に署名する。電極を装着した後，生理的反応のベースラインを 5 分間測定し，不安の評定を行う。スピーチ課題の方法とテーマについて教示を行った後，スピーチの内容について考える時間を2分間設け，再度不安の評定を行う。そしてスピーチ課題を2分間行った後，スピーチ中の不安に関する評定と操作チェックを行う。最後に生理的反応のポストベースラインを2分間測定し，不安の評定，デブリーフィング（実験目的についての説明），および実験データ使用同意書への回答を求める。

《操作チェック》 聞き手が実際に自分のスピーチを評価していると思った程度を7件法（0：まったく思わなかった–6：非常に強く思った）で回答することを求める。

結果の整理 (a) 参加者が聞き手に評価されていると思ったかどうかを調べるために，対人不安高群，低群ごとに評定の平均値を算出し，値が十分に高かったか，両群の間に違いがなかったか確認する。(b) 対人不安高群，低群ごとに各時期の反応の平均値を算出し，グラフを作成する。(c) 対人不安の群を参加者間変数，時期を参加者内変数として2要因の分散分析を行う。(d) ベースライン期における個人差を統制するために，スピーチ前，スピーチ中，スピーチ後の不安反応からベースライン期の値を引いた変化量を用いて (c) と同様の分析を行う。

考察の観点 (1) 対人不安の高い人と低い人の間でどのような違いがみられたか，不安の主観的側面と生理的側面ごとに考察する。また，生理指標の中でも，心拍数や血圧などの心臓血管系と皮膚コンダクタンス水準などの皮膚電気活動系では違いがみられたかを考察する。

(2) 対人不安の高い人と低い人の違いは，実験中のどの段階で顕著にみられたか。スピーチを予期している段階か，スピーチ課題中かを検討する。

発展課題 (1) スピーチの聞き手の人数，性別によってどのような違いがみられるかを調べてみよう。

(2) スピーチを繰り返し行うと，対人不安の高い人でも不安反応が弱まることがわかっている。スピーチを複数回行ったときに心理的・生理的反応がどのように変化するかを検討してみよう。

引用文献

金井嘉宏・坂野雄二 (2006). 社会不安障害患者の生理的反応に関する研究の展望　行動療法研究，**32**，117-129.

金井嘉宏・笹川智子・陳　峻雯・鈴木伸一・嶋田洋徳・坂野雄二 (2004). Social Phobia Scale と Social Interaction Anxiety Scale 日本語版の開発　心身医学，**44**，841-850.

鈴木伸一 (2002). ストレス対処の心理・生理的反応に及ぼす影響に関する研究　風間書房

18 虚偽検出

虚偽検出は犯罪捜査に応用され，裁判でも証拠採用される科学的検査法である。犯罪捜査では，呼吸，皮膚電気活動（electrodermal activity: EDA），脈波，心拍などの複数指標を同時測定するため，ポリグラフ検査ともよばれている。虚偽検出の質問方法は，直接的質問法と間接的質問法に大別できる（平・中山・桐生・足立，2000）。前者の代表は対照質問法（control question test: CQT），後者の代表は有罪知識質問法（guilty knowledge test: GKT）である。北米ではCQTがおもに使用されているが，日本の犯罪捜査ではGKTが使用されている。GKTはCQTよりも科学的妥当性が高く，false positive error（間違って犯人と判定する誤り）も少ないため，日本の検査システムは諸外国から注目を集めている（平，2005）。GKTは犯罪捜査以外の分野でも情報検出として使用可能であるため，最近ではconcealed information test（CIT）の名称が使用されることが多い。なお，犯罪捜査では末梢系の指標が使用されているが，実験レベルでは事象関連電位（event-related potential: ERP），機能的磁気共鳴画像（functional magnetic resonance imaging: fMRI）といった中枢系の指標による研究が数多く報告され，虚偽検出の指標としての有効性が示唆されている（平，2005）。

目 的 CITの手続きを用いて末梢系のEDAを測定し，実験参加者がカード検査で選んだ数字を検出する。

方 法 **《装置》** 携帯型多用途生体アンプPolymate AP1132（ティアック株式会社）により，EDAをパーソナルコンピュータへ測定記録する。EDA測定のため，皮膚電気活動測定ユニットAP-U030（ティアック株式会社）を使用する。同ユニットは，精神生理学会（Society for Psychophysiological Research: SPR）の勧告回路を採用しており，皮膚コンダクタンス水準（skin conductance level: SCL）と皮膚コンダクタンス反応（skin conductance response: SCR）を通電法により同時に測定できる。なお，装置に関しては，SPR勧告回路に準拠したものを推奨するが，SCLの測定ができる装置であれば他の装置でもかまわない。

《測定指標》 SPR勧告の電解質濃度に準拠したEDA測定用ディスポーザブル電極PPS-EDA（ティアック株式会社）を，一側手指の第2指と第3指の腹側部（中節掌面）に装着する。装着部位は，エタノールを浸したコットンで清拭し乾燥させておく。SCRの振幅値は反応立ち上がり時点のSCL（S）と反応頂点時のSCL（S'）を読み取り，伝導度変化値（S' − S）として求める。単位はマイクロジーメンス（μS）である（山崎，1998)。刺激提示後1秒–5秒までに立ち上がった反応を分析対象とする。

《手続き》 電極装着後，参加者に5枚のカードから1枚のカードを選んでもらい，そのカードに書いてある数字を覚えるよう教示する。5枚のカードには1から5の異なる数字を記入しておく。参加者には，自分が選んだカードの数字を実験者に気づかれないように実行してもらう。参加者がカードを机上に伏せた後，“あなたが選んだのは1ですか？”“あなたが選んだのは2ですか？”“あなたが選んだのは3ですか？”“あなたが選んだのは4ですか？”“あなたが選んだのは5ですか？”と口頭で質問する。質問と質問の間隔は約30秒とし，1分間の休憩をはさみランダムな順序で3系列実施する。参加者の課題は，すべての質問に“いいえ”と返答して，選んだ数字が検出されないようにすることである。なお，各系列の最初の質問は新奇性の反応が出現しやすいため，必ず緩衝質問として“あなたが選んだのは6ですか？”と質問する。

結果の整理 (a) 参加者ごとに1から5までの数字に対する伝導度変化値を平均する。参加者が選択した数字（裁決質問）に対する平均伝導度変化値が最大であった場合，個別判定における検出成功とする。(b) 参加者ごとに裁決質問と非裁決質問に対する伝導度変化値を平均する。3系列実施した場合，裁決質問は3個，非裁決質問は12個のデータを平均することになる。この平均値を全参加者について求め，裁決質問と非裁決質問のデータでt検定を行う。なお，緩衝質問は分析の対象外とする。

考察の観点 (1) 個別判定の検出率，裁決質問と非裁決質問に対する平均伝導度変化値の比較から，CITの検出メカニズムについて考える。

(2) CQTと比較しながら，CITの長所と短所について考える。

発展課題 (1) 裁決質問に嘘の返答を求めない手続き，たとえば，返答をすべて“はい”や無返答にしてもCIT手続きで情報検出が可能か検討してみよう。

(2) 課題を模擬窃盗課題に変更し，より臨場感のある状況で実験を実施してみよう。

(3) 事象関連電位のオドボールパラダイムを用いて，P300を指標とした虚偽検出を実施してみよう。

引用文献

平　伸二 (2005). 虚偽検出に対する心理学の貢献と課題　心理学評論，48，384-399.

平　伸二・中山　誠・桐生正幸・足立浩平 (2000). ウソ発見――犯人と記憶のかけらを探して――　北大路書房

山崎勝男 (1998). 皮膚電気活動　宮田　洋（監修）藤澤　清・柿木昇治・山崎勝男（編）新生理心理学1巻　生理心理学の基礎　北大路書房　pp. 210-221

I 実験法

19 覚醒水準と脳波

脳波（electroencephalogram: EEG）は，活動している脳の電気変動を脳波計によって増幅記録したものである。脳波の起源は，大脳皮質の錘体細胞に生じるシナプス後電位に由来する。脳波は，電位の大きさを振幅（μV，マイクロボルトは100万分の1ボルト），持続時間を周波数（Hz）で表現する。

実験参加者がリラックスした状態で目を閉じていると，頭頂部から後頭部優勢に8−13 Hzの律動的な波形であるα波（alpha wave）が連続して出現する（図19-1）。α波は開眼によって減衰するが，緊張が高かったり，何かに注意を払っていたり，暗算などの精神作業を行っている場合には，閉眼中であっても減衰する。これをα減衰（alpha attenuation）とよぶ。このように参加者の覚醒水準（arousal level）が高い場合には，α波に変わって14 Hz以上の不規則で低振幅な波形であるβ波（beta wave）がみられる。その逆に，参加者が眠気を覚え，覚醒水準が低下した場合でもα波は減衰する。この場合には，4−7 Hzのθ波（theta wave）が出現している。参加者はすでに半覚半睡の状態にあり，眼球もゆったりとした振子運動（slow eye movement）を開始している。さらに3 Hz以下の高振幅のδ波（delta wave）が出現すると，参加者は熟睡状態にあり，名前を呼んでもなかなか目覚めない。このように脳波は，覚醒水準が上昇するほど周波数が上がるとともに低振幅化し，逆に覚醒水準が低下するほど周波数が下がり，高振幅化する。

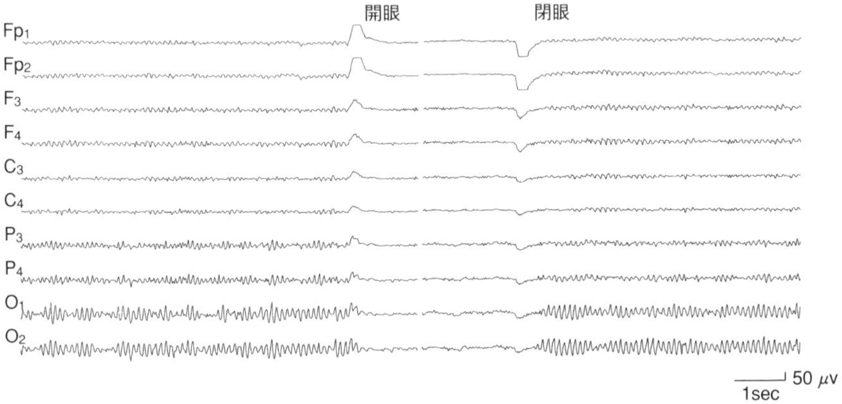

図19-1　健常者の脳波（大熊，1999, p. 84）

一方，α波によく似た波形にミュー波（μ wave）とカッパ波（kappa wave）があり，どちらも開閉眼の影響を受けない。ミュー波は中心溝付近に出現する7–11 Hzのアーチ状の波形で，反対側の手足の随意運動や触刺激によって減衰する。カッパ波はα波に似た6–12 Hzの律動波で，暗算などの精神作業中に側頭部優勢に出現する。さらにクレペリン検査などの精神作業中に，前頭中心部にFm θ波（frontal middle theta wave）とよばれる6–7 Hzの律動的なシータ波が出現することがある。

目 的 安静時と作業時の脳波を測定し，覚醒水準と脳波の関係を検討するとともに，基本的な脳波の測定法を習得する。

方 法 **《装置》** (a) ポリグラフ機器：脳波計，または生体現象増幅用のポリグラフ，紙記録用のレクチグラフ，電極箱。(b) 電極の装着：銀－塩化銀電極，電極糊，エタノール，脱脂綿，外科用テープ，ゴム紐。

《手続き》 (1) 脳波計またはポリグラフの操作：時定数を0.3秒に設定する。較正波の振幅は，50 μVが記録紙上で7 mmになるよう感度調整する。紙送り速度は30 mm/秒または15 mm/秒とする。脳波を測定する前に，必ず較正波を記録しておく。

(2) 電極の装着：参加者に背もたれのついた椅子に座ってもらう。脳波の電極は，国際10-20法に基づいて前頭（Frontal：Fz），中心（Central：Cz），頭頂（Parietal：Pz），後頭（Occipital：Oz）の4部位に装着する（図19-2）。鼻根と後頭極を結ぶ正中線を10%，20%，20%，20%，20%，10%に分割した位置がそれぞれFpz，Fz，Cz，Pz，Ozになる。あらかじめ分割点に印をつけたゴム紐を用い，水性ペンで頭

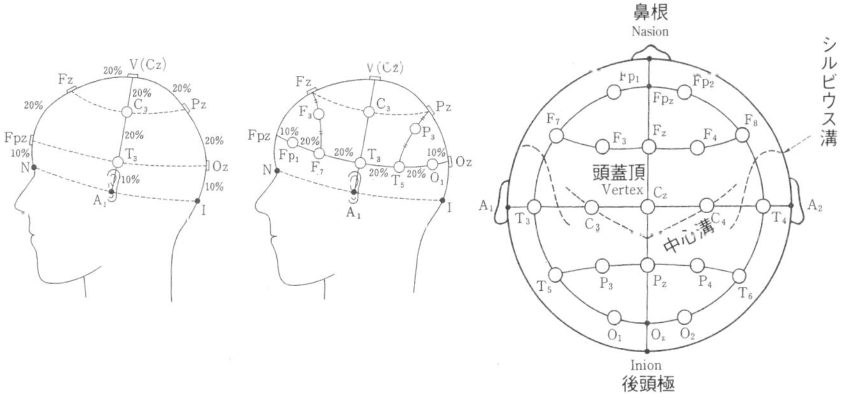

図19-2 電極装着部位（入熊，1999, pp. 37-38）

皮上にマーキングすると便利である。耳たぶに基準電極を，額にボディーアース用の電極を装着する。皮膚表面に油脂が付着していると電極抵抗が高くなり，後述するように交流によるアーチファクト（artifact）が混入しやすくなるため，電極を装着する際は装着部位をアルコール綿でよく拭き，皮膚表面を脱脂する。その際，あらかじめ実験者の指先もアルコール綿でよく拭いておくことが大切である。電極糊を装着部位に擦り込み，電極にも電極糊を盛って生体に装着する。眼球運動，耳たぶ，ボディアース用の電極は，測定中にはずれないよう外科用テープで止める。電極箱に電極を装着後，各測定部位の電極抵抗値を測定する。抵抗値が10 K Ω以下にならない場合は，測定部位をアルコール綿で拭き直す。

(3) 予備試行：閉眼安静状態で10–20秒間測定し，脳波以外の現象，すなわちアーチファクトが混入していないかを確かめる。参加者の緊張感が高い場合には，体の力を抜くよう教示し，深呼吸や開閉眼してもらう。安静状態を5–10分間続けると，徐々に緊張感がとれる。

アーチファクトには，以下のようなものがある。(a) 交流障害：50 Hz（東日本）または60 Hz（西日本）の交流が混入することによって生じる。脳波計が接地されているか，ボディーアースが装着されているか，電極抵抗値が10 K Ω以下になっているかを確認する。電気ストーブや扇風機などの電気製品は，参加者から2 m以上離す。脳波計の電源ケーブルを上下反転してコンセントに差し込み直すと，交流障害が除去できる場合もある。それでも混入する場合は，ハムフィルタや高域遮断フィルタ（high cut filter）を使用する。(b) 体動・筋電図：体をなるべく動かさないよう教示する。緊張感が強い場合にも筋電図が混入することがある。(c) 瞬目・眼球運動：緊張感が強い場合に出現しやすいので，参加者の緊張感を和らげ，タオルなどで軽くまぶたの上を圧迫する。(d) 発汗：発汗により頭皮の皮膚電位反応が混入する場合がある。発汗には，暑さによる温熱性発汗と，緊張などによる精神性発汗がある。温熱性発汗を避けるためには，室温が20–23℃になるよう調節する。精神性発汗を避けるためには，参加者が不安になるような言動は避ける。(e) 呼吸：電極の位置を変え，リード線を腹部の上に置かないようにする。

(4) 脳波の測定：(a) 閉眼安静時の脳波を1分間記録し，主としてα波の時間特性，波形，頭皮上分布を観察する。(b) アーチファクトと脳波を区別するために，眼を上下左右に動かしたり回転させる（眼球運動によるアーチファクト），歯を噛み締めたり，肩に力を入れる（筋電位によるアーチファクト），実験者がリード線を触る（交流障害によるアーチファクト）などを行い，波形の変化を観察する。(c) 開眼によるα減衰を観察する。(d)精神作業によるα減衰を観察するために，閉眼状態で暗算（連続加算，2桁の掛算，連続引算（1 000から特定の数を引いていく）など）や数唱（順唱や逆唱）を実施する。(e) 開眼時に指の屈曲運動や暗算を実施し，ミュー波やカッパ波，Fm θ波が出現するか観察する。

結果の整理 (1) 図19-1を参考にして，10秒間を1区間として閉眼安静時の脳波をトレーシング・ペーパーを用いてトレースする。振幅10 μV以上のα波のすべてに下線を入れ，脳波の測定部位（Fz，Cz，Pz，Oz）ごとにα波が占める割合（α指数）を求める。

(2) 開閉眼，開眼安静時，暗算中などの代表的状態像についてもトレースする。

考察の観点 (1) α波の特徴（時間特性，波形，頭皮上分布など）について考察する。

(2) アーチファクトと脳波との違いを区別する。

(3) α波はどのような要因で減衰するのか考察する。

発展課題 (1) 課題の難易度が高いほど高い覚醒水準が必要になる。課題遂行中の脳波に周波数の上昇や振幅の低下がみられるかどうか，課題の難易度を変えて検討してみよう。

(2) 両眼角外1 cmの位置に電極を装着し，時定数1.5秒または3秒で眼電図（electrooculogram: EOG）を記録してみよう。種々の精神作業を課した際の眼球運動を観察し，眼球運動が行動指標としてどのような特性をもつか検討してみよう。

(3) 覚醒水準が低下すると脳波や眼電図にどのような変化が生じるか，睡眠中の変化を調べてみよう。左右中心部（C3，C4）の脳波，左右眼電図，あごのオトガイ筋の筋電図を測定することで睡眠段階（段階1–4，レム睡眠）が判定できる。睡眠段階の判定法については，堀（2008）のテキスト“睡眠心理学”が参考になる。

引用文献
堀　忠雄（編）(2008). 睡眠心理学　北大路書房
大熊輝雄 (1999). 臨床脳波学　第5版　医学書院

参考文献
堀　浩・下河内稔・西浦信博・高橋光雄・井上　健 (1999). 脳波筋電図用語事典　永井書店
堀　忠雄 (2008). 生理心理学　培風館
宮田　洋（監修）藤澤　清・柿木昇治・山崎勝男（編）(1998). 新生理心理学1巻　生理心理学の基礎　北大路書房

I 実験法 20 事象関連電位の測定

事象関連電位（event-related potential: ERP）とは，特定できる事象（刺激や運動など）に時間的に関連して一過性に出現する脳電位である。0.1–数 μ V（マイクロボルトは 100 万分の 1 ボルト）の微小な電位変化であり，前節で述べた脳波に重畳して生じる。そのため直接観察することは難しく，加算平均法によって算出する。脳波を測定しながら，実験参加者にある事象を繰り返し体験してもらい，その事象の前後の区間を切り出し，時間をそろえて加算平均を行う。この手続きにより，事象とは時間的に無関係に生じる背景脳波（α 波や β 波など）は相殺され，事象と時間的に関連した一過性の電位変化が抽出できる。ERP を用いることで，行動反応の有無によらず，事象の処理過程を時系列的に検討することができる（入戸野，2005）。

目 的 ERP を測定するときの典型的な手続きとして，オドボール（oddball）課題を行う。オドボールとは“変わり者”という意味であり，刺激系列の中にまれに生じる変わった刺激（低頻度刺激）に対する脳電位反応を測定する。

方 法 **《刺激》** 1 000 Hz と 2 000 Hz の純音刺激を音声編集ソフトウェア（Cool Edit や Audacity など）を用いて作成する。持続時間は 100 ms とし，区間の最初と最後に 5–10 ms の立ち上がりと立ち下がりを作る。聴覚刺激は参加者が明瞭に聞こえる音量に調整する。聴覚刺激のかわりに視覚刺激を用いるときは，○や×などの区別しやすい刺激を用いる。刺激の制御は実験支援ソフトウェア（第 2 部のⅣ“研究法ミニ知識 4”参照）を用いて行い，刺激提示時点にあわせてパーソナルコンピュータのパラレルポートからトリガ信号を出力する。このときトリガの長さを変えるなどして 2 種類の刺激を後で区別できるようにしておく。100 刺激からなる刺激系列を 2 つ作る。一方の刺激が 20%（標的刺激），他方の刺激が 80%（標準刺激）の確率でランダムに提示されるようにする。刺激オンセット間隔（SOA）は 1 500 ms とする。

《手続き》 最初に短い刺激系列を提示して，参加者に 2 種類の刺激の違いを確認してもらう。その後，100 刺激からなるブロックを短い休憩をはさんで 2 回行う。刺激系列に注意を向けて低頻度刺激の提示回数を黙って数えるように教示し，ブロック終了後にその数を報告してもらう。脳波測定中は瞬きや体動を抑えるように教示する。

《脳波の測定》 国際 10-20 法に基づいて，正中線上 3 部位（前頭部 Fz，中心部 Cz，頭頂部 Pz）に脳波用電極を装着する。瞬きをモニタするために左眼（または右眼）の眼窩上約 1 cm（まゆのすぐ上）に同じ電極を装着する。基準電極は両耳たぶに，

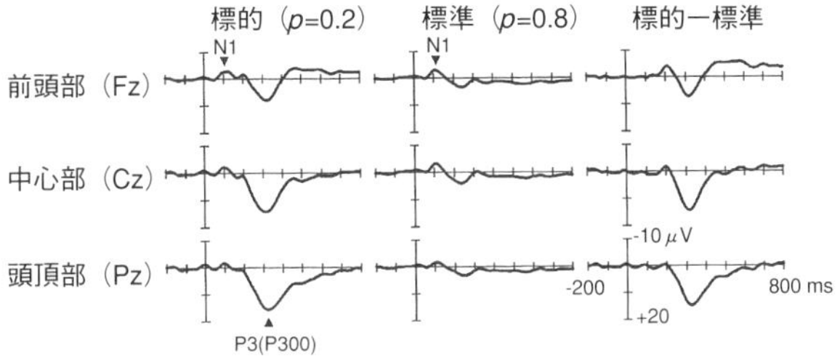

図 20-1　事象関連電位の加算平均波形（大学生 4 名の平均）

グランド電極は前額部につける。脳波は，長い時定数（3 秒以上，ハイパスフィルタ 0.05 Hz 以下が望ましい）を用いて記録する。電灯線ノイズが混入するときは 30 Hz 程度のローパスフィルタや 50/60 Hz のノッチフィルタを使ってもよい。サンプリング周波数 200–1 000 Hz でアナログ－デジタル変換を行い，データを保存する。

結果の整理　(a) 刺激の提示開始点を示すトリガの前 200 ms，後 800 ms の計 1 000 ms の脳波データをテキストファイルとして抽出する。(b) 抽出した区間に ± 100 μV 以上の電位が含まれているときは，脳波以外のノイズ（アーチファクト）が含まれる区間とみなして除外し，それ以外の試行のデータを刺激の種類別・部位別に加算平均する。刺激前 200 ms 間の平均振幅値をすべてのデータポイントから引算して，ベースラインの調整をする。(c) グラフ作成ソフト（Microsoft Excel など）を使って標的刺激と標準刺激に対する加算平均波形を描く。また，標的刺激に対する波形から標準刺激に対する波形を引算した波形（difference waveform）も求める（図 20-1）。(d) 描画した波形上で 80–120 ms の最大陰性電位を N1，250–500 ms の最大陽性電位を P3（P300）として同定し，その振幅と潜時を測定する。

考察の観点　(1) N1 と P3 がどのような条件において出現しているかを確認する。
(2) それ以外の波形の特徴を整理する。
(3) 引算波形（差波形）に現われる電位は何を反映しているかを考える。
(4) それぞれの電位成分の振幅や潜時に影響する要因について文献で調べる。

発展課題　(1) 音を数えずに聞き流しているときにはどのような ERP 波形が得られるか調べてみよう。
(2) ERP が心理学の研究においてどのように使われているのか調べてみよう。

引用文献　入戸野 宏 (2005). 心理学のための事象関連電位ガイドブック　北大路書房

I 実験法

21 オペラント行動の形成

個体が自発する行動の中で，出現頻度のきわめて低い行動を出現させようとするとき行動形成が行われる。個体の行動を観察するとさまざまな行動が自発していることがわかる。行動の出現の割合を行動のトポグラフィ（topography）とよぶ（図21-1を参照)。条件づけの手続きを導入する前のある行動の自発頻度をオペラント水準（operant level）といい，オペラント水準の低い行動を条件づけする際に比較的オペラント水準の高い行動から，徐々に目的とする行動に近づけていく逐次接近法（successive approximation）が多く用いられる。逐次接近法では，すでにある程度自発されている反応型を強化することから始め，強化の中止（消去手続き）による反応型の変異の拡大を利用して，目標とする反応型に少しでも近づいた反応型を起こさせて，その反応に対してだけ分化的に強化するようにする。消去（extinction）と分化強化（differential reinforcement）を繰り返しながら徐々に目標（goal）とする反応型に近づけていく。

ラットのオペラント箱（operant box，スキナー箱ともよぶ）におけるレバー押し反応（lever press response）を例にとりながら，具体的に逐次接近法による行動形成（shaping）を試みる。

目 的　ラットのレバー押し反応を逐次接近法により形成し，オペラント条件づけにおける反応強化随伴性を理解する。

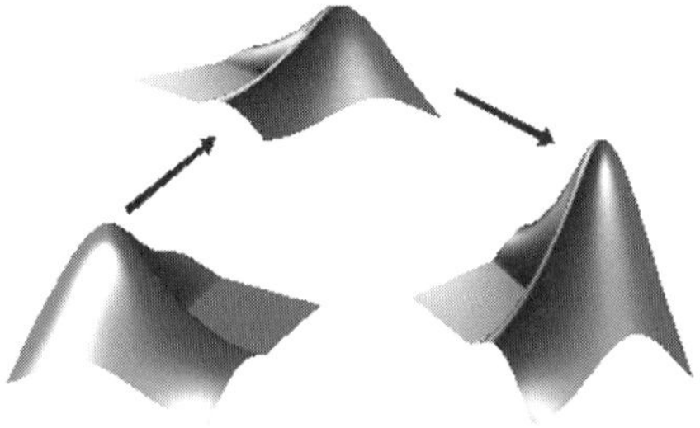

比較的オペラント水準の高い行動を目的とする行動の方向へ変化させていく。消去による行動の広がりを利用して目標行動に近い行動を分化強化していく。

図 21-1　行動トポグラフィの変化（MATLAB により作成）

方　法　**《被験体》**　実験経験のない雄のウィスター系アルビノラット1匹。自由摂食時の体重を計測した後，その85%体重になるまであらかじめ食餌制限しておく。これは実験箱内で提示される45 mgのペレット餌を強化子（reinforcer）とするための動因（drive）操作である。

《装置》　操作体（operandum）をレバーとしたラット用オペラント箱（図21-2を参照），ペレット供給器（pellet dispenser），レバー押し反応検出用マイクロスイッチ，累積記録器（cumulative recorder），インターフェースおよび制御用パソコン。

《手続き》　(1) 実験箱馴化（box habituation）およびオペラント水準の測定。オペラント箱を用いて，長期的に学習実験を行う場合は，実験の1日目をこれに当て，2日目以降を以下の手続きに当てるが，本実習では最初の20分間をこれに当てる。

(2) マガジントレーニング（magazine training）。ラットは生まれて初めてオペラント箱に入れられるので，餌口から餌が出ることを知らない。そこでペレット供給器の動作音とともにペレット餌が提示されることを何回も繰り返す。

(3) 音とともに餌口に餌が提示されることを学習した段階で，最終目標とするレバー押し反応を形成するために逐次接近法による行動形成を行う。反応型の段階として，(a) レバーのある方向に頭を向ける，(b) レバーに近づく，(c) レバーに手をかける，(d) レバーを押す，などをめやすにする。各段階で目標とする行動が生起したときに，実験者が手もとのマイクロスイッチを押して餌を出す。何回か繰り返すと，目標とした行動の生起頻度が上昇する。そこでいったん強化することをやめて，目標として強化する行動を次の段階に移す。これを繰り返すことにより，最終的にラットが自らレバー押し反応をするように条件づけできるようになる。

《行動観察の要点》　20分間の実験箱馴化中の行動を観察する。行動は時間軸上で連

図21-2　ラット用オペラント箱

続して生起しているものである。観察したことをすべて記述することはまず不可能である。たとえできたとしても，膨大な量になりしかも実際上役に立たない。観察するべきポイントを決めて，ある基準で情報を取捨選択する必要がある。必要とする情報を得るためには，記録する目的を明確にしてどのような行動のどの次元を観察するのか，標的行動をわかりやすく定義する必要がある。そのために観察するべき行動を具体的な操作から最初に定義する。具体的操作を定義することによって公共的，客観的意味が生じる。このような定義を操作的定義という。

この実習においては，ラットの行動として比較的観察しやすい立ち上がり行動（rearing），嗅ぎ回り行動（sniffing），毛繕い行動（grooming），引っ掻き行動（scratching），凍結行動（freezing）および食行動（eating）を取り上げる。また，目標とするレバー押し行動に至るまでの関係する行動として，餌皿への行動（food tray related），レバー押し一歩手前のレバーに関係した行動（lever related），レバー押し行動（lever pressing），およびその他の行動に分類して観察する。

結果の整理　実験箱馴化においてどのような行動が多く出現していたか。マガジントレーニングをすることにより行動はどう変化したか。ラットにレバー押し行動を形成していく過程で行動のトポグラフィはどのように変化していったか。具体的な行動パターンで説明しよう。時間経過とともに行動が変化していく過程を累積記録から読み取ってみよう。

現在では累積記録器そのものは使用されることは少ないが，時間経過にともなう行動の変化パターンを観察するにはこの記録は重要である。目標とする行動の出現を時間経過に従って記録することにより累積記録器による記録と同じパターンを得ることができる。横軸に経過時間をとり，縦軸に累積反応をプロットすることにより容易に反応パターンを描くことができる（図 21-3）。

考察の観点　行動形成の手続きにおいて強化子の提示はラットの行動にどのような変化をもたらしたか。時間経過にともなう反応パターンの変化から反応強化随伴性の獲得過程を考察する。またこれまでの研究からわかっている三項随伴性について，参考文献で調べる。

発展課題　行動形成の初期には全強化スケジュールが用いられる。全強化スケジュールは消去抵抗が低く，消去されやすい。応用場面では高い消去抵抗をもつ部分強化スケジュールが用いられる。部分強化スケジュールには反応率に依存した強化スケジュールと反応間隔に依存した強化スケジュールがある。さらに固定強化スケジュールと変動強化スケジュールがあり，これらの組み合わせにより 4 つの基本強化

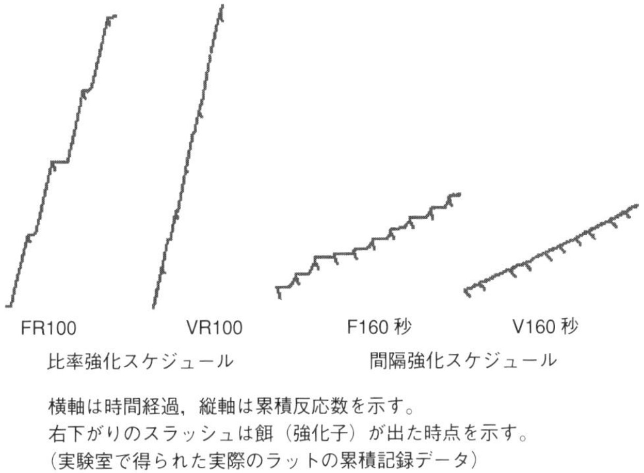

横軸は時間経過，縦軸は累積反応数を示す。
右下がりのスラッシュは餌（強化子）が出た時点を示す。
（実験室で得られた実際のラットの累積記録データ）

図 21-3　累積記録の典型的な 4 つのパターン

スケジュールが説明されている。用いる強化スケジュールの違いによりどのような行動パターンの違いが生じるのか確かめてみよう。

参考文献

浅野俊夫 (1982). 行動の形成　佐々木正伸（編）現代基礎心理学 5　学習 I　基礎過程　東京大学出版会　pp. 91-114.

伊藤正人 (2005). 行動と学習の心理学　昭和堂

河島　孝（編）(1989). 行動研究の基礎　小川　隆（監修）行動心理ハンドブック　培風館　pp. 3-27.

Mazur, J. E. (1998). *Learning and behavior*. 4th ed. Upper Saddle River, NJ: Prentice-Hall, Inc.
（メイザー，J. E.　磯　博行・坂上貴之・川合伸幸（訳）(1999). メイザーの学習と行動　日本語版第 2 版　二瓶社）

Reynolds, G. S. (1975). *A primer of operant conditioning*. Glenview, IL: Scott, Foresman and Company.
（レイノルズ，G. S.　浅野俊夫（訳）(1978). オペラント心理学入門——行動分析への道——　サイエンス社）

II 調査法

II 調査法

1 尺度構成1 ―― リッカート法 ――

日本人は，消費税引き上げに対してどのように考えているのだろうか。大学生はニートに対して好意的なのか，否定的なのか。ここでは，このような社会的態度を問う方法，すなわち尺度構成について取り上げる。

態度（attitude）とは，経験を通じて体制化された心理的あるいは神経生理的な準備状態であって，生活体が関わりをもつすべての対象や状況に対するその生活体自体の行動を方向づけたり変化させたりするものである（Allport, 1935）。冒頭の例でいえば，態度とは，消費税引き上げ反対の活動を行う準備状態としての“‘消費税引き上げは必要ない’という評価”ということになる。態度は，個人が特定の対象に対して示す比較的安定した反応傾向と定義され，学習によって形成されるという。また，態度は評価・感情・行動の3成分からなる（Krech, Crutchfield, & Ballachey, 1962)。評価的成分とは，対象に対する好みや評価であり，“消費税引き上げは庶民にとって必要だ”というものである。感情的成分とは，対象に抱く感情であり，“消費税引き上げは嫌だ”というもの，さらに，行動的成分とは，対象への接近的－回避的行動傾向であり，“消費税引き上げに反対する政党に投票する”というものである。

このような態度の個人差を測定することは，母集団が対象に対してどのような態度をもっているかを推測するうえで非常に重要である。また，他の要因との関連をみることによって，どのような人がそのような態度をもちやすいかなどといったことがわかる。では,どのようにして態度を測定するのだろうか。態度の測定法は数種類あるが,ここではリッカート法を用いて検討することを目的とする。

ある態度，たとえば“消費税引き上げ”について，その賛否を段階で問う方法がリッカート法（Likert, R. の評定尺度法）である。具体的には，“消費税の引き上げは庶民の暮らしを苦しめる”“消費税の引き上げは必要である”といった消費税引き上げ

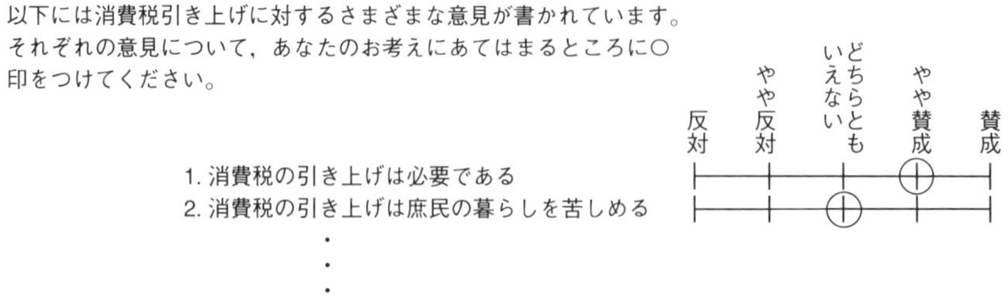
以下には消費税引き上げに対するさまざまな意見が書かれています。
それぞれの意見について，あなたのお考えにあてはまるところに○
印をつけてください。
反対
やや反対
どちらともいえない
やや賛成
賛成
1. 消費税の引き上げは必要である
2. 消費税の引き上げは庶民の暮らしを苦しめる

図1-1　リッカート尺度の例

に関する具体的な態度（項目）を複数並べ，それらに同意する程度を，“賛成”“やや賛成”“どちらともいえない”“やや反対”“反対”のような段階で回答してもらう（図1-1参照）。そして，各項目に対する評定の合計もしくは平均得点をもってその個人の最終的な態度得点とし，参加者集団における個人の相対的位置づけを明らかにするものである。

目的 対象とする社会的態度を測定する尺度をリッカート法により作成する。

方法 **《対象の態度の決定》** どのような社会的態度について検討するかを明確にする。日頃から感じている漠然とした問題意識をあげ，議論の中で焦点を絞る。対象は，日々の生活の中で生じた疑問，時事問題に関わるものなど特定されない。ただし，一概に“ニートについての問題”といっても，ニートとなったその人たちに対する態度，ニートを作り出した社会への態度，ニートの社会復帰政策についての態度，などと焦点を変えることによって複数の問題意識となりうる。問題意識を整理し，作成した尺度によって何を測定するのか（構成概念）を明確化する。

《尺度項目の作成》 測定する対象が明確になったら，次は項目を収集する。ある態度を測定するには，複数の質問項目を要する。概念を包括する尺度を作成するために，概念に関する情報をできるだけ多く，バリエーション豊かに集める必要がある。その方法としては，自分で考えるだけでなく，複数の人とブレーンストーミングを行う，調査を行い自由記述で回答してもらう，新聞・本などの関連文献を探索する，などの方法がある。それらの情報をもとに項目の候補を作成する。

《項目の選定》 (1) 項目の候補がそろったら，類似した項目ごとにまとめ，できのよい項目を選ぶ。項目は，ある1つの立場に偏りがなく，また，抽象的で漠然としたものでなく具体的なものでなければならない。このとき，大多数の人が賛成または反対するような極端なものや意味があいまいな陳述は除く必要がある。残った項目をランダムな順序に並べるのだが，初頭効果とキャリー・オーバー効果に注意する必要がある。項目の数についての絶対的な基準はない。尺度の信頼性を高めるため，また項目分析によって削除される項目があることを考慮し，多めに設定するとよい。

(2) 選定した各項目のワーディングも検討しなければならない。“誰にでも理解できる平易な言葉で書かれているか”“特定な回答へ誘導する内容ではないか”“回答に2つ以上の意味をもたらす内容ではないか”などを吟味する。なお，反応時のバイアスを防ぐため，逆転項目を作成するとよい。賛成－反対どちらか一方の意見を並べるのではなく両側の意見を項目としてあげる。

(3) 最後にそれらの項目に対し，どのような問いかけをするかを検討し，その問いかけに対応する反応カテゴリーを設定する。5段階（5件法）もしくは7段階（7件法）

の反応カテゴリーを設定する場合が多い。たとえば，“以下の項目はあなたのお考えにどの程度あてはまりますか”と問う場合，反応カテゴリーとして，“あてはまる”“ややあてはまる”“どちらともいえない”“あまりあてはまらない”“あてはまらない”を用いる。

《調査の実施》 対象とした態度によって，どのような母集団を参加者とすべきかを検討する必要がある。また参加者の人数は，項目決定の際に相関をみることから，分析に耐えられる十分なデータを確保する必要があるため，最低100名程度が望ましい。調査紙では作成した尺度だけを問うのでなく，調査主体とその連絡先，調査の目的，データ処理方法などの参加者の人権や個人情報の保護に関して明記する必要がある。また，母集団の属性を知るために性別や年齢等，回答者の属性を問う項目を加える。

なお，多くの場合，尺度は対象とした態度と他の要因との関連を詳細に検討することを目的とし作成される。そのため，今回のように尺度作成のための調査，つまり尺度項目の選択や信頼性・妥当性の検討を行うための調査は，予備調査とよばれることが多い。大規模な本調査を行う前に予備調査を行い，尺度を洗練させておくことが望ましい。予備調査は，回答時間など回答者への負担を確認するためにも重要である。

結果の整理 最終的な尺度項目を選定するため，得られたデータを用い以下の検討を行う。

(1) データの得点化：反応カテゴリーに，“賛成”は＋2，“やや賛成”は＋1，“どちらともいえない”は0，“やや反対”は－1，“反対”は－2というように，重みづけを行う。このように各項目の回答を数値化したうえで，個人別の合計得点もしくは平均得点等を算出し，以降の検討に用いる。この際，逆転項目の数値は反転させて重みづけした数値を用いなければならないことに注意が必要である。

(2) 反応分布の検討：項目ごとの反応分布を検討する。回答に偏りがある項目は，個人差を弁別する能力がないためふさわしくない。また，“どちらでもない”への回答が多い項目や回答漏れの多い項目は，内容が理解しづらい項目であるか，回答しづらい内容である可能性が高いため，再度内容を検討する必要がある。

(3) 項目分析：ここでは，各項目が対象の態度を測定するために有効であるかを検討するため，以下にあげる項目分析の代表的な2つの方法を用いる。いずれも，ある1つの項目が，項目全体が測定しようとしているものと同じものを測定しているかどうかを検討する分析である。

(a) 個別の項目とそれ以外の項目の合計得点との相関：たとえば，20項目の尺度を作成していた場合，ある1項目の項目得点と残り19項目の合計得点のピアソン積率相関係数を検討する。20個の項目はどれも同じ態度を測定すると仮定しているため，その項目得点と残り19個の合計得点には強い相関が認められるはずである。相関係数が大きい値であれば，尺度を構成する項目として妥当であるといえる。逆に，相関係数が小さい値であれば，その項目は，同じ態度を測定する他の項目とは異なる概念を測定する可能性をもつため，除去する対象となる。

(b) G-P分析：参加者の中から合計得点が高い人（上位群）と低い人（下位群）を選出し，項目ごとに群間に差があるかを検討する分析である。各項目の平均得点における上位群と下位群の差を対応のない t 検定によって検定する。当然，合計得点に違いがあるということは，各項目得点においても有意な差が認められるはずである。つまり，有意な差が認められた項目を尺度構成にとって有効な項目と判断する。

これらの検討結果に基づき，最終的な項目を選定する。なお，削除対象となる項目が多い場合は，尺度の構成概念から検討し直す必要も考慮すべきである。最終的な項目を決定したら，それらの合計得点を算出し，どのように分布するか調べる。さらに，参加者の属性など他の要因との関連を検討する。

考察の観点　合計得点の分布から，母集団の傾性について考察する。また，作成した尺度と他の要因の関係について明らかになった結果から，その理由を考察する。

発展課題　クロンバックの α 係数を用い，信頼性を検討してみよう。クロンバックの α 係数とは，尺度に含まれる各項目が同じものを測定している程度（内的整合性）を表わす指標であり，下の式を用いて算出される。項目どうしが似ているほど，また項目数が多いほど α 値は高くなる。α 値は，0–1.0の範囲で変動し，0.8以上であれば，尺度の信頼性が高いと判断される。

$$\alpha = \frac{k}{k-1}\left\{1 - \frac{\Sigma\sigma_i^2}{\sigma_x^2}\right\}$$

k：項目の総数　σ_i^2：各項目の分散　σ_x^2：総得点の分散

引用文献

Allport, G. W. (1935). Attitudes. In C. Murchison (Ed.), *Handbook of social psychology*. Worcester, MA: Clark University Press. pp. 798-844.

Krech, D., Crutchfield, R. S., & Ballachey, E. L. (1962). *Individual in society*. New York: McGraw-Hill.

参考文献

末永俊郎（編）(1987). 社会心理学研究入門　東京大学出版会

竹村和久 (2005). 態度と態度変化　唐沢かおり（編）　社会心理学　朝倉書店　pp. 67-88.

山口　勧 (1997). 態度　白樫三四郎（編）　社会心理学への招待　ミネルヴァ書房　pp. 53-70.

II 調査法

2 尺度構成2 ―一対比較法―

一対比較法（method of paired comparison）は，2つの刺激対を提示し，その大小関係を判断してもらう回答方法である（図2-1）。一対比較法は，刺激が少ない場合には，刺激についての好き－嫌い，快－不快といった心理的な距離配置を直接的に把握できる技法である。

実際，この回答結果は，Thurstone（1927）の比較判断の法則（law of comparative judgment）に基づいた尺度構成にも使われる。各刺激を他の各々の刺激と比較し，上位にあると判断された回数とその比率をもとにして各刺激間の距離を求め，尺度上に位置づける。この方法の基礎となるThurstone（1927）の比較判断の法則は図2-2の通りである。この公式を適用することで特定次元上の2刺激の距離がわかる。ただし，Thurstoneはこの公式の適用にあたり，5つのケースを区別している（詳しくは，坂田（1991），もしくは坂田（1993）を参照）。ここでは，最も簡単な解法であり，比較的よく用いられるケースVを適用した結果の整理の仕方を紹介する。ケースVは，$r_{ij} = 0$ かつ $\sigma_i = \sigma_j$ と仮定するものであり（$\overline{R_i} - \overline{R_j} = z_{ij}\ \sigma_i \sqrt{2}$ となる），さらに尺度の単位を $\sigma_i \sqrt{2}$ とすることによって $\overline{R_i} - \overline{R_j} = z_{ij}$ とするものである。

一対比較法ではあらゆる刺激の組み合わせに関して判断を行う必要があるため，刺激数が増加すると回答回数も飛躍的に増加するといった短所もある（坂田，1991）。つまり，刺激数が n 個の場合，$n(n-1)/2$ の組み合わせについて，参加者に回答を求める必要がある。たとえば，3個の刺激であれば3つの組み合わせへの回答でよいが，10個の刺激であれば45個の組み合わせについて参加者は回答を求められることになる。

目的 一対比較法の中で最も簡単な解法（ケースV）を用いて，好き－嫌い次元におけるプロ野球パシフィック・リーグ6球団の心理的な距離を明らかにする。

下にいろいろなスポーツの名前が対にしてあげられています。
それぞれの組のうち，あなたの好きなほうを○で囲んでください。

（野球　　テニス）	（テニス　スキー）
（スキー　　相撲）	（テニス　　相撲）
（相撲　　野球）	（スキー　　野球）

図2-1　一対比較法の提示例（奥田，1987）

$$\overline{R_i} - \overline{R_j} = z_{ij}\sqrt{\sigma_i^{\ 2} + \sigma_j^{\ 2} - 2\,r_{ij}\,\sigma_i\,\sigma_j}$$

R_i, R_j ：刺激 S_i と S_j にそれぞれ特有のものとして与えられた心理学的平均値
z_{ij} ：単位正規分布（標準正規分布）の平均からの標準測度距離（偏差率）
σ_i, σ_j ：分布 R_{hi} と R_{hj} の標準偏差
r_{ij} ：分布 R_{hi} と R_{hj} との間の相関係数

図 2-2　比較判断の法則の公式（坂田，1993）

方　法　**《記入用紙の作成》**　パ・リーグ 6 球団を 2 個ずつ対にして可能なすべての組み合わせ（ここでは 15 個）を作り，記入用紙に提示する。
《データの収集》　参加者は大学生 50 名以上とする。参加者集団には特定の 1 球団のファンが大多数を占めることのないようにする。記入用紙を参加者に提示し，各対について“より好き”なほうを選んでもらう。教示では，他の判断との関係を考えずになるべく早く判断し，2 個の刺激のうち必ずどちらか一方を選ぶことを強調する。

結果の整理　(1) 度数行列の作成：列刺激が行刺激よりも“より好き”と判断された度数を集計して度数行列をつくる。表 2-1 は参加者 50 名の結果例である。第 1 行第 2 列の度数 f_{12}(= 40) はオリックスよりも西武が好きな人が 40 名いることを示す。$f_{12}(40) + f_{21}(10) = 50$ のように，対角の位置の度数の和は各対の判断度数（N）と等しくなる。
(2) 比率行列の作成：表 2-1 から列ごとに度数の合計値を算出し，これの少ない刺激から順番に番号をつける。各セルの度数を N で割って比率 p_{ij} を求め，刺激順序を番号順に並べ替えて表 2-2 のような比率行列をつくる。この際，列番号と行番号が同じ対角のセルは，同一刺激を比較したことになるため，好きと嫌いが半々になる

表 2-1　度数行列（N=50）

刺激	s_1	s_2	s_3	s_4	s_5	s_6
s_1 オリックス		40	45	28	42	39
s_2 西武	10		38	32	27	33
s_3 ソフトバンク	5	12		11	30	32
s_4 日本ハム	22	18	39		37	43
s_5 楽天	8	23	20	13		32
s_6 ロッテ	11	17	18	7	18	
計	56	110	160	91	154	179

表 2-2　比率行列（p 行列）

番号	刺激	s_1	s_4	s_2	s_5	s_3	s_6
1	s_1	.50	.56	.80	.84	.90	.78
2	s_4	.44	.50	.36	.74	.78	.86
3	s_2	.20	.64	.50	.54	.76	.66
4	s_5	.16	.26	.46	.50	.40	.64
5	s_3	.10	.22	.24	.60	.50	.64
6	s_6	.22	.14	.34	.36	.36	.50
計		1.62	2.32	2.70	3.58	3.70	4.08

表 2-3　尺度距離行列（z 行列）

番号	刺激	s_1	s_4	s_2	s_5	s_3	s_6
1	s_1	.00	.15	.84	.99	1.28	.77
2	s_4	-.15	.00	-.36	.64	.77	1.08
3	s_2	-.84	.36	.00	.10	.71	.41
4	s_5	-.99	-.64	-.10	.00	-.25	.36
5	s_3	-1.28	-.77	-.71	.25	.00	.36
6	s_6	-.77	-1.08	-.41	-.36	-.36	.00
(A) 計		-4.03	-1.98	-.74	1.62	2.15	2.98
(B) 平均値		-.67	-.33	-.12	.27	.36	.50
(C) 尺度値		.00	.34	.55	.94	1.03	1.17

と仮定して .50 と記入する。

(3) 尺度距離行列の作成：比率 p_{ij} から尺度距離 z_{ij} を求める（表 2-3）。尺度距離 z は，標準正規分布で - ∞から測った面積 p より求められる横座標である。この尺度距離 z_{ij} は，比率 p_{ij} を利用して Excel の関数 “NORMSINV” で算出することができる。

(4) 尺度値の算出：表 2-3 の尺度距離行列の各列の和を求め（表 2-3（A）），それをさらに刺激数 n（例では 6）で割って平均を算出する（表 2-3（B））。最小の平均値と各平均値の差を算出し，各刺激の尺度値を求める（表 2-3（C），図 2-3）。

考察の観点　(1) 各球団は好き－嫌い次元上でどのような距離関係にあるか。

(2) 刺激間の距離はどのようになっているか。

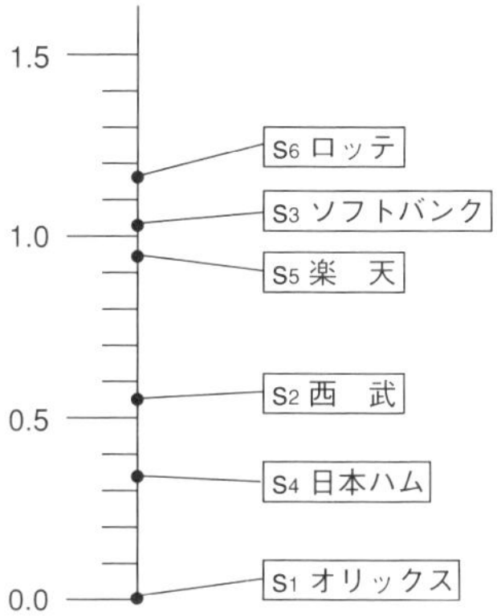

図 2-3　パ・リーグ球団の好ましさの尺度

発展課題　(1) 参加者を出身地別に分類し，グループごとに比較してみよう。
(2) 空間誤差を統制するためには，刺激を提示する際にどのような工夫が必要か，考えてみよう。

引用文献
奥田秀宇 (1987). 調査法の実際　末永俊郎（編）社会心理学研究入門　東京大学出版会　pp. 131-148.
坂田勝亮 (1991). 知覚研究における測定　市川伸一（編）心理測定法への招待――測定からみた心理学入門――　サイエンス社　pp. 149-188.
坂田桐子 (1993). 野球チームの好悪　利島　保・生和秀敏（編）心理学のための実験マニュアル　北大路書房　pp. 210-213.
Thurstone, L. L. (1927). Psychophysical analysis. *American Journal of Psychology*, **38**, 368-389.

参考文献
鎌原雅彦・宮下一博・大野木裕明・中澤　潤（編）(1998). 心理学マニュアル質問紙法　北大路書房
織田揮準 (1970). 日本語の程度量表現用語に関する研究　教育心理学研究, **18**, 38-48.

3 SD 法によるイメージの測定

“赤は情熱的な色だ”“あの人は冷たい”“あの国は好きだ”というように，人はさまざまな対象に対して，多種多様なイメージをもっている。Osgood, Suci, & Tannenbaum（1957）は，そのような人々が抱くイメージを情緒的意味とよび，それを数量的に測定するために，Semantic Differential（SD）法を開発した。SD 法では，人々がイメージを評定する対象を概念（concept）とよび，それらに対して，多種の形容詞対（良い－悪い，冷たい－暖かいなど）からなる尺度を用いて，複数の評定者が評定を行う。これによって，人々がある対象について，どのようなイメージを抱いているかという意味空間を定量的に把握することができる。この方法は，複数の概念間のイメージの差異や，同一概念に対するイメージの個人差などを明らかにする目的で，心理学のみならず，感性工学や商品開発などの多分野において，広く用いられている。

目 的　人々が服装に対して抱くイメージを測定する。

方 法　**《提示概念》**　同一人物が 3 種類の服装（白衣，フォーマルな服装（スーツ姿），カジュアルな服装（T シャツ））をした写真。

《尺度の選定と記入用紙の作成》　服装と対人認知に関する先行研究やファッションに関する図書などから適当と思われる形容詞対を選定する。Osgood et al. の先行研究によると，人々が抱く意味空間を記述するための尺度は，“良い－悪い”などの評価（evaluation）次元，“強い－弱い”などの力量（potency）次元，“速い－遅い”などの活動性（activity）次元という基本的な 3 つの次元に整理される。これら 3 次元を基本とする尺度を選定した後，次の点を考慮して，記入用紙を作成する。(a)“良い－悪い”などの評価次元に含まれる尺度を最初のほうに置かない。(b) ポジティブな形容詞とネガティブな形容詞を左右にバランスよく配置する。(c) 類似した意味の尺度が続かないように配置する。

《評定データの収集》　評定者に対して，3 種類の服装の写真をランダムに提示する。それぞれの服装について，あまり考えすぎず，感じたままに答えるように教示し，評定用紙に記入させる。評定尺度は 7 件法とする。

結果の整理　(1) データの数値化と記述統計量の算出：各尺度に 1 点から 7 点を与え，数値化する。記入用紙作成時にネガティブな形容詞を右側に配置した尺度は，点数を逆転させ（1 → 7，2 → 6，…），数値の方向性を一致させる。各概念について，

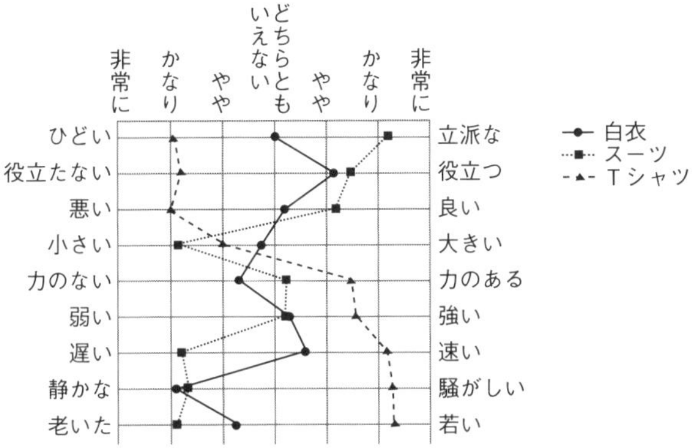

図 3-1　各概念のイメージのプロフィール

全評定者の評定結果の平均値を尺度ごとに算出する。また，尺度間の相関係数を算出する。

(2) 因子分析：すべての対象（3 種類の服装）をあわせて因子分析を行い，概念に対する意味構造を把握する。評価，力量，活動性の 3 次元が見いだされるかを確認する。

(3) プロフィールの作成：概念ごとに，各尺度の平均値を求める。この平均値をプロフィールとして表現し，各概念に対するイメージの差を視覚的に示す（図 3-1）。プロフィールを作成する際，ポジティブな形容詞はすべて右側に置き，形容詞の左右の位置を統一する。また，形容詞の配列順序は因子ごとにまとめる。

考察の観点　(1) 評価，力量，活動性の 3 次元は確認できたか。

(2) 3 種類の服装のイメージはどのように異なるか。

(3) 心理学実験において，白衣を着用することによって，どのような印象を実験参加者に与えるか。その効果と問題点について考察する。

発展課題　評定者を性別や服装の好みによって群分けし，同一概念に対するイメージの個人差を検討してみよう。

引用文献　Osgood, C. E., Suci, G. J., & Tannenbaum, P. H. (1957). *The measurement of meaning*. Urbana: University of Illinois Press.

参考文献　岩下豊彦 (1983). SD 法によるイメージの測定　川島書店

4 日誌法

日誌法（日記法とも称される）とは，調査参加者が日常生活の中で経験している社会的相互作用やさまざまな感情状態を，それらの出来事や感情経験が生起したときからできる限り間をおかずに，一定期間記録を行う調査技法である。社会的相互作用などの測定方法には，日頃の自己の行動を一定期間遡って参加者に記述させる想起法や，ある種の仮定された場面を想定して，その場面における自らの行動や認知，感情などを予測させる場面想定法などがある。しかしながら，これらの方法では，日常生活で実際に生じる微細な心理的変化や，記憶に残りにくい行動などについて測定することが困難である。日誌法は，想起法や場面想定法の問題点を解決し，ミクロな視点からのデータ収集を可能とする方法である。また，通常の生活で書かれる“日記”のような自由記述型の回答のみならず，質問項目を事前に設定し，かつ簡便な質問項目，反応項目を用いることも日誌法の特徴である。

日誌法質問紙として有名なものの1つに，ローチェスター社会的相互作用記録票がある（たとえばWheeler & Nezlek, 1977）。この方法は，参加者に2週間程度，定型の日誌形式の記録票を携帯させ，10分間以上の相互作用を他者と行った際に，その内容，相手，継続時間，感情等をそのつど記録させるものである。この方法を援用した研究は日本でも行われている。たとえば，西村・浦（2005）は，他者との相互作用場面で関わる相手が，そのときの自己評価動機の種類によって異なることを示している。

一言で日誌法といっても，多様な測定方法があり，出来事などが起こった際に即時に回答を求める形式もあれば，就寝前などの決められた時間に記入を求める形式などもある。また，携帯電話のウェブ機能やメール機能を用いることによって，より即時的な回答を求めることも可能である。

目 的 日常生活での相互作用手段として近年一般的な携帯電話の利用に着目して，その対象と感情状態，満足度の関連を検討する。

方 法 **《出来事の設定》** 携帯電話を用いた通話に着目する。ここでいう“通話”は，間違い電話や単なる一方的な連絡ではなく，何らかの会話として成立したものとする。

《調査実施の手順と期間》 参加者には，調査期間に先立ち，調査の内容と調査の実施手順と回答方法について丁寧に説明し，参加同意を得る。特に，回答を求める出来事として“携帯電話の通話”について説明する。そして，日誌法による調査項目内容をA5–B6判1枚に収めた回答用紙を複数枚（調査期間×1日の平均通話回数程度）参加者に渡す。この際にバインダーなどを添えると精度の高い回答を得やすくなる。回答は，各通話後すみやかに行うように教示する。調査期間は1週間とする。記入が終わった調査票については，調査期間終了後でもかまわないが，参加者が適切に回答を行っているかの確認も含めて，調査期間途中で複数回回収を行うほうが望ましい。

《日誌法による調査項目内容》 (a) 通話日時・時間：通話終了後表示される機能で確認し，記録させる。(b) 通話の相手との関係性：友人，恋人，家族などの適切なカテゴリーを事前に設定することが望ましい。また相手が同性か異性かを尋ねる項目も設定する。(c) 相手からかかってきた通話か相手にかけた通話か。(d) 通話後の感情状態：感情状態を測定する尺度（寺崎・岸本・古賀，1992）から2–3項目を選び，4件法で測定する。(e) 通話の満足度：通話にどの程度満足したかを4件法で測定する。なお，調査項目数が多くなると，回答に時間がかかり即時的な回答が得られにくくなりやすいので，1枚当たりの項目数は必要最小限にとどめることが望ましい。

結果の整理 調査期間内の全回答に通し番号をふり（例：ID-day-NO.），参加者ごとのデータを表計算ソフトに入力する。参加者ごとに，通話回数，平均通話時間，対象人物のカテゴリー別の出現回数などを算出する。そして，回答者の性別，参加者がかけた通話／相手からかかってきた通話の別，および通話相手のカテゴリー別に，通話後感情状態，満足度に違いがあるかを検討する。

考察の観点 (a) 集計の結果から特徴的な傾向があるかを考察する。(b) 話者の性別や通話相手などの要因によって，通話後感情状態や満足度が異なる場合，なぜそのような結果になったのかをコミュニケーション研究の知見をもとに考察する。

発展課題 (1) 日誌法で得られるデータは階層性をもつものが多いので，階層的線形モデル（Hierarchical Linear Model: HLM）などを用いたマルチレベル分析を行い，より詳細に検討してみよう。

(2) 個人特性（特性自尊心や孤独感など）を測定する質問紙調査をあわせて実施し，これらのデータと期間内の行動傾向を組み合わせた分析を行ってみよう。

引用文献

西村太志・浦　光博 (2005). 日記式質問紙を用いた日常生活出来事における自己評価過程の検討　総合人間科学，**5**，41-50.

寺崎正治・岸本洋一・古賀愛人 (1992). 多面的感情状態尺度の作成　心理学研究，**62**，350-356.

Wheeler, L., & Nezlek, J. (1977). Sex differences in social participation. *Journal of Personality and Social Psychology*, **35**, 742-754

III 検査法

III 検査法　1 パーソナリティの測定 ── NEO-PI-R ──

パーソナリティは，それを表現する型式から類型論と特性論に区分される。類型論は人（個体）をいくつかのタイプに分類する（例：外向型，内向型）。一方，特性論は連続した次元（ものさし）上の個人差としてパーソナリティを表現する。現在は特性論が主流である（杉浦・丹野，2008）。

特性論ではどのような次元をいくつ設けるかが重要となる。現在ではビッグファイブとよばれる5次元のモデルが主流である（five-factor model: FFM）。FFMの源流は非常に早い時期にある（Allport & Odbert，1936）。それは語彙アプローチとよばれ，辞書に含まれている特性語（人の個性を記述できる形容詞）をしらみつぶしに抜き出して分類することで登場した。その後因子分析の発展によって語彙アプローチは発展・洗練されてきた。その成果がFFMである（柏木，1997）。徹底したデータの収集に基づいている点が他のモデルとは一線を画している。さらに，FFMは他の特性論とも整合性が高い（杉浦・丹野，2008）。

FFMに基づいて通常の質問項目を用いたパーソナリティ検査としたものがRevised NEO Personality Inventory（NEO-PI-R, Costa & McCrae, 1992）である。NEO-PI-Rはビッグファイブに相当する5つのドメインと，それをさらに6つずつに細分したファセットからなる階層性をもっている（表1-1）。日本語版（日本版NEO-PI-R NEO-FFI使用マニュアル（成人·大学生用），以下マニュアルと略す）は1999年に発行された（下仲・中里・権藤・高山，1999）。

目　的　NEO-PI-Rを実施することで，パーソナリティを多面的に記述することを目的とする。同時に，質問紙によるパーソナリティの測定という方法についても理解を深める。

方　法　**≪器具≫**　市販の日本版NEO-PI-R NEO-FFI検査用紙を用いる。

≪手続き≫　マニュアル（下仲他，1999）の記載に従って実施する。自記式の質問紙なので自分が被検査者となり回答していく。所要時間は，30‒40分である。

結果の整理　採点前に，回答のチェックを行う。記入漏れや，でたらめと思われる回答，また何にでも当てはまると答える傾向がないか，などをチェックし回答が採点に足るものかどうかを判断する。場合によっては，検査結果の採用の是非を考える必要がある。採点はマニュアルに基づいて，下位尺度の素点を算出する。30の下位尺度（ファセット）があるがそれらをさらに6つずつ合計して5つのドメイン（これがビッグファイブに相当する）が算出される。素点を集団の基準と比較し，さら

表 1-1　NEO-PI-R のドメインとファセット（Costa & McCrae, 1992; 下仲他，1999）

神経症傾向	外向性	開放性	調和性	誠実性
不安	温かさ	空想	信頼	コンピテンス
敵意	群居性	審美性	実直さ	秩序
抑うつ	断行性	感情	利他性	良心性
自意識	活動性	行為	応諾	達成追求
衝動性	刺激希求性	アイデア	慎み深さ	自己鍛錬
傷つきやすさ	よい感情	価値	優しさ	慎重さ

神経症傾向：否定的な感情を経験しやすい傾向
外向性：外に興味をもち活動的な傾向
開放性：知性，創造性，柔軟性といった傾向
調和性：他者との調和のとれた穏やかな関係をもとうとする傾向
誠実性：勤勉な努力をする傾向

にわかりやすく図示できるように用意されたプロフィールフォーム（大学生用と成人用がある）を用いて，結果のプロフィールを作成する。プロフィールフォームでは素点を標準得点（T 得点）に換算するのに役立つ。

考察の観点　(1) パーソナリティ研究の目的は何らかの行動を予測することである。結果と合致するような自分の行動をリストアップする。たとえば，ビッグファイブからその人が生活の中でどのような困った問題を抱えるかを予測できるか考察する。

(2) 質問紙という方法論について考えてみる。質問紙では回答者が研究者の意図を容易に推測できるという問題点が指摘されている。実際にそれが可能であったか（例：どの項目がどの尺度に属するかわかったか）。また，好ましい印象を与えるように回答を操作することができただろうか。

発展課題　(1) 他の心理検査の結果との比較照合を行ってみよう。神経症傾向の高い人は，抑うつ傾向（BDI）の得点が高いのだろうか。

(2) NEO-PI-R を用いた先行研究は非常に多い。実際に使用した研究例を調べ，研究論文を読むことによって，NEO-PI-R および質問紙検査に関する理解を深めよう。

引用文献
Allport, G. W., & Odbert, H. S. (1936). Trait names: A psycho-lexical study. *Psychological Monographs*, 47 (1, Whole No.211).
Costa, P. T., Jr., & McCrae, R. R. (1992). *Revised NEO Personality Inventory (NEO-PI-R) and NEO Five-Factor Inventory (NEO-FFI) professional manual*. Odessa, FL: Psychological Assessment Resources.
柏木繁男 (1997). 性格の表現と評価――特性 5 因子論からのアプローチ――　有斐閣
下仲順子・中里克治・権藤泰之・高山　緑 (1999). 日本版 NEO-PI-R NEO-FFI 使用マニュアル（成人・大学生用）　東京心理
杉浦義典・丹野義彦 (2008). パーソナリティと臨床の心理学――次元モデルによる統合――　培風館

III 検査法 2 感情の測定 — BDI —

感情を表わす言葉には，情動（emotion)，感情（feeling)，気分（mood）などがある。気分は比較的持続的な状態のことである。一方，情動とは他と区別できる比較的強くかつ短時間の反応である。きっかけとなる刺激も明確である。情動には行動傾向や生理的喚起などの多くの反応が含まれるが，感情はその主観的な成分である。若干まぎらわしいが，感情あるいは情動という言葉はこれらの総称としても使われる。本節のタイトルにある感情は総称としての意味である。

感情にはさまざまな種類がある。また，それらが極端に強くなると不安障害やうつ病のような感情障害になることもある。うつ病は，強い落ち込み（抑うつ感）や意欲消失を特徴とする。

ベック抑うつ質問票（Beck Depression Inventory: BDI）は，最もよく用いられている抑うつ尺度である。1961年に初版が発行され，1979年に改訂された（Beck, Rush, Shaw, & Emery, 1979)。さらにうつ病の診断基準が変化するのにともない，DSM-IVに準拠したBDI-IIが1996年に発表され，これが最新版となっている。BDI-IIの日本版は2003年に発行されている（小嶋・古川，2003)。BDIは臨床的なうつ病の人以外に健常者に実施することも多く，研究数は現在でも増加している。

BDIは治療効果を客観的に検討しようとする研究で用いられ，エビデンス・ベイストな臨床心理学の発展に大きな影響を及ぼした（丹野，2001)。Coyne（1994）は，うつ病の人は，BDIで高得点をとる傾向があるが，逆にBDIで高得点だからといってうつ病とは限らないことを指摘している。よって，BDIの得点が高いというだけでうつ病だと判断することはできない。ただし，多くの対象者の中からうつ病の可能性がある人を選択することは可能である。うつ病かどうかの判断はDSM-IVに基づいた構造化面接法などによるべきである。

抑うつはうつ病の人だけに限らず，健常者における感情の個人差としてもとらえることができる。健常者の抑うつ感情を対象とした研究はアナログ研究とよばれ重要な意義をもっている（丹野，2001)。ただし，BDIは2週間という期間を限定して質問している点に注意が必要である。よって，抑うつ傾向という安定したパーソナリティを測定しているかどうかは，慎重に判断する必要がある。

目 的 BDIを実施することで，抑うつ感情を測定することを試みる。同時に，そのような測定を行う際の留意点についても考える。

方法 **≪器具≫** 検査用紙は市販の日本版 BDI-II を用いる。

≪手続き≫ 自記式の質問紙なので自分が被検査者となり回答していく。所要時間は 5–10 分程度である。なお，別の検査者が口頭で読み上げて被検査者に実施することもできる。BDI は 21 項目からなり，それぞれが 4 つの選択肢（0–3）からなっている。DSM-IV の大うつ病性障害の診断基準にあわせて 2 週間の状態を尋ねる。

結果の整理 採点は 21 項目の選択肢の番号を合計することで，BDI の得点を算出できる。0–63 の範囲になる。日本版 BDI-II 手引き（小嶋・古川，2003）に従って結果を整理する。得点を算出したら考察の観点に従って検討する。

考察の観点 (1) BDI を記入中にどのようなことを感じたか。また，算出された得点をみてどのように感じたか。心理検査はそれを実施することで，被検査者に苦痛が生じないかどうかに留意することが必要である。逆に，質問に答えることで何らかの気づきが生じるかもしれない。

(2) 健常者の分布は臨床群の分布のどの程度の位置にあるか（小嶋·古川 (2003) を参照)。

発展課題 (1) DSM-IV の大うつ病エピソードの基準と BDI-II の項目を比較してみよう。

(2) 対人関係，ストレスなど BDI の得点に影響すると考えられる要因を考えてみよう。

(3) パーソナリティ検査の得点と比較照合してみよう。神経症傾向の高い人は，抑うつ傾向（BDI）の得点が高いのだろうか。

(4) 実際に BDI が使用された研究論文を読んで，考察を深めよう。

引用文献

Beck, A. T., Rush, A. J., Shaw, B. F., & Emery, G. (1979). *Cognitive therapy of depression*. New York: Guilford Press.
（ベック，A. T.　坂野雄二（監訳）(1992). うつ病の認知療法　岩崎学術出版社）

Coyne, J. C. (1994). Self-reported depression: Analog or ersatz depression. *Psychological Bulletin*, **116**, 29-45.

小嶋雅代・古川壽亮 (2003). 日本版 BDI-II 手引き　日本文化科学社

丹野義彦 (2001). エビデンス臨床心理学——認知行動理論の最前線——　日本評論社

III 検査法

3 作業検査 ── 内田クレペリン精神検査 ──

Kraepelin, E. は，人間が規則的で単純な作業を行った場合，その作業量には時間経過と関連した一定の法則があることを見いだした。彼は連続加算作業を取り上げ，単位時間当たりの作業量の変化を曲線で表わし，これを作業曲線と名づけた。この作業曲線に影響を及ぼす精神的要因として，意志努力，気乗り，疲労，慣れ，練習の5つがあげられており，それぞれの働きの程度によって作業曲線は異なる現われ方をすると考えた。内田（1951）は，Kraepelin の連続加算作業の単位時間を1分間とし，休憩をはさんで，前半15分，後半10分（後に15分に改訂）の検査として構成した。さらに，健常者において認められやすい作業曲線を定型曲線とし，これをもとに個々の作業曲線から意志発動の様態を判別，診断する基準を作成した。これが内田クレペリン精神検査（UK）であり，日本独自の精神的作業検査である。

UK は，量的指標である作業量と，質的指標である作業曲線の2つの指標によって判定される。作業量は，一般的な情報処理速度，意志的緊張の強さ，課題への態度などの指標と考えられている（清野・笠井・工藤・山崎・山末・福田・加藤，2006）。一方，作業曲線の特徴は，初頭努力率，動揺率，V字落ち込み，平均誤謬率，休憩効果率などの量化可能な指標を用いて記述される（横田，1965）。

目 的 内田クレペリン精神検査を実施し，実施方法および作業曲線の判定方法を習得する。

方 法 **《器具》** 内田クレペリン精神作業検査用紙標準Ⅱ型，ストップウォッチ1個，HB の鉛筆2–3本，赤鉛筆1本。

《手続き》 検査用紙を配布し，回答方法について説明する。具体的には，隣り合う数字を順々に加算し，その答えの1位の数を印刷してある数字の間に書き込むこと，また回答はできるだけ速く，かつ正確に行うよう心がけることを教示する。被検査者が回答方法について理解できたか確認した後，“レンシュウ”欄を使って回答方法と行替えについて練習し，回答方法に誤りがないか確認する。被検査者の準備が整っていることを確認した後，用紙を反転してもらい，“用意，始め”の合図に従って“サキ”と書かれたところから前半の本検査を実施する。1分ごとに行替えの合図を行い，15分経過後に“やめ”という合図があるまで作業を続けてもらう。5分間の休憩の後，“アト”と書かれたところから前半同様の方法で後半の本検査を実施する。

結果の整理 (1) 各行の答えを書き終わった右側の印刷数字を1行目から15行目まで，定規を使って赤鉛筆で結ぶ。(a) 脱行が認められた場合，行をつめて線を引く。(b) 回答が1つとばしの場合には，作業量を1/2に修正して線を引く。(c) 回答が2行にわたる場合には，用紙を継ぎ足して線を引く。

(2) 1行ごとの作業量を数え，用紙の作業量記入欄に記入する。

(3) 1行ごとの誤謬数を数え，間違った箇所に赤鉛筆で○をつけ，その数を記入する。ただし，時間がない場合には，前後半の11行目の誤謬数を数え，3つ以上の誤答が認められた場合，10行目，12行目の誤答を調べる。それらの行に誤答が頻発するようであれば全行を調べる。

(4) 前半作業，後半作業それぞれについて各15行の平均作業量を算出し，赤の直線で検査用紙中にその位置を書き込む。

(5) 外岡（1975）のテキストを用いて，曲線の判定を行う。

考察の観点 (1) 曲線の判定に基づき，被検査者の精神的特徴について記述する。

(2) 定型曲線からの逸脱の程度による曲線判定だけでなく，平均作業量，平均誤謬数，休憩効果率，初頭努力率，最大差などを求め（各指標の算出方法については柏木・山田（1995）を参照)，これらの量的データからも被検査者の特徴について考察する。

発展課題 (1) 柏木・山田（1995）や清野他（2006）の研究を参考に，UKにおいて得られた各指標（たとえば，平均作業量，平均誤謬数，休憩効果率）とパーソナリティ測定尺度（たとえば，ビッグファイブ尺度）との関連性について調べてみよう。

(2) 生和（1971）を参考に，検査反復回数を増やし，作業量と曲線の安定性について調べることで，UKの信頼性について検討してみよう。

引用文献

柏木繁男・山田耕嗣 (1995). 性格特性5因子モデル（FFM）による内田クレペリンテストの評価について　心理学研究，**66**，24-32.

清野　絵・笠井清登・工藤紀子・山崎修道・山末英典・福田正人・加藤進昌 (2006). 健常成人における内田クレペリン検査成績と人格特性との関連　精神医学，**48**，127-133.

生和秀敏 (1971). 内田クレペリン精神作業曲線の検査反復にともなう変化について　心理学研究，**42**，152-164.

外岡豊彦（監修）(1975). 内田クレペリン精神検査・基礎テキスト増補改訂版　日本精神技術研究所

内田勇三郎 (1951). 内田クレペリン精神検査法手引　日本精神技術研究所

横田象一郎 (1965). クレペリン精神作業検査解説　新訂増補　金子書房

4 投影法検査 — P-F スタディ —

P-F スタディ（絵画欲求不満テスト）は，"Picture-Association Study Assessing Reaction to Frustration（フラストレーション反応を査定するための絵画－連想研究）" の略称である。投影法の中でも，刺激に対してある課題が課せられることで反応の自由度が低くなる制限的投影法に分類される。ワシントン大学の Rosenzweig, S. により 1945 年に刊行され，日本語版は 1955 年に児童用，1956 年に成人用，1987 年に青年用が発刊されている。

このテストは，ある想定された場面の中の欲求不満をもった人物と自己とを同一化，投影すると仮定し，それらの反応から背景にある人格の独自性を明らかにしようとするものである。日常的に起こりうる欲求不満場面を漫画のように描いた 24 場面により構成されている。それぞれの場面には 2 人以上の人物が登場し，左側の人物（frustrater）の吹き出し（左の吹き出し部分）には，右側の人物（frustratee）を欲求不満にさせる言葉が書かれている。それに対し，右側の人物がどう答える（反応する）か，最初に頭に浮かんだ言葉を空欄になっている右の吹き出し部分に記入する。24 場面は，自我阻害場面（外的な状況の影響で欲求不満を起こした場合）と超自我阻害場面（他から非難，詰問されて欲求不満を起こした場合）の 2 つに大別される。

目的 P-F スタディの実施を通して，投影法やパーソナリティ特性の理解を深める。

方法 **《器具》** 24 の欲求不満場面で構成されている "P-F スタディ" のテスト冊子と，反応をまとめるための "P-F スタディ記録票" を準備する。成人用は 15 歳以上，青年用は中学 1 年－大学 2 年生，児童用は小・中学生を対象とし，年齢的に重なりのあるところはどちらも使用可能である。

《手続き》 個別・集団どちらでも実施可能であるが，精神障害者，知的障害者は個別実施を原則とする。集団の場合には，テスト用紙を開始前に開かないよう指示することが必要である。やり方を冊子の表紙の例を用いてわかりやすく教示する。教示における重要なポイントは，(a) 表紙例の "右側の男の人はどんなふうに答えるでしょうか？" のように "左側の人物が言っていることに対して，右側の人物がどう答えるか？" が基本であること，(b) 最初に思いついた答えを書き込むこと，(c) 時間制限はないが次々と順番にさっさと書いていくこと，(d) 答えを書き直したいときにはケシゴムで消さずに鉛筆で線を引いて消すこと，(e) わからないことがあったら静かに手を挙げること，などである。(a) は特に徹底し，"あなたならどう答えますか？”ではないことに注意する。所要時間はだいたい30分前後である。実際にかかった時間を記入しておくと解釈に役立つことがある。

結果の整理 林・住田・一谷・中田・秦・津田・西尾・西川・中澤・笹川（2007）の評点法に従って，“P-Fスタディ記録票”に反応を整理する。評点化の段階では，あくまで語義的水準でのスコアリングであり，言葉の裏にある気持ちの推測によるものではない。欲求不満反応は，アグレッション（aggression）の方向とアグレッションの型との2つの次元によって評点組織が構成されている。アグレッションの方向は，E-A（Extraggression，他責的），I-A（Intraggression，自責的），M-A（Imaggression，無責的），アグレッションの型は，O-D（Obstacle-Dominance，障害優位型），E-D（Ego-Defense，自我防衛型），N-P（Need-Persistence，要求固執型）に分類される。この分類の組み合わせによる9個の評点因子と2個の特殊因子の計11因子によって評点する。

考察の観点 GCR（Group Conformity Rating），プロフィール欄，超自我因子欄，反応転移分析欄のそれぞれの指標が何を意味しているのかを理解し，それらを総合的にみて考察をする。24場面のそれぞれの反応語をよく吟味し，場面の反応の流れや転移を丁寧にみていくことが大切である。

発展課題 (1) P-Fスタディの効用と限界について考えてみよう。
(2) P-Fスタディをどのようなケースにテスト・バッテリーとして組むことができるか考えてみよう。

引用文献
林　勝造・住田勝美・一谷　彊・中田義郎・秦　一士・津田浩一・西尾　博・西川　満・中澤正男・笹川宏樹 (2007). P-Fスタディ解説2006年版　三京房

参考文献
松原達哉（編著）(2006). 心理テスト法入門　日本文化科学社
秦　一士 (1992). P-Fスタディの理論と実際　北大路書房
氏原　寛・小川捷之・東山紘久・村瀬孝雄・山中康裕（共編）(1992). 心理臨床大事典　培風館

5 知能検査 ── 京大 NX 知能検査と WAIS-Ⅲ──

知能検査は，現在，知的障害・発達障害の診断・評価にとどまらず，認知症や統合失調症など認知障害の補助的な評価ツールとしても活用されている。知能検査には大別して，集団式（団体式）知能検査と個別式知能検査があり，どちらについても，さまざまな検査が作成されている（松原，2002)。各知能検査には，作成者の知能に関する考え方が反映されており，知能検査を実施する際には，その検査の理論的根拠を十分理解しておく必要がある。また，多様な知能検査の種類についても理解を深め，検査目的に即した適切な検査を被検査者に実施できるようにしておくことが大切である。

1．京大 NX15- 知能検査

京大 NX 知能検査は，常に新しい知能理論（X）を探索しつつ，正常知能者（N）を中心に発達的に区分された検査群を構成した集団式知能検査である（苧阪・梅本，1984)。この検査には，その適用年齢に応じていくつかの検査が用意されている。現在まで作成された検査には，(a) 5─8 歳児までの幼児用（京大 NX 5-8)，(b) 8─12 歳児までの小学生用（京大 NX 8-12)，(c) 9─15 歳までの中学生用（京大 NX 9-15)，(d) 15 歳以上を対象とした高校生・一般用（京大 NX 15-）がある。

目 的 大学生を対象に検査を実施し，京大 NX15- 知能検査の実施法と採点整理を習得する。

方 法 《器具》 京大 NX 15- 知能検査用紙（必要に応じて，目的・年齢に即したもの)，実施・採点手引き，ストップウォッチ。

《手続き》 あらかじめ実施手引きをよく読んで，検査内容や実施手順の把握に努めるようにする。実施の前には，手引きどおりにスムーズな実施ができるように練習をしておく必要がある。

結果の整理 (1) 手引きの正答を参照しながら採点し，下位検査ごとに正答数を求め，裏表紙の粗点記入欄に記入する。

(2) 被検査者の CA（暦年齢）を算出し，手引きの該当年齢の偏差値換算表により下位検査ごとに粗点を偏差値に換算し，偏差値欄に記入する。

(3) 全下位検査偏差値を合計し偏差値総計を求める。

(4) 換算表によって偏差値総計から知能偏差値や知能指数，評価段階を求め，各下位検査の偏差値の値をプロットしてプロフィールを作成する。

考察の観点 プロフィールに基づき，被検査者の知能の特徴を把握する。具体的には，因子による相違から個人内の知能の特徴について考察するとともに，同一検査内の下位検査ごとの相違についても検討する。

発展課題 知的障害の児童・成人に対して，京大NX知能検査は実施が困難な問題が含まれている。どのような改善があれば測定が可能か考えてみよう。

2. 日本版ウェクスラー式知能検査（WAIS-III）

ウェクスラー式知能検査は，ウェクスラー・ベルヴュー知能検査（1939年）に端を発し，その後，改訂を繰り返しながら発展してきた（Wechsler, 1997）。現在では，日本語版では，WPPSI（3歳10か月−7歳1か月）やWISC-III（5歳0か月−16歳11か月），WAIS-III（16歳−89歳）という後継検査が開発されている。ウェクスラー式の知能検査の特徴として，全検査IQが求められるほかに，言語性・動作性IQが各々求められる。WAIS-IIIでの評価には，WISC-IIIと同様に群指数という概念が導入され，知能の構造を言語理解や知覚統合，作動記憶，処理速度という4つの因子からとらえ直して評価できるように設計されている。

Wechslerによると，各群指数の測定内容は次のように説明されている。言語理解（Verbal Comprehension: VC）は，獲得された言語的知識や言語的推理の能力を測定している群指数である。言語に関する検査に特化した指数であるため，言語性IQよりも精密で純粋な言語理解の測度となっている。知覚統合（Perceptual Organization: PO）は，非言語性の流暢性推理，詳細な部分への注意，視覚運動統合を測定する群指数である。作動記憶（Working Memory: WM）の群指数は，被検査者が情報に注意を向け，短期間保持し，記憶の中でその情報を処理して，回答することが要求されるような課題が含まれる。このことから，作動記憶という群指数は言語性の作動記憶を測定していると考えられている。処理速度（Processing Speed: PS）は視覚情報をすばやく処理する能力であり，さまざまな神経心理学的な状態に非常に鋭敏な尺度である。このような群指数の導入により，従来の言語性・動作性IQの区分けよりも，被検査者の知的な能力に詳細な検討を行うことが可能になる。

WAIS-III検査は，表5-1のように14種の下位検査があり，番号は検査の実施順序を示している。偶数番号が言語性検査，奇数番号が動作性検査である。このうち，言語性IQと動作性IQについては，通常は，“1 絵画完成”から“11 理解”までが利用される。注にあるように，特定の条件にある場合，“12 記号探し”“13 語音配列”“14 組合せ”

表 5-1　IQ の算出に関わる下位検査（Wechsler, 1997 日本版 WAIS-Ⅲ刊行委員会訳編 2006, p. 4）

言語性検査	動作性検査
2　単語	1　絵画完成
4　類似	3　符号
6　算数	5　積木模様
8　数唱	7　行列推理
9　知識	10　絵画配列
11　理解	12　記号探し[a]
13　語音配列[b]	14　組合せ[c]

a　符号が正しく実施できなかったとき，その代替としてIQ算出に利用できる。
b　数唱が正しく実施できなかったとき，その代替としてIQ算出に利用できる。
c　実施できなかった動作性検査の代替としてIQ算出に利用できる。

の検査結果が利用される。また，表5-2は，各群指数とそれを算出するための下位検査を示している。

WAIS-Ⅲ検査では，“1 絵画完成”－“9 知識”までを基本検査とし，IQのみを算出する場合は“10 絵画配列”と“11 理解”を加え，群指数のみを算出する場合は，“12 記号探し”と“13 語音配列”を加えることになる。IQと群指数の双方を測定する場合は，1–13までの検査をすべて実施する必要がある。IQ算出のみを目的とした場合の実施時間は60分–90分であり，群指数の算出を求めた場合は45分–75分，双方の算出を求める場合は，65分–95分が目安となる。

目 的　日本版WAIS-Ⅲ（ウェクスラー式成人知能検査第3版）の実施法と整理の方法を習得する。特に，群指数の概念について理解し，知能の詳細な評価・解釈の方法を学ぶ。

方 法　**《器具》** WAIS-Ⅲ検査法（実施・採点マニュアル），記録用紙，ワークブック，検査用具一式，ストップウォッチ，鉛筆（被検査者用），筆記用具類（検査者用）。
《手続き》 検査前に検査法を熟知しておき，下位検査の実施順序，開始条件や中止条件など実施マニュアルどおりに実施する。実施の際には，下位検査ごとに開始問題として示されている問題から実施する。組合せ問題は全問実施する。また，符合問題と記号探し問題は制限時間内にできるだけ多くの問題に答えてもらう。その他の下位検査の問題では，一定条件下で問題の回答に失敗したときに検査を中止する。

表5-2　群指数の算出に関わる下位検査（Wechsler, 1997 日本版WAIS-III刊行委員会訳編 2006, p. 4を改変）

群指数	下位検査
言語理解（VC）	単語，類似，知識
知覚統合（PO）	絵画完成，積木模様，行列推理
作動記憶（WM）	算数，数唱，語音配列
処理速度（PS）	符号，記号探し

結果の整理　WAIS-IIIの記録用紙から，結果整理シートを切り離し，採点マニュアルに従って，(a) 粗点の換算，(b) WAIS-IIIのプロフィールの作成，(c) ディスクレパンシー分析，(d) 下位検査のS（強み）とW（弱み）の判定，(e) 符合問題と数唱問題の精査，というように，5つの整理を行う。いずれの整理もマニュアルを熟読して，そこに示された手順どおりに実施する。

考察の観点　検査時での行動観察結果もふまえ，プロフィール分析を実施する。特に，群指数の評価やディスクレパンシー分析などから，被検査者の知能の特徴を構造的にとらえていくことに重点をおくようにする。

発展課題　(1) 群指数間の個人内差が確認された場合，被検査者の知能特性をどのように診断したらよいか，個人内差の現われ方ごとにその特徴について考えてみよう。

(2) 5つの検査結果の整理をふまえて，知能の構造について総合的に理解することの意義を，心理学的に考察してみよう。

引用文献
苧阪良二・梅本堯夫 (1984). 新訂京大NX15-知能検査第2版手引　大成出版　牧野書房
松原達哉 (2002). 心理テストについて　松原達哉（編）第4版心理テスト法入門――基礎知識と技法習得のために――　日本文化科学社　pp. 1-17.
Wechsler, D. (1997). *Administration and scoring manual for the Wechsler Adult Intelligence Scale-Third Edition.* Harcourt Assessment, Inc.
（ウェクスラー，D.　日本版WAIS-III刊行委員会（訳編）(2006). 日本版WAIS-III実施・採点マニュアル　日本文化科学社）

III 検査法

6 神経心理学的検査 ― WCST ―

脳外傷や脳血管障害後に生じる高次脳機能障害では，損傷の部位や程度によって，さまざまな認知機能の障害が現われる。認知機能の障害を評価する検査は，評価の対象となる機能に応じて種々のものが開発されており，それらを総称して神経心理学的検査とよぶ。ここでは，認知機能障害の1つである遂行機能障害を評価するためのウィスコンシンカード分類検査（以下，WCSTと略す）を取り上げる。

遂行機能は，目的的行動における目標の設定，目標達成のための計画の立案と実行，そして効果的な実行のための自己や周囲の環境に対するモニタリング能力などを含み，発動性や注意の維持も関わる複合的な機能である。したがって，遂行機能障害では，行動の開始困難や自発性の低下，行動や概念の維持と転換の困難，フィードバック利用能力の低下，衝動性や脱抑制などが引き起こされ，計画的な実行や状況変化への柔軟な対応に問題が生じる。多くの場合，前頭葉損傷後にみられるが，あらゆる前頭葉損傷で遂行機能障害が認められるとは限らず，その他の損傷部位で現われる場合もある。遂行機能障害は，上述のようにさまざまな障害を含み，個人差も大きいという特徴から，表6-1のように，遂行機能の要素を評価するいくつかの神経心理学的検査によって評価される。

WCSTは，Grant, D. A. と Berg, E. A. によって開発され，その後，Nelson, H. E. や Milner, B. が独自の検査を発展させている（Lezak, 1995）。日本では，従来のカード分類課題よりも構成するカードの枚数を減じ，施行を簡便にした鹿島・加藤・本田（1999）による慶応版ウィスコンシンカード分類検査（以下，KWCSTと略す）が多くの臨床現場で利用されている。KWCSTとは，図6-1に示したような，赤，緑，黄，青の1–4個

表6-1　遂行機能障害を評価するための代表的な神経心理学的検査（鹿島他，1999を改変）

検査名	評価されるおもな機能
ウィスコンシンカード分類検査	概念の形成とセットの転換
カテゴリーテスト	概念の形成と分類
修正ストループテスト	反応の抑制
流暢性検査	発散的思考
迷路学習	洞察や見通しの学習
トレイル・メーキング・テスト	セットの転換
ハノイの塔パズル	計画能力
ティンカートイ検査	発散的思考と創造性
ギャンブリング課題	意志決定
遂行機能障害検査（Behavioral Assessment of Dysexecutive syndrome: BADS）	問題解決能力の包括的評価。6種類の下位検査と1つの質問票からなる

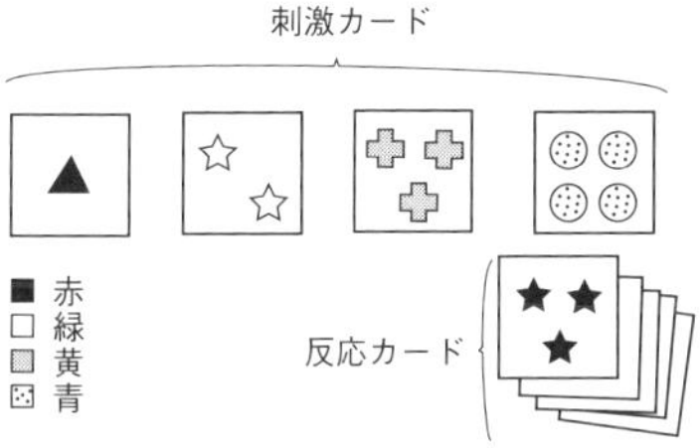

左の例の場合，反応カードは赤の３つの星形であるが，これを刺激カードの一番左に分類した場合は色に，左から２番目のカードに分類した場合は形に，左から３番目のカードに分類した場合は数に基づいて分類したことになる。一番右端のカードに分類した場合は，どのカテゴリーにも一致しない分類となる。

図 6-1　慶応版ウィスコンシンカード分類検査刺激配置例

の三角形，星型，十字型，円からなる図形が印刷されたカードを用いる検査で，被検査者は，色，形，数の３つの分類カテゴリーのいずれかに従って反応カードを分類することが求められる。分類カテゴリーはあらかじめ決められているが，被検査者にはそれが知らされていないため，被検査者は，検査者から与えられる反応の正誤（被検査者の分類があらかじめ決められた分類カテゴリーと一致しているか否か）のフィードバックのみを手がかりとして，分類カテゴリーを推測しながら反応カードを置いていく。そして，正反応が一定枚数続いた後には，分類カテゴリーが被検査者への予告なしに変更されるため，被検査者はそれまでの分類カテゴリーから新しい分類カテゴリーへの転換を求められる。このようにして，達成された分類カテゴリー数と分類の誤りから，概念の維持と転換およびフィードバックを利用する能力と保続について評価することができる。保続とは，以前と同じ行動や反応を後続の事象に対しても不適切に反復するものであり，ウィスコンシンカード分類課題では，誤りであるとされる分類を続けることで観察される。

なお，KWCST は，インターネットからフリーでダウンロードできるコンピュータソフト（脳卒中データバンク http://cvddb.shimane-med.ac.jp/cvddb/user/wisconsin.htm）も開発されている。

目　的　KWCST を用いて，その実施方法と結果の整理方法に習熟し，神経心理学的検査への理解を深める。

方　法　**《器具》**　表 6-2 に従って，形，色，数で分類される４枚の刺激カードとそれとは異なる 48 枚の反応カードを作成する。その他，図 6-2 の記録用紙を準備する。

《手続き》　テストには第１段階と第２段階の２段階がある。第１段階では，被検査者には，カードを分類する検査であることを告げ，形と色と数の３つの分類カテゴリーがあることをよく説明し，それぞれの反応カードを４つの刺激カードのいずれかに分類するよう教示した後，反応の正誤について検査者が具体例を示す。そして，１回の分類ごとに“正しい”または“誤り”のフィードバックのみが与えられること，できるだけ“正しい”と言われるように考えてカードを置くこと，１回につき１枚

表 6-2 使用する刺激カードと反応カードの構成（鹿島他，1999）

	分類カテゴリー				分類カテゴリー				分類カテゴリー		
カード No.	形	色	数	カード No.	形	色	数	カード No.	形	色	数
刺激 1	三角	赤	1	反応 15	星	黄	1	反応 33	三角	黄	2
刺激 2	星	緑	2	反応 16	丸	赤	2	反応 34	十字	青	1
刺激 3	十字	黄	3	反応 17	星	青	3	反応 35	三角	緑	3
刺激 4	丸	青	4	反応 18	十字	赤	4	反応 36	丸	黄	1
反応 1	三角	青	2	反応 19	丸	緑	1	反応 37	三角	青	3
反応 2	丸	赤	3	反応 20	十字	青	2	反応 38	十字	緑	4
反応 3	三角	黄	4	反応 21	星	赤	3	反応 39	星	黄	1
反応 4	丸	緑	3	反応 22	丸	黄	2	反応 40	丸	赤	2
反応 5	十字	赤	2	反応 23	三角	緑	4	反応 41	星	青	3
反応 6	星	黄	4	反応 24	星	青	1	反応 42	十字	赤	4
反応 7	十字	緑	1	反応 25	丸	赤	3	反応 43	丸	緑	1
反応 8	星	赤	4	反応 26	三角	青	2	反応 44	十字	青	2
反応 9	三角	黄	2	反応 27	丸	緑	3	反応 45	星	赤	3
反応 10	十字	青	1	反応 28	三角	黄	4	反応 46	丸	黄	2
反応 11	三角	緑	3	反応 29	十字	赤	2	反応 47	三角	緑	4
反応 12	丸	黄	1	反応 30	星	黄	4	反応 48	星	青	1
反応 13	三角	青	3	反応 31	十字	緑	1				
反応 14	十字	緑	4	反応 32	星	赤	4				

注 1　表中のカード No. における刺激 1–4 は刺激カードを，反応 1–48 は反応カードを示す。
　2　刺激カードは，検査者から見て左から右へカード No.1 から順番に並べる。反応カードは 1 から順番にセットする。

段階 ＿＿＿＿＿＿ 段階

反応カード番号	1	2	3	4	5	6	7	43	44	45	46	47	48
検査者カテゴリー	色	色	色	色	色	色	色	数	数	数	数	数	数
正／誤	×	×	×	×	○	○	○	○	○	○	○	○	○
被検査者カテゴリー	UE	数	形	色	色	色	数	数	数	数	数	数	数
反応の特徴		P		←	D	→		←		C			→

注 1　記録用紙中の C はカテゴリーの達成を，P はネルソン型の保続を，D はセット維持困難を，UE はどのカテゴリーにも一致しない特殊な誤りを示す。

図 6-2 記録用紙とその記入例

のカードしか置くことができないことを教示し，反応カードは 1 枚ずつ分類カードの下に置き，新しい反応カードは上に重ねるよう指示する。

検査者は，1 回の分類ごとに，“正しい” または “誤り” のフィードバックを行い，反応カードの番号に従って，検査者の分類カテゴリー，反応の正誤，被検査者の分類カテゴリーを記入する。6 試行連続の正反応の後には，予告なしに分類カテゴリーを変換する。分類カテゴリーの変換の順序は，色→形→数→色→形→数である。検査は，48 枚の反応カードがすべて分類された時点で終了する。

もし，第1段階での達成カテゴリー数が3以下の場合，検査者は，第1段階の教示に加えて，分類カテゴリーがある程度一定して続いた後に時どき変わっていることを教示し，第2段階として再度検査を実施する。

結果の整理　カテゴリー達成数（categories achieved: CA），ネルソン型の保続数（perseverative error of Nelson: PEN），セットの維持困難（difficulties of maintaining set: DMS）を評価する。カテゴリー達成数とは，6回連続の正反応が得られた分類カテゴリーの数であり，概念の転換の程度を表わす指標である。ネルソン型の保続数とは，直前の誤反応と同じカテゴリーに分類された誤反応数である。セットの維持困難は，2以上5以下の連続正答後に誤反応が生じた場合で，被検査者が準拠していた分類カテゴリーを見失ってしまう程度を表わし，概念の維持の困難を示す。なお，コンピュータ版KWCSTでは，分類カテゴリーが変わったにもかかわらず，直前に達成された分類カテゴリーに分類し続ける保続であるミルナー型の保続（perseverative error of Milner: PEM）も評価できる。

考察の観点　(1) カテゴリー達成数，ネルソン型の保続数，セットの維持困難の数から，反応の特徴について記述する。
(2) 検査の経験に基づき，WCSTの長所と短所についてまとめる。
(3) 遂行機能についてまとめ，WCSTが評価する機能について考える。

発展課題　(1) KWCSTは，原典を簡易にしたものであるが，原典の方法との違いを調べてみよう。
(2) WCST以外の遂行機能障害の検査も実施し，それらの結果に基づいて遂行機能について考察してみよう。

引用文献
鹿島晴雄・加藤元一郎・本田哲三 (1999). 認知リハビリテーション　医学書院
Lezak, M. D. (1995). *Neuropsychological assessment.* 3rd ed. New York: Oxford University Press.
（レザック，M. D.　鹿島晴雄（監修）(2005). レザック神経心理学的検査集成　創造出版）

参考文献
Beaumont, J. G., Kenealy, P. M., & Rogers, M. J. C. (1996). *The Blackwell dictionary of neuropsychology.* Oxford: Blackwell Publishers.
（ボーモント，J. G. 岩田　誠・河内十郎・河村　満（監訳）(2007). 神経心理学事典　医学書院）
鹿島晴雄・加藤元一郎・半田貴士 (1985). 慢性分裂病の前頭葉機能に関する神経心理学的検討 Wisconsin Card Sorting Test 新修正法による結果　臨床精神医学，14，1479-1489.
Spreen, O., & Strauss, E. (2005). *A compendium of neuropsychological tests: Administration, norms, and commentary.* 2nd ed. New York: Oxford University Press.
（スプリーン，O.・ストラウス，E.　秋元波留夫（監修）(2004). 神経心理学検査法 第2版　創造出版）
利島　保（編）(2006). 脳神経心理学　朝倉書店

Ⅳ 研究法ミニ知識

IV 研究法 ミニ知識

1 研究の倫理

心理学では生きた人間と動物を対象にする。心理学の分野で研究・教育・実践を行うことは，個人と社会に大きな影響を与える可能性がある。心理学を学ぶものは，教員・学生を問わず，高いレベルの倫理規範に基づいて行動することが求められている。

日本心理学会（http://www.psych.or.jp/about/rinri.html）やアメリカ心理学会（http://www.apa.org/ethics/）では，専門的職業として心理学に携わる人々に対して倫理綱領と行動規範を策定している。研究の倫理について考えることは学生にとっても重要であり，教科書にも記載されるようになってきた（Smith, Nolen-Hoeksema, Fredrickson, & Loftus, 2003)。ここでは，学生として心理学を学ぶときに気をつける点を4つにまとめる。

1. ミニマルリスク（最小限のリスク）

人間を対象とした研究では，研究参加者の安全を最優先する。研究において予想されるリスクは，日常生活で通常出合う危険性を上回ることがないようにする。研究を行うときは，個人的な興味や利益を優先せず，その実行に関わるさまざまなコストと期待される成果とのバランスをよく考えて決める。参加者を身体的に疲労させたり精神的に傷つけたりしてまで，その研究を行う意義があるのかを考え，公に説明できる合理的な確信があるときのみ，研究を行うようにする。研究中に起こりうる不慮の事故への対策は，研究計画の段階で十分に考慮しておく。研究の実施者も参加者も，教育・研究活動を対象とした災害傷害保険に入っておくことが望ましい。また，動物を対象とした研究では，動物愛護と福祉の精神に基づき，できるだけ動物に苦痛を与えないようにするとともに，感染症の防止など衛生面での十分な配慮を行う。

2. インフォームド・コンセント（説明と同意）

参加者の意思は，いかなる段階においても，最大限に尊重する。研究への参加は強制ではなく任意であり，望めばいつでも不利益を受けずに参加を取りやめられることをあらかじめ説明しておく。研究に参加するかどうかの判断に影響する情報（研究の目的・方法・予想されるリスク等）は，事前に提示することが望ましい。研究目的のために参加者に虚偽の情報を与えること（ディセプション deception）はできるかぎり避けるが，倫理綱領に照らして許容される範囲であり，他に方法がないときには，研究実施後にその理由を丁寧に説明して，参加者の理解を得るようにする。そのようにして得たデータを利用するときは，実施後に改めて参加者の同意を得ることが望ましい。事後説明の具体的な手続きは，実験計画の段階で十分に考慮しておく。なお，参加者の同意は，原則として文書で記録し保管する。

3. プライバシーの保護

研究中に知り得た個人情報については秘密を守り，参加者の同意を得ずして，他の目的に使わない。当初の説明以外の目的で使うときは，改めて参加者の同意を得る。研究で測定したデータは記号化・匿名化し，個人を特定できる情報（名前，生年月日，学生番号等）とは分離して保管するのが望ましい。必要がないかぎり，統計処理されたデータのみを報告する。個人情報は，容易にアクセスできない場所（鍵のかかる保管庫やセキュリティの高いコンピュータ）に厳重に保管する。データを破棄するときには，その媒体を問わず，個人情報の流出を防ぐために細心の注意を払う。

4. 正確な情報の公表

研究成果を公表するときは，科学的・学問的な正確さを期すために最大限の注意と努力を払う。故意のデータ捏造はいうまでもないが，研究者の不注意による過失（データ分析や図表作成の誤りなど）も，間違った情報を提供したという意味では等しく有害である。また，他の資料を出典を明記せずに利用することは，剽窃とみなされる。研究を発表した個人だけでなく，心理学全体に対する信頼を損ねる結果となるので，データの分析と公表は細心の注意を払って誠実に行う。公表した研究の素データおよびその他の情報（教示，手順書，ソフトウェアなど）は，必要があれば開示できるように保管しておく。

個々の研究についてこれらのルールが守られているかをチェックするために，研究を行う前に，所属機関の研究倫理委員会に研究計画書を提出し審査を受けることが義務づけられるようになってきた。卒業論文などの研究を行うときは，必ず教員に相談して，必要な手続きを踏むようにしたい。

引用文献

Smith, E. E., Nolen-Hoeksema, S., Fredrickson, B. L., & Loftus, G. R. (2003). *Atkinson & Hilgard's introduction to psychology.* 14th ed. Belmont, CA: Wadsworth.
（スミス E. E. 他 内田一成（監訳）(2005). ヒルガードの心理学 第14版 ブレーン出版）

2 文献の探し方

新しいテーマで研究を始めるときは，まずその分野でどのような研究が行われているかを調べる。“巨人の肩の上に立つ（Standing on the shoulders of giants）”という有名な言葉があるように，科学は先人の発見を踏み台として初めて次の段階に進むことができる。研究を始めるときだけでなく，予想外の結果が得られたときにも，文献を調べることで考察を深めることができる。

インターネットが普及したおかげで数年前に比べて文献検索がきわめて容易になった。世界最大の心理学データベース（PsycINFO）に登録されている文献は2008年12月現在で260万件を超え，毎年13万件近く追加されているという（http://www.apa.org/psycinfo/）。これに加えて，学会発表や紀要論文などを含めると，さらに多くの資料が存在することになる。ここでは，このような膨大な文献から必要な情報を探し出す方法について紹介する。URLは2009年1月現在のものである。

1. 本や論文の引用文献をたどる

学術的な本（教科書も含む）や論文には，ほとんどの場合，引用文献が載っている。それをたどっていくと，関係した文献を芋づる式に探すことができる。これから研究テーマを探そうとする学生は，まず自分の関心に合った本や論文を1つ見つけ，それを読みながら，引用された文献をたどっていくとよい。この方法により，関連する研究分野についてのおよそのイメージをもつことができ，重要なキーワード（術語）を見つけることができる。ただし，引用されている文献を直接調べず孫引きすることは可能なかぎり避ける。もしそうするときは，レポートや論文にその旨を記載する。

2. オンラインデータベースを調べる

引用文献をたどっていく方法の欠点は，その文献よりも前に出版された論文しか見つけられないことである。最新の文献を調べるにはオンラインデータベースを検索する。以下の5つをよく使う。

(1) **PsycINFO（http://www.apa.org/psycinfo/）** アメリカ心理学会が作成した世界最大の心理学データベースで，論文と単行書が含まれる。日本語で書かれた論文の一部も含まれている。

(2) **PubMed（http://www.ncbi.nlm.nih.gov/pubmed/）** アメリカ国立生物工学情報センター（National Center for Biotechnology Information: NCBI）が作成し，一般に無償公開している医学関係のデータベースで，心理学関係の雑誌論文も一部含まれる。

(3) **CiNii（http://ci.nii.ac.jp/）** 国立情報学研究所が作成した論文情報ナビゲーターで，日本国内で出版された雑誌・紀要論文を日本語で検索できる。

(4) **Web of Knowledge（http://isiknowledge.com/）** トムソンサイエンティフィック（Thomson Scientific）社の論文データベース。ある文献がその後に出版されたどの文献に引用されているかを探せる。

(5) **Scopus（http://www.scopus.com/）** エルゼビア（Elsevier）社の論文データベース。ある文献がその後に出版されたどの文献に引用されているかを探せる。

どのデータベースでも，任意のキーワード（例：stress, social support, memory など）を入力すると，それを含む論文が抄録つきで表示される。PubMed と CiNii 以外は有料なので，利用できるかどうかは教員や大学の図書館に尋ねてみるとよい。

3. インターネットの検索エンジンを利用する

Google や Yahoo などの検索エンジンを使い，キーワードを打ち込んで情報を探すことができる。学術情報に特化した検索エンジンとして Google Scholar（http://scholar.google.co.jp/）やエルゼビア社の Scirus（http://www.scirus.com/）がある。

ただし，インターネット上に掲載されている記事は玉石混交なので，頭から信用してはいけない。少なくとも，執筆者が明記されており，引用文献が記載されているサイトを選ぶとよい。インターネット上の情報を論文やレポートに引用しようとするときは，その前に，それ以外の情報源が存在しないかどうかよく探してみる。可能なかぎり，学術的に定評のある出版社・学会から出版された文献を引用するほうがよい。

4. 資料の入手

探した資料は，図書館で閲覧するか，オンラインで入手する。国立情報学研究所総合目録データベース WWW 検索サービス（Webcat，http://webcat.nii.ac.jp/）に書名や雑誌名，著者名などを入力すると，該当する文献を所蔵している図書館の一覧が表示される。自分の大学に所蔵されている文献は直接閲覧できる。他大学に所蔵されている文献も，大学図書館のカウンターを通じて，複写または現物の貸与を依頼できる。なお，資料には著作権があるので，複写は，必要な書類に記入したうえで私的利用に限って１部のみ認められる。インターネット上に電子化された論文やその原稿が存在することもある。これらの電子ファイルは，PDF（Portable Document Format）形式が多い。PDF 閲覧用のソフトはインターネットから無料でダウンロードできる（Adobe 社の Acrobat Reader が有名）。

IV 研究法 ミニ知識

3 実験で用いる刺激

心理学の実験において，厳密な条件統制あるいは変数操作を実現するうえで，的確な刺激選定の手続きは欠かせない。刺激の作成方法は研究目的に応じて多様であるが，規格化された刺激セットを用いることは，刺激作成の手間を省くのみならず，緻密な条件統制，あるいは追試の可能性を広げるなどの利点がある。以下，国内外で作成された代表的な刺激セットとその特徴をあげる。

1. International Affective Picture System（IAPS）

標準化された感情喚起スライドのセットとして国際的に広く使用されている（Lang, Bradley, & Cuthbert, 1999)。スライドに対する3次元（感情価，覚醒価，優位性）の評定実験がLang et al. のグループにより実施されており，その結果が刺激選定の手続きとともに提示されている。その評点を参考に刺激を選定することになるが，留意すべきは米国において開発された刺激セットであるという点である。すなわち，たとえば，米ドル札の提示されているスライドなどの米国人に特異的な反応をもたらすだろう刺激も散見される。したがって，IAPSの使用にあたっては，提示されている評点を参考に大雑把な刺激選定を行ったうえで，再度選定の手続きを行うことが望ましい。なお，感情を喚起する聴覚刺激のセットとして，IAPSと同様に標準化されたInternational Affective Digitized Sound system（IADS）がある。

2. Japanese And Caucasian Facial Expressions of Emotion（JACFEE）

米国において作成された顔の静止画像のセットである（Matsumoto & Ekman, 1988)。刺激は，日本人と欧米人の各々のモデルにより表出された怒り・軽蔑・嫌悪・恐れ・幸福・悲しみ・驚きの7種の顔表情である。顔はすべて正面より撮影されている。表情の形態は，個々の感情に対応した顔面筋肉とその動きの強度により操作的に定義されているため，解剖学的知見に基づいた記述が可能である。ここでは顔面筋肉はアクションユニット（Action Unit: AU）とよばれる44の要素から包括的に記述されており，このAUの組み合わせにより特定の感情が表現されるのである（Ekman & Friesen, 1978)。たとえば，驚きの表情は“AU1（眉の内側を上げる）+ AU2（眉の外側を上げる）+ AU 5（上瞼を持ち上げる）+ AU 26（顎を下げて唇を開く）”といったように個々の表出感情がコード化されている。なお，JACFEEにおいてもIAPSと同様の理由から，研究対象者と同質の評定者による刺激選定手続きが不可欠である。

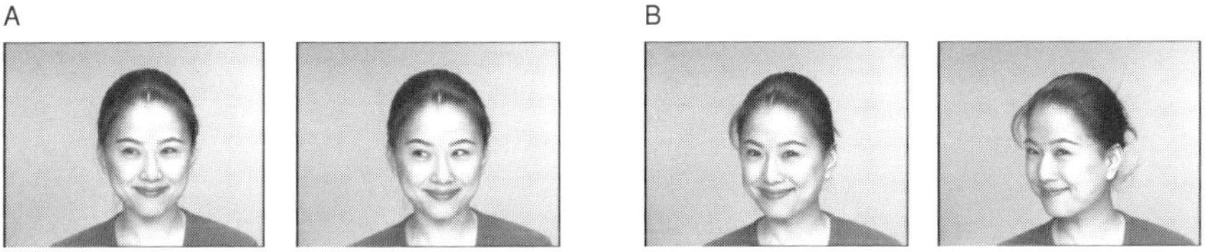

図 3-1　A　左：笑顔＋視線 15°　右：笑顔＋視線 45°
　　　　B　左：笑顔＋顔向き 15°　右：笑顔＋顔向き 45°
　　　　（ATR 顔表情データベースより）

3. ATR 顔表情データベース

日本で作成された顔の静止画像のセットである。（a）正面向きの顔表情，（b）視線，（c）顔の向きをそれぞれ統制した男女モデル計 10 名の顔画像からなる。正面向きの顔表情は，真顔，喜び（開口・閉口），悲しみ，驚き，怒り（開口・閉口），嫌悪，軽蔑，恐れの 10 種からなる。さらに，6 種の表情（真顔，喜び（開口・閉口），悲しみ，怒り（開口・閉口））については，視線方向あるいは顔の向きを正中から 15°，30°，45°と段階的に操作した刺激も含まれている（図 3-1）。視線や顔の向きは，日常的な顔知覚・対人認知のプロセスを追跡するうえで重要な要因であるが，いずれの変数も厳密に操作することは困難である。そうした刺激を収録したこのデータベースは，国内で開発された刺激セットであるという点においても有用である。

4. NTT データベースシリーズ 日本語の語彙特性

14 年分（1985 年から 1998 年）の新聞記事の形態素解析により特定・抽出された 36 万の単語，およびその中に現われる文字（JIS X 0208 に基づく）の出現頻度を収録したデータベースである。これに加えて，親密度の主観評定等の実験結果に基づいた漢字親密度，漢字複雑度，単語親密度，単語心像性等のデータも収録されており，それらを多様な条件で検索できるソフトもこれに備わる。言語刺激の特性を複数の観点から数値化したこのデータベースシリーズは，言語機能の解明を目指す研究の基盤となる支援ツールであるといえよう。

引用文献
Ekman, P., & Friesen, W. V. (1978). *Facial action coding system: A technique for the measurement of facial movement.* Palo Alto, CA: Consulting Psychologists Press.
Lang, P. J., Bradley, M. M., & Cuthbert, B. N. (1999). *International affective picture system (IAPS): Technical manual and affective ratings.* Gainesville: University of Florida, Center for Research in Psychophysiology.
Matsumoto, D., & Ekman, P. (1988). *Japanese and Caucasian Facial Expressions of Emotion (JACFEE) and Neutral Faces (JACNeuF)*. San Francisco: University of California, Human Interaction Laboratory.

4 実験支援ソフトウェア

心理学実験においてコンピュータを使用することは，実験の自動化という利点だけでなく，実験者による人的要因が実験結果に混入することを防止したり，多様なデータを記録しておくことで，後にさまざまな側面からのデータ分析を可能にするという点でも非常に有効である。また，知覚・認知心理学などの分野では，コンピュータを使うことで可能になった実験パラダイムによって多くの発見がもたらされ，その領域の発展に貢献している。しかしながら，パソコンの操作に不慣れであったり，情報処理に関する知識が十分でない者にとっては，技術的な点で実験を実施する敷居がむしろ高くなったようにも思われる。そこで，ここでは，パソコンで心理学実験を行うときに役立つソフトウェアにどのようなものがあるのか，また，実験でコンピュータを使う際にどのようなことに留意すべきなのかを紹介する。

《ハードウェア製品に付随するもの》 心理物理実験では，視覚パターンを短時間提示したり，刺激の輝度や色合いについて厳密な統制が必要な場合がある。一般のパソコンは60–75 Hzで画面表示を行っているため，たとえば10 ms単位で刺激を制御したいときなどには，専用のハードウェア（ビデオバッファ装置と専用モニタ）が必要になる。ViSaGe（Cambridge Research Systems）やAVタキスト（岩通システムソリューション）などは，高速画面制御が可能な製品である。専用ハードウェアをもつことから高価であるが，知覚・認知心理学の分野には一定数のユーザがいるので，読者の大学の実験室にもたとえばAVタキストが置いてあり，それを使って研究している教員や院生がいるかもしれない。付属のソフトウェアを使えば，刺激を規定時間提示して反応キーのボタン押しまでの時間を計測するような課題なら簡単に作ることができるので，利用できるのなら試してみる価値があるだろう。これらの装置には，何よりも刺激の精密な制御がハードウェア的に保証されているという利点がある。

《ソフトウェア主体の製品》 SuperLab（Cedrus），E-Prime（Psychology Software Tools），Inquisit（Millisecond Software）といった製品は，パソコン本体だけでの実験を可能にするソフトウェアであり，セットによって反応取得用のキーボックスやボイスキーなどが付属する。精密な刺激制御や参加者の反応に応じた実験スケジュールの柔軟な変更等には多少の制限があるが，初心者向きで実験課題の作成は比較的容易である。

《実験環境を提供するソフトウェア》 MatLab（MathWorks）やLabVIEW（National Instruments），Octave（http://www.gnu.org/software/octave/）などは，本来は科学・

工学分野におけるデータ解析や可視化，モデリング，プログラミング等を提供するシステムである。しかしながら，計測制御やグラフィックス操作の機能をもつことから，これらを心理学実験に用いるユーザも多い。たとえば，MatLabには，その上で動作するPsychophysics toolbox（http://www.psychtoolbox.org/）やCogent（http://www.vislab.ucl.ac.uk/cogent.php）など便利な実験ツールがあり，多くの活用事例がある。

《プログラム開発用ソフトウェア》 Visual C++（マイクロソフト）やDelphi（エンバカデロ・テクノロジーズ）などは汎用の開発言語であるが，これとDirect X SDKというWindows上のゲーム開発環境を組み合わせてプログラムを自作すれば，垂直同期をとった画面制御も可能になる。先に述べた種々の実験ツールを使うにしても，参加者の反応に応じて刺激を変化させるような実験パラダイムを実現するためにはプログラミングは欠かせない。そのため，研究者にはこれらの言語で直接実験プログラムを書くユーザも多いが，一般に敷居は高いといわれる。

《留意点》 実験においては，独立変数と従属変数を明確にすることが不可欠である。まず，どのような刺激を用いるのか，その精度はどの程度要求されるものか，参加者の反応は何か，反応時間の計測は必要かなど，事細かな点について明確化が必要である。そのうえで，どのように実験課題を作成するかを検討するわけであるが，これには専門の研究者も苦労しており，絶対的にどの方法がよいというような正解はない。また，どのようなツールにしても習得には一定以上の時間と労力が必要となるので，気軽にあれこれ試したところで，通常は使いこなすことはできない。

自分の実験に先行研究があるのならば，その研究と同じ環境を使うことも1つの手である。論文には詳細に書いてなくても，著者に直接聞けば教えてもらえることも多い。分野によっては，コンピュータによる実験パラダイムの作成について，研究者間で活発な情報交換が行われており，その結果が取り込まれてソフトウェアもバージョンアップが行われる。たとえば，神経科学領域で多くのユーザが活用しているPresentation（Neurobehavioral Systems）は，その領域における研究とともに発展してきた。

相談できる相手が身近にいることも大変重要である。どのような大学であれ，コンピュータの知識が豊富で扱いに慣れた実験系の研究者が教員や大学院生の中に1人や2人はいるだろう。そういう研究者がやっていることをまねて学習していくのは，実は，コンピュータが使える実験者になるためのきわめて効率的な学習法である。

いずれにせよ，心理学を学ぶ者にとって，コンピュータに関する事柄は大事なことではあるが，研究の主題ではない。したがって，コンピュータに合わせて研究の内容が無意味に制約されることがないように考えるべきである。

5 統計ソフトウェア

心理学においては，実験法や調査法によって収集したデータを数値として扱い，その数値を何らかの形で処理することが多い。以前は関数電卓などによって処理をしていたこともあったが，近年ではさまざまな統計手法の発展にともない，単純な電卓計算ではその処理が困難になっている。そこで必要になってきたのが，統計ソフトウェアである。

現在，心理学の領域で使用されている統計ソフトウェアは数多くあるが，対応できる分析手法，価格，操作性などで大きな違いがある。ここでは代表的なソフトウェアを数点紹介する。

1. SPSS

SPSSの最大の利点は，その操作の簡便さであろう。難解なプログラムを記述していく必要性がほとんどなく，画面に表示された選択肢の中からどれかを選んでいくといった形式で分析を実施していくことができる。たとえば探索的因子分析でいえば，抽出方法として“主因子法”“最尤法”“最小二乗法”といったいくつかの手法の中から選択し，抽出基準として固有値1の基準なのか，因子数を固定するのかといった選択を行う。さらに回転法では“バリマックス”“プロマックス”“直接オブリミン”といった回転法の中から選んで，すべての選択を終えたら実行することになる。また，選択肢の中になかったり，より細かい設定をしたい場合には，Syntaxというプログラムが利用できる。データ自体が一般的な表計算ソフトと同じ形式であることも，SPSSの簡便さを増しているといえる。

SPSSの利点は，必要となる分析方法に応じて，パッケージを別購入できるという点にもある。“Base”とよばれる基本パッケージは常に必要になるが，たとえばノンパラメトリックデータを頻繁に使う人であれば“Categories”を追加すればよいし，対応のあるデータを頻繁に解析する必要がある場合には“Advanced”を追加することになる。このパッケージ別の購入は，SPSSが他のソフトに比べて比較的安価に購入できるという恩恵をもたらしている。

また，SPSSのパッケージとして，共分散構造分析用のAmosというソフトウェアがある。パス図をまさに図として描画し，その図の中にデータを当てはめていくことによって共分散構造分析を実施することができる，感覚的に非常に理解しやすいソフトウェアである。後述のSASやMplusなどに比べて特殊なモデルが適用できなかったり，検定手法が限られているなどの制約はあるが，初学者には非常に使いやすいソフトである。

2. SAS / STAT

SASの利点は，その適用範囲の広さであろう。前述のSPSSであればパッケージを別に購入しなければできない分析もあるが，SASであれば1つのパッケージで非常に広範囲の分析が実施可能である。また，SPSSでは実施不可能な分析にも対応している。たとえば上述のAmosでは，共分散構造分析におけるステップワイズワルド検定は実施できないが，SASであれば実施可能である。

ただしSASの場合は，分析を実施する際には，その内容に応じたプログラムを記述する必要がある。分析で使用するデータの指定に始まり，分析手法（プロシージャとよぶ）の選択，分析モデルの指定などについて，すべてプログラムを記述していかなければならない。そういった意味で操作性が簡便だとはいい難い。ただし，分析のモデルまでプログラムに記述しなければならないということは，その分析の原理を勉強するという意味では非常に効果的であるともいえる。

また，現在SASは基本的にライセンス契約という販売方法をとっている。そのため，他のソフトウェアに比べて初期導入費用は高価である。しかし，近年“研究室ライセンス”というライセンス方法が採用され，5ライセンスからの契約が可能になった。その点では，高価であるというSASのデメリットは薄れてきているといえるだろう。

3. その他の統計ソフトウェアパッケージ

SPSS同様，プログラムを記述することなく分析が可能なソフトウェアにStatistica, Halbauといったものがある。これらのソフトは，その操作の簡便さはSPSSに劣らない。Statisticaの場合は若干高価ではあるが可能な分析の範囲は非常に広く，Halbauに関しては実施できる分析は他のソフトに比べて限られてはいるが，価格が安価である。

また，近年非常に注目されているソフトウェアがRである。Rの最大の魅力はフリーウェア，つまり無料で利用可能なソフトであるという点である。SAS同様，詳細なプログラムを記述する必要があるが，統計の勉強として考えるのであれば非常に有効である。またRでは可能な分析の範囲も非常に広いものとなっている。

特定の分析に特化したソフトウェアも存在する。たとえばHLMは階層的線形モデル（Hierarchical Linier Model）に特化したソフトであり，学生であれば無料で使用できる（ただし変数の数やデータ数に制限がある)。またMplusは階層性のあるデータを用いた共分散構造分析に対応したソフトである。さらにLISRELやEQSといった共分散構造分析用のソフトウェアもある。

以上，代表的なソフトウェアを紹介したが，学生のうちは個人で購入するよりも，大学にあるソフトを使用することが多いだろう。どのソフトであっても一長一短がある。そのソフトを操作すること自体が統計原理の勉強にとって有益なことも多い。安易なマニュアル本に頼るだけではなく，そのソフトを使いこなす努力をしてほしい。

6 引用文献の書式

第3章の“論文・レポートの書き方”で述べたように，心理学のレポートは，原則として，日本心理学会の“執筆・投稿の手びき”（現在は2005年改訂版）に従って作成する。本文中に引用した文献の出典を示すときも，この手びきに従う。しかし，雑誌によっては，これ以外の方法で引用文献が記載されることもある。ここでは，その代表例として，アメリカ心理学会（American Psychological Association: APA）の書式を紹介する。

アメリカ心理学会の論文作成マニュアル（American Psychological Association, 2001）は，現在第5版であり，心理学の分野における英語論文の多くがこのマニュアルに従って書かれている。439ページからなり，日本心理学会の手びき（62ページ）と比べて，より細かいスタイル（書式）の指定がなされている。日本語訳（江藤・前田・田中訳，2004）も出ているが，APAマニュアルはマニュアルそのものがAPAスタイルで書かれているので，スタイルの実例として役に立つ。引用文献の書き方は，日本心理学会の手びきと似ているが，わずかに違う。以下にその例をあげる。

1. 巻数の表わし方

《日本心理学会スタイル》 ボールド体（太字）で書く。

Fridlund, A. J., & Cacioppo, J. T. (1996). Guidelines for human electromyographic research. *Psychophysiology*, **23**, 567-589.

《APA スタイル》 イタリック体（斜体）で書く。

Fridlund, A. J., & Cacioppo, J. T. (1996). Guidelines for human electromyographic research. *Psychophysiology, 23,* 567-589.

2. 編集書中の1章を引用する場合

《日本心理学会スタイル》 ページを最後に書く。

Tesser, A. (2000). Theories and hypotheses. In R. J. Sternberg (Ed.), *Guide to publishing in psychology journals*. New York: Cambridge University Press. pp. 58-80.

《APA スタイル》 ページはカッコに入れて書名の直後に書く。

Tesser, A. (2000). Theories and hypotheses. In R. J. Sternberg (Ed.), *Guide to publishing in psychology journals* (pp. 58-80). New York: Cambridge University Press.

3. 版数の表示

《日本心理学会スタイル》 版数にはカッコがつかない。

Tufte, E. R. (2001). *The visual display of quantitative information.* 2nd ed. Cheshire, CT: Graphics Press.

《APA スタイル》 版数にカッコがつく。

Tufte, E. R. (2001). *The visual display of quantitative information* (2nd ed.). Cheshire, CT: Graphics Press.

4. 複数著者の扱い

《日本心理学会スタイル》

［本文中］“著者が3人以上の場合は，初出の際には全著者の姓を書く。2度目以後は，第1著者の姓を書き，日本語文献では原著が日本語であれば，その他の著者は‘他’と略す。欧語文献であれば‘et al.’と略す”（日本心理学会，2005，p. 25）。

［引用文献中］すべての著者の姓名を書く（同書，p. 35）。

《APA スタイル》

［本文中］著者が5人までは初出時に全著者の姓を書く。6人以上のときは，初出時から第1著者の姓に“et al.”をつけて省略する（American Psychological Association, 2001, pp. 208-209）。

［引用文献中］著者が7人以上のときは，6人までの著者の姓とイニシャルを書いて，その他の著者は“et al.”と省略する（同書，pp. 240-241）。

参照した資料によって引用文献の書式がさまざまであっても，レポートや論文を書くときは，それらを丸写しにするのではなく，統一したスタイルで1つずつ書き直すように心がけたい。日本心理学会スタイルでもAPAスタイルでも，学生によくある間違いとしては，(a) 英文表題の単語がすべて大文字から始まっている（正解：主題の先頭単語と副題を示すコロンの直後の単語だけを大文字から始める），(b) 雑誌名が省略形になっている（正解：雑誌名は省略しない），(c) 通しページが示されている雑誌で号数が書かれている（正解：通しページが示されていない雑誌のみ号数を示す），などがある。

引用文献

American Psychological Association. (2001). *Publication manual of the American Psychological Association.* 5th ed. Washington, DC: Author.
（アメリカ心理学会 江藤裕之・前田樹海・田中建彦（訳）(2004). APA 論文作成マニュアル 医学書院）

日本心理学会 (2005). 執筆・投稿の手びき 2005 年改訂版 日本心理学会

GLOSSARY

グロッサリー

あ 行

アーチファクト　artifact

研究対象とした要因の効果ではなく，別の原因による測定値の歪みやバイアス。

アナログ研究　analog study

非臨床サンプル研究の意味で使用される。アナログとは類似物の意味である。臨床研究で用いられる意味では精神疾患症状をもつ患者の研究ではなく，似た傾向をもつ健常者が参加した研究のこと。

ANOVA　analysis of variance

→**分散分析**

閾値（いきち）　threshold

“見えない” から “見える” へ，“同じ” から “大きい” へ，のように実験参加者の反応が転換する点に対応する刺激の物理量。**絶対閾**，**弁別閾**を参照。

一般化　generalization

1）特定の研究で得られた結果から，共通の特徴や基本的原理を導き出して，多くの現象に対してそれらを当てはめること。2）条件づけにおいて用いられるときは**般化**といい，条件づけに使用された刺激と類似の刺激に対しても同様の反応が出現することを刺激般化という。

因果性　causality

2つないしそれ以上の事象の間に，原因と結果の関係が特定できること。

インフォームド・コンセント　informed consent

告知後の承諾。研究者が守るべき倫理的原則の1つ。実験参加者には研究に参加する以前に，参加者となるか否かを判断するのに必要と思われる情報を，研究のあらゆる場面にわたってあらかじめ提供しておかねばならない。このように情報を十分に告知した後に，参加者となる承諾を得るべきである。

_SD_　standard deviation

→**標準偏差**

_F_ 検定　_F_ test

***F* 分布**を用いて行う**統計的仮説検定法**。2つの**分散**の比の検定や**分散分析**は，その例である。

演繹　deduction

一般的な命題や法則から具体的な事象や状況を予測する論理体系。**理論**から演繹的に導き出された具体的な**仮説**を，実際の実験や調査によって検討し，もとになった理論の普遍性や妥当性を吟味する論理手続きを，**仮説演繹法 hypothetico-deductive method** という。

か 行

χ^2検定　chi-square test

χ^2分布に基づくノンパラメトリックな**統計的仮説検定法**。連関表の独立性の検定や，特定の分布への適合度の検定などに用いられる。

外的妥当性　external validity

ある研究で得られた結果を，異なる母集団，状況，条件へ一般化しうる程度。

カウンターバランス　counterbalancing

測定の繰り返しによって生じる**順序効果**や**キャリー・オーバー効果**などの**系列効果**を相殺するための手続き。

仮説　hypothesis

ある範囲の現象を，統一的に説明するために設けた仮定。

偏り　bias

→バイアス

間隔尺度　interval scale

測定値の差が対象の量的違いをそのまま反映する尺度。間隔尺度の代表例に，摂氏や華氏の温度尺度がある。10℃と20℃の差は80℃と90℃の差と同じになる。数学的には，“＋”“－”の演算が可能になる。距離尺度ともいう。

観察　observation

事象に関する経験的事実を記録し，法則との関係づけを行う認識活動。統制をいっさい加えず，自然に生起するままに記録を収集する場合を**自然観察 naturalistic observation** という。事象を選択し，記録・分析を多面的・計画的に行う観察を，**組織的観察 systematic observation** という。

記述的研究　descriptive research

研究対象とする変数について，特定の値をもつ対象の分布（いつ，どこに）や頻度を記述することを目的とする研究。

基準関連妥当性　criterion-related validity

何らかの外的基準と比較して，測定すべきものが測定されているかを推定する方法。**併存的妥当性**，**予測的妥当性**を参照。

帰納　induction

具体的事実から一般的な命題ないし法則を導く論理体系。個々の研究で得られる結果は，ほとんどの場合特殊な情報である。この特殊な情報から，一般的状況について推論したり，ある行動事象の発生を予測可能にする一般法則を導き出すための推論をさす。

帰無仮説　null hypothesis

統計的仮説検定において検証される仮説。棄却されることを目的とした仮説。帰無仮説の棄却によって採択される仮説を**対立仮説 alternative hypothesis** という。

客観性　objectivity

同じ対象を同じ条件で観察すれば，複数の観察者により，同じ観察結果が繰り返し得られること。

キャリー・オーバー効果 carry-over effect
測定を繰り返すことによって生じる剰余変数の1つ。ある条件での課題遂行が，それに先行する別の条件での経験によって影響されること。

欠損値 missing data
観測する予定でありながら，何らかの理由で観測することのできなかったデータ。

研究の倫理 research ethics
心理学者は個人の人権と尊厳を尊び，人間の行動についての知識を蓄積し，この知識を人間の福祉の増進に役立てるための努力を怠ってはならない。また，心理学的な知識は価値ある目的にのみ用い，悪用されるのを黙認してはならない。これらの倫理・道徳規準は，個々の研究者が積極的に達成すべき理想として，同意され遵守されるべきものである。

交互作用 interaction
ある**独立変数**の効果が，他の**独立変数**の**水準**によって異なること。

構成概念 construct
観察された複数の事象を統合的に説明したり，予測したりするのに用いられる理論的概念。“対人不安”や“強化”などがこれにあたる。

構成概念妥当性 construct validity
研究で用いられた変数が，理論的構成概念を正確に反映している程度。**収束的妥当性**，**弁別的妥当性**を参照。

行動 behavior
人間や動物などの生活体が示す**反応**の総称。運動動作などの外部に現われた活動ばかりでなく，感情・意志・思考など内面的精神活動なども含める。

交絡 confounding
剰余変数の効果が**独立変数**の効果から分離できないこと。発生原因により，実験事態の未統制に由来するもの，未統制な参加者特性に由来するもの，恒常誤差に由来するものの3つに分類される。

誤差 error
測定値のばらつきの原因のうち，研究対象の要因以外によるもの。恒常誤差と偶然誤差（確率誤差）がある。

コホート効果 cohort effect
コホート（同世代に出生したり，一定期間に特定の経験を共有した集団）のおかれた諸条件に付随して生じる現象や影響。たとえば，発展途上国では，読み書きの能力は強いコホート効果を示す。

さ 行

最頻値 mode
観測値の中で，最も多く観察された値。**モード**，**並み数**。**名義尺度**によるデータの代表値として用いられる。

参加者 participant
研究に参加し，研究者が必要とするデータを提供する人。以前は，**被験者 subject** という用語が一般的に使われていたが，この用語は研究対象者の人間性を尊重していない側面があるため，近年では参加者という用語が使われるようになった。

散布図　scatter diagram
縦軸にある変数，横軸に別の変数の値をとり，測定対象をそれぞれの変数の値に対応させて書き入れることによって，2変数の**相関**関係をわかりやすく表現したグラフ。

刺激　stimulus
生活体に作用して何らかの**反応**を引き起こす事物。操作的には，反応を起こすかどうか調べるために生活体に与えられる事物。

実験　experiment
変数間の因果関係を調べるために，**剰余変数**を統制したうえで，**独立変数**（原因）の操作による**従属変数**（結果）の変化を観察すること。実験参加者等に関する統制まで十分に行われた**真の実験 true experiment** に対し，統制が不可能あるいは不完全な場合を**準実験 quasi experiment** とよぶ。

実験協力者　confederate
実験参加者に実験操作を加えるために，特定の行動をとる（演技をする）よう，あらかじめ実験者から指示を受けている人。“サクラ”と称される場合もある。

実験群　experimental group
実験的処置を受ける実験**参加者**（**被験体**）のセット。

実験計画　experimental design
剰余変数が測定値に及ぼす影響を除去しやすいように工夫した方法。各処理水準に異なる実験参加者が配置される**参加者間計画 between-subjects design** と同一の参加者を割り当てる**参加者内計画 within-subjects design**（**反復測定計画 repeated-measures design**）などの種類がある。

実験後の確認　postresearch inquiry
実験参加者が，実験の目的や教示，設定された状況などをどのように認識していたのかについて，実験終了後に確かめること。

実験参加者　participant
→参加者

実験者バイアス　experimenter bias
実験場面で実験者が無意識にとる微妙な行動によって，仮説が予測した方向に実験データが歪むこと。

実験的研究　experimental research
変数間の因果関係に関する記述を目的とする研究。**因果的研究 causal research** ともいう。

実験的現実性　experimental realism
実験参加者が，実験事態を本物であると感じる程度。その事態が参加者に及ぼすインパクトの強さ。

実際的現実性　mundane realism
実験室で生起している現象と現実世界の現象が表面的に類似している程度。

社会的望ましさ　social desirability
調査の回答者が，彼らが信じているものではなく，社会的に最も受け入れられやすいものに従って回答する傾向。自己を社会的に望ましくみせようとする圧力によりデータが歪む。

尺度　scale

測定で用いられる規則としての数学的構造。測定に用いるものさし。名義尺度，順序尺度，間隔尺度，比率尺度の4種類がある。

尺度構成法　scaling technique

実験参加者の反応に基づいて心理量の測定値を導き出す方法。精神物理学的尺度構成法，マグニチュード推定法，態度尺度構成法，多次元尺度構成法など，多くの種類がある。

収束的妥当性　convergent validity

新しい尺度と，新しい尺度が測定しようとするものと同じ概念を測定すると考えられている既存の尺度との**相関**から，**構成概念妥当性**を推定する方法。

従属変数　dependent variable

因果関係の結果と仮定され，**独立変数**の影響を評価するために測定される変数。

自由度　degrees of freedom

計算された統計量を変化させずに，任意の値をとることのできる観測値の数。**統計的仮説検定**において用いられる確率分布を決める。

主観的等価点　point of subjective equality

ある刺激の特定の特性について，主観的に等しいと判断される他の刺激の物理量。

主効果　main effect

2要因以上の**実験**において，ある**独立変数**が単独で**従属変数**に及ぼす全体的効果。**分散分析**で用いられる用語。

順序効果　order effect

複数の観察条件で測定が繰り返される場合に，実験条件の実施順序によって測定値が影響を受けること。

順序尺度　ordinal scale

測定値が，対象の同一性に加えて順序を表現する尺度。たとえば学年のように，用いられる数値には測定しようとする次元に関する大小関係が表現される。数学的には“<”“>”の演算が可能になる。序数尺度ともいう。

条件　condition

独立変数（**要因**）の各水準，または複数の要因の**水準**の組み合わせによって定められる具体的な測定状況。

情報処理　information processing

対象についての受信者の不確実性を除去，あるいは低減させるものを情報といい，不確実性を低減させるための操作（入力・記憶・演算・制御・出力）を情報処理という。生活体を1つの情報処理システムと考え，入力情報（**刺激**）が，認知・記憶・思考・理解・反応制御などの処理段階を経て意味のあるまとまりとして把握され，システムの出力として**反応**が形成されるまでの過程を体系的にとらえようとする考え方を情報処理心理学とよぶことがある。

剰余変数　extraneous variable

従属変数の変動に影響を及ぼす**独立変**

数以外の変数。交絡変数，第三変数などさまざまなよび方がある。

処遇　treatment
→処置

処置　treatment
独立変数（要因）と水準のすべての操作手続きの総称。

信号検出理論　signal detection theory
雑音中に信号が存在したか否かを判断する過程を，確率分布に基づいて説明する理論。心理的連続体を仮定し，ある事象（雑音または信号）がその連続体上で取る値が，判断基準を超えていれば信号あり，超えていなければ信号なしと判断すると考える。

信頼性　reliability
測定の一貫性・安定性の程度。信頼性が高いことが，妥当性の前提条件となる。

水準　level
独立変数に特定の値を割り当てた観察条件。

正規分布　normal distribution
統計的方法で最もよく用いられる確率分布。左右対称で，左右に裾が広がる。平均が0，分散が1の正規分布を標準正規分布とよぶ。この他に，統計的仮説検定でよく用いられる確率分布として，χ^2分布 chi-square distribution，t分布 t distribution，F分布　F distributionなどがある。

精神物理学的測定法　psychophysical method
物理量的刺激と，それに対する反応との関係を，定量的に把握する研究法。心理物理学的測定法ともいう。調整法 method of adjustment，極限法 method of limits，恒常法 constant methodなどの方法がある。

生態学的妥当性　ecological validity
実験結果を，測定状況や環境的要因に関して一般化できる程度。外的妥当性の1つ。

絶対閾　absolute threshold
実験参加者が，問題とする属性の存在を，50%の確率で検出できる物理的な刺激量。刺激閾 stimulus thresholdともいう。

相関係数　correlational coefficient
相関 correlation，すなわち2つの変数間の関連性の強さを表わす測度。各変数を測定する尺度の性質により，ピアソンの積率相関係数 product moment correlation coefficientや，順位相関係数 rank correlation coefficientなど，多くの種類が考案されている。

相関的研究　correlational research
2つ以上の変数間の相関関係の記述を目指す研究。実験的な統制を加えない点で，広義の記述的研究である。

操作　operation, manipulation
実験・観察を行う際の条件統制や独立変数の変化などに関する具体的・物理的な実行手続き。

相殺法　counterbalancing
→カウンターバランス

操作的定義　operational definition
概念をそれを測定する具体的な手続きのみによって定義しようという立場を**操作主義 operationism** といい，そのような考え方に基づく概念や実験手続きの定義を操作的定義という。

測定　measurement
特定の操作や規則を使用して，対象に対して数詞を割り当てること。

た 行

第１種の誤り　type Ⅰ error
帰無仮説が正しいにもかかわらず棄却してしまう，**統計的仮説検定**上の誤り。

第２種の誤り　type Ⅱ error
帰無仮説が間違っているのに棄却できない，**統計的仮説検定**上の誤り。

対応がある　correlated, dependent
比較する２つ以上のデータが，すべて同じ実験参加者から得られたものであること。

対応がない　independent
比較する２つ以上のデータが，それぞれ異なる実験参加者から得られたものであること。

妥当性　validity
測定したい対象を的確に測定できている程度。**内容的妥当性**，**基準関連妥当性**，**構成概念妥当性**を参照。

中央値　median
データを大きさの順序で並べたときに，ちょうど中央に位置する値。50 パーセンタイル。**順序尺度**によるデータの代表値としてよく用いられる。メディアン。

追試　replication
研究で得られた結果が，繰り返し観察できる信頼性のあるものであるかどうかを確かめる研究。もとの研究の手続きをそのまま繰り返す**直接的追試**と，参加者の性質や刺激などを変更し，もとの研究の外的妥当性を評価するための**系統的追試**がある。

***df*　degrees of freedom**
→自由度

***t* 検定　*t* test**
２つの平均値の差を比較するための**統計的仮説検定**の手続きの１つ。検定の際に ***t* 分布**を用いることからこの名がある。

データ　data
科学的に観察された出来事の記録。data は複数形，単数形は datum。**定性的データ qualitative data** と**定量的データ quantitative data** とに分類される。

天井効果　ceiling effect
測定値が尺度上で最大値に達するために，本来生じている従属変数の変化をとらえられないこと。**床効果**を参照。

統計　statistics
数量的データの収集，分析，解釈などの問題を扱う数学の１分野。データを得た集団の記述と説明を目的とする**記述統計 descriptive statistics** と，無作為標本に基づいて母集団に関する推測を行う**推測統計 inferential statistics**がある。

統計的仮説検定　statistical hypothesis testing
収集したデータの統計的性質に基づいて，母集団に関する仮説（2つの母集団平均に差はない，など）の妥当性について検討する推測統計の方法。

統計量　statistic
母集団からの無作為標本に関する数値。たとえば，平均値。標本統計量ともいう。**母数**を参照。

統制　control
従属変数の変動が**独立変数**の系統的操作に関係しており，**剰余変数**には関係していないことを保証する手続き。**恒常化**，**カウンターバランス**などの方法がある。

統制群　control group
統制条件に割り当てられた実験参加者（被験体）のセット。実験群に対する比較の基準として使用される。**対照群**ともいう。

統制条件　control condition
実験の中で，独立変数以外の観察条件を可能な限り実験群と合致させた条件。従属変数の変動が，独立変数以外の要因で生じないことを保証する条件。

統制変数　control variable
共分散分析 analysis of covarianceにおいて，従属変数の変動のうち，剰余変数によって起こる変動成分（誤差成分）を取り除いて，独立変数の効果を検討しようとする場合に，影響を統制する対象となる変数を統制変数という。

独立変数　independent variable
因果関係の原因と仮定される変数。実験において実験者が操作ないし選定する変数。

度数分布　frequency distribution
データ集計法の1つ。ある**変数**をいくつかのカテゴリーに分け，それぞれで観察された頻度（人数，回数など）を集計する。

な　行

内観　introspection
→内省

内省　introspection
自分自身の直接的な経験過程を観察し，報告すること。個人内の主観的な経験の観察であるため，客観性や公共性などの点から科学的エビデンスとして疑問をもつ研究者も少なくなかったが，実験条件と実験計画の整備，行動観察や身体的な随伴現象の記録などにより，その弱点が補正され，人格・臨床心理学から感覚・知覚・情動・思考などに関する実験心理学までの広範な分野で活用されている。

内的妥当性　internal validity
従属変数の変化を独立変数の操作の結果であると判断できる程度。剰余変数がよく統制されているほど高くなる。実験的研究の良し悪しはこれで決まる。

内容的妥当性　content validity
質問項目が，測定しようとする対象や領域をどの程度網羅しているかを示す概念。

二重眼かくし法　double-blind method
実験参加者と参加者に接する実験者の両方が，その参加者がどの実験条件に属しているのかを知らないようにする手続き。

は 行

バイアス　bias
測定値上にみられる系統的な誤差傾向。**実験者バイアス**，**ホーソン効果**を参照。

媒介変数　intervening variable
独立変数と**従属変数**の関数関係を説明するために，両者に介在する変数として仮定されたもの。仲介変数ともいう。演算の便宜から形式的に設定されたもの以外は，**構成概念**とほぼ同義である。

パイロット・スタディ　pilot study
研究の初期段階で，研究計画が適切かどうかを確かめたり，修正の必要がないかを調べるために行う，小規模の研究。

パラダイム　paradigm
研究成果を理解したり解釈するために用いる基本的な理論的枠組みのこと。また，研究で用いられる典型的な実験手続きや技法をさす場合もある。

パラメータ　parameter
→母数

反応　response
行動の構成要素。**刺激**によって生じる生活体の活動の総称。

反応時間　response time, reaction time
刺激が提示されてから，実験参加者が所定の**反応**をするまでに要する時間。**反応潜時 latency** ともいう。

反応セット　response set
特定の反応をすることに対する準備状態。特に**反応時間**に関する実験では，刺激よりも筋肉の動きに集中している状態をさす。

PSE　point of subjective equality
→主観的等価点

被験体　subject
実験対象として研究に参加する動物。以前は研究に参加する人のことを被験者とよんでいたが，現在では実験参加者とよばれる。**参加者**を参照。

ヒストグラム　histogram
度数分布を柱状グラフで表わしたもの。横軸に変数の値，縦軸に度数をとる。

標準化　standardization
分布の**平均**や**標準偏差**が特定の値になるようにデータを変換すること。標準化の手続きで得られた測定値を**標準得点 standard score** とよび，**z 得点 z-score** は，その代表例である。標準化によって，異なる尺度で測定されたデータどうしを比較することができるようになる。

標準偏差　standard deviation
データの散らばりの程度を示す統計量の1つ。**分散**の正の平方根。

標本　sample
研究対象となる**母集団**の一部で，実際に観察の対象としたものの集合。

標本抽出　sampling
母集団についての推論を行うために，その一部を抽出すること。実験参加者を選定する手続き。**無作為抽出法 random sampling** と有意抽出法がある。

比率尺度　ratio scale
間隔尺度の性質に加えて，意味ある0点が存在する尺度。ケルビンの絶対温度尺度は比率尺度の代表例である。数学的には“×”“÷”の演算が可能になる。

比例尺度　proportion scale
→比率尺度

分割表　contingency table
→連関表

分散　variance
データの散らばりの程度を示す統計量の1つ。観測値と算術平均の差の2乗の総和を，観測値の個数または個数－1で割ったもの。

分散分析　analysis of variance
3つ以上の平均値や2つ以上の**独立変数**（**要因**）を組み合わせた条件下での平均値を比較するための，**統計的仮説検定**の手続きの1つ。

平均　mean, average
データの総和をデータの個数で割ったものを**算術平均 arithmetic mean** といい，平均といえば通常これをさす。**間隔尺度**によるデータの代表値として最もよく用いられる。その他に**幾何平均 geometric mean**，**調和平均 harmonic mean** などがある。

併存的妥当性　concurrent validity
新しい測定尺度による測定と，評価の確立した既存の尺度による測定をほぼ同時に実施し，その相関から**基準関連妥当性**を推定する方法。

変数　variable
観察対象をいくつかの側面に分解したときの一側面で，対象によって，あるいは時間経過や観察条件によって異なる値をとるもの。対象の違いが量的に表現されるか質的に表現されるか（**量的変数 quantitative variable** と**質的変数 qualitative variable**），変化が連続的か非連続か（**連続変数 continuous variable** と**離散変数 discrete variable**）といった区別がある。

弁別閾　difference threshold
実験参加者が50％の確率で刺激の変化を検出するのに必要な刺激の変化量。

弁別的妥当性　divergent validity
新しい尺度と，新しい尺度が測定しようとするもの以外の概念を測定すると考えられている尺度との間の相関の程度から，**構成概念妥当性**を推定する方法。

母集団　population
ある研究で想定する全対象。ここから

無作為に抽出された**標本**（**参加者**）に対して測定が行われる。

ホーソン効果　Howthorne effect

アーチファクトの1つ。実験参加者が自分たちが研究に参加していると自覚することから生じる歪み。Mayo, E. G. と Roethlisberger, F. S. がシカゴ郊外のホーソン工場で行った作業能率に関する実験で初めて注目されたためにこうよばれる。

母数　parameter

母集団の分布の特性を表わす数値。

ま行

マグニチュード推定法　magnitude estimation

Stevens, S. S. によって開発された**尺度構成法**。標準刺激と比較したときの比較刺激の強度を，実験参加者が数値で推定して回答する方法。

無作為化　randomization

特定の実験参加者がどの実験条件に割り当てられるかが，等確率に決められるような手続き。

無作為割当て　random assignment

実験参加者を無作為に配置することによって，参加者特性に関して等価な独立した参加者群を作る手続き。各処理水準すべてに異なる実験参加者が無作為に割当てられる実験計画を，**完全無作為化計画 completely randomized designs** という。

名義尺度　nominal scale

測定値が，対象の同一性のみを表現する尺度。たとえば，男性を1，女性を2とするように，定性的な特性を弁別するために用いられ，数値そのものには意味がない。数学的には，“＝”“≠”の演算が可能になる。

メディアン　median

→中央値

モード　mode

→最頻値

や行

有意である　significant

実験や調査の結果得られた条件差の生じる確率が，帰無仮説，すなわち誤差による変動のみを考えたのでは非常に小さいとき（通常は5%以下），その差は（統計的に）有意であるといい，帰無仮説を棄却する。**統計的有意性 statistical significance** を判断する際の基準となる確率を**有意水準 level of significance** あるいは危険率とよび，α（アルファ）で表わす。

有意でない　not significant

→有意である

床効果　floor effect, basement effect

測定値が尺度上で最小値に達するために，本来生じている従属変数の変化をとらえられないこと。**天井効果**を参照。

要因　factor

測定値の変動に影響を与える原因を要因といい，測定値に対する影響をその要因の効果という。因子ともいう。

要因計画　factorial design
2つ以上の**独立変数**が組み合わせて操作される実験計画。

要求特性　demand characteristics
実験状況（教示，刺激など）や，その他の情報（実験に関する噂など）が，実験参加者の行動を実験者の期待する方向へ誘導すること。

予測的妥当性　predictive validity
新しい尺度に基づいて，評価の確立した既存の尺度で得られる結果の予測をすることで**基準関連妥当性**を推定する方法。

ら 行

ラテン方格　Latin square
第1の要因を行，第2の要因を列，第3の要因をラテン文字に割り当て，すべてのラテン文字が行と列で各1回ずつ生じるように配列したもの。3要因実験を省力化（条件の組み合わせ数を減らす）する目的で用いられる。

ラポール　rapport
実験者と実験参加者，検査者と被検査者，あるいは面接者と被面接者の間の信頼と親愛のきずなをもった快適な社会的関係のこと。

理論　theory
変数，法則，概念，原理などが論理的に組織化され構造化されたもので，事象と事象間の関係を統一的に説明することのできる論述。普遍的な体系的知識であると同時に，理論の妥当性を検討するための新しい研究を生み出す機能をもつ。

連関表　contingency table
2つ以上のカテゴリー変数間の関係を調べるために，それぞれの変数を組み合わせて作成した度数分布表。

インデックス

INDEX

事 項

●る

●れ

●ろ

●わ

人 名

執筆者一覧（執筆順）

宮谷　真人	（広島大学大学院人間社会科学研究科）	編者，第1部第1章・第2章，グロッサリー
森田　愛子	（広島大学大学院人間社会科学研究科）	編者，第1部第2章，グロッサリー
入戸野　宏	（大阪大学大学院人間科学研究科）	編者，第1部第3章，第2部Ⅰ－20，Ⅳ－1・2・6，グロッサリー
樋口　匡貴	（上智大学総合人間科学部）	第1部第4章，第2部Ⅳ－5
岩永　　誠	（広島大学大学院人間社会科学研究科）	第1部第5章
金井　嘉宏	（東北学院大学教養学部）	第2部Ⅰ－1・Ⅰ－17
田﨑　權一	（九州共立大学スポーツ学部）	第2部Ⅰ－2
杉浦　義典	（広島大学大学院人間社会科学研究科）	第2部Ⅰ－3，Ⅲ－1・2
永山ルツ子	（静岡英和学院大学人間社会学部）	第2部Ⅰ－4
武澤　友広	（障害者職業総合センター）	第2部Ⅰ－5
中尾　　敬	（広島大学大学院人間社会科学研究科）	第2部Ⅰ－6
白石舞衣子	（沖縄女子短期大学）	第2部Ⅰ－7
柴崎　光世	（明星大学人文学部）	第2部Ⅰ－8
岩木　信喜	（岩手大学教育学部）	第2部Ⅰ－9
藤木　大介	（広島大学大学院人間社会科学研究科）	第2部Ⅰ－10
吉田　弘司	（比治山大学現代文化学部）	第2部Ⅰ－11，Ⅳ－4
國田　祥子	（中国学園大学子ども学部）	第2部Ⅰ－12
赤井　俊幸	（広島国際大学医療福祉学部）	第2部Ⅰ－13
相馬　敏彦	（広島大学大学院人間社会科学研究科）	第2部Ⅰ－14
坂田　桐子	（広島大学大学院人間社会科学研究科）	編者，第2部Ⅰ－15，グロッサリー
浦　　光博	（追手門学院大学心理学部）	第2部Ⅰ－16
平　　伸二	（福山大学人間文化学部）	第2部Ⅰ－18
林　　光緒	（広島大学大学院人間社会科学研究科）	編者，第2部Ⅰ－19，グロッサリー
坂田　省吾	（広島大学大学院人間社会科学研究科）	編者，第2部Ⅰ－21，グロッサリー
礒部智加衣	（千葉大学文学部）	第2部Ⅱ－1
高口　　央	（流通経済大学社会学部）	第2部Ⅱ－2
長谷川孝治	（信州大学人文学部）	第2部Ⅱ－3
西村　太志	（広島国際大学心理科学部）	第2部Ⅱ－4
藤原　裕弥	（安田女子大学心理学部）	第2部Ⅲ－3
山本　文枝	（安田女子大学心理学部）	第2部Ⅲ－4
細羽　竜也	（県立広島大学保健福祉学部）	第2部Ⅲ－5
橋本優花里	（長崎県立大学地域創造学部）	第2部Ⅲ－6
野村　理朗	（京都大学大学院教育学研究科）	第2部Ⅳ－3

編集委員紹介

《代表編集者》

宮谷真人（みやたに・まこと）

1958年　鳥取県に生まれる
1985年　広島大学大学院教育学研究科博士課程後期単位取得退学
現　在　広島大学大学院人間社会科学研究科教授（博士（心理学））
主著・論文　光と人間の生活ハンドブック（分担執筆）　朝倉書店　1995年
視覚探索を支える脳内過程に関する研究　北大路書房　2000年
脳とワーキングメモリ（分担執筆）　京都大学出版会　2000年

坂田省吾（さかた・しょうご）

1957年　兵庫県に生まれる
1982年　広島大学大学院環境科学研究科修士課程修了
現　在　広島大学大学院人間社会科学研究科教授（医学博士）
主著・論文　心の科学（分担執筆）　北大路書房　2003年
医療における人の心理と行動（分担執筆）　培風館　2006年
比較海馬学（分担執筆）　ナカニシヤ出版　2008年

《編集委員》

林　光緒（はやし・みつお）

1962年　三重県に生まれる
1991年　広島大学大学院生物圏科学研究科博士課程修了
現　在　広島大学大学院人間社会科学研究科教授（学術博士）
主著・論文　睡眠とメンタルヘルス（分担執筆）　ゆまに書房　2006年
眠りの科学とその応用（分担執筆）　シーエムシー出版　2007年
睡眠心理学（分担執筆）　北大路書房　2008年

坂田桐子（さかた・きりこ）

1964年　広島県に生まれる
1991年　広島大学大学院生物圏科学研究科博士課程後期中退
現　在　広島大学大学院人間社会科学研究科教授（博士（学術））
主著・論文　リーダーシップ過程における性差発現機序に関する研究　北大路書房　1997年
Gender and career in Japan（分担執筆）Trans Pacific Press　2007年
社会心理学におけるリーダーシップ研究のパースペクティブⅠ（共編著）　ナカニシヤ出版　2008年

入戸野　宏（にっとの・ひろし）

1971年　神奈川県に生まれる
1998年　大阪大学大学院人間科学研究科博士課程修了
現　在　大阪大学大学院人間科学研究科教授（博士（人間科学））
主著・論文　心の科学（分担執筆）　北大路書房　2003年
心理学のための事象関連電位ガイドブック　北大路書房　2005年
医療における人の心理と行動（分担執筆）　培風館　2006年

森田愛子（もりた・あいこ）

1975年　千葉県に生まれる
2003年　広島大学大学院教育学研究科博士課程後期修了
現　在　広島大学大学院人間社会科学研究科教授（博士（心理学））
主著・論文　Semantic involvement in the lexical and sentence processing of Japanese kanji（共著）*Brain and Language*　第82巻，54-64.　2002年
Phonological involvement in the processing of Japanese at the lexical and semantic levels（共著）*Reading and Writing*　第15巻，633-651.　2002年
The homophone effect in semantic access tasks using kanji words: Its relation to the articulatory suppression effect（共著）*Quarterly Journal of Experimental Psychology,* 第60巻，581-600.　2007年

心理学基礎実習マニュアル

2009 年 3 月 20 日　初版第 1 刷発行
2023 年 3 月 20 日　初版第 9 刷発行

定価はカバーに表示
してあります。

代表編集者　宮　谷　真　人
　　　　　　坂　田　省　吾
発　行　所　㈱ 北 大 路 書 房
〒 603-8303　京都市北区紫野十二坊町 12-8
電　話（075）431-0361㈹
F A X（075）431-9393
振　替　01050-4-2083

制作／ T. M. H.　印刷・製本／㈱太洋社
検印省略　落丁・乱丁本はお取り替えいたします
ISBN 978-4-7628-2665-8　Printed in Japan